# Quand nos parents vieillissent

*Cet ouvrage a reçu le soutien de l'Ocirp.*

L'Ocirp est l'Union de plus de quarante institutions de prévoyance créée en 1967 pour proposer des rentes aux conjoints survivants et aux enfants en cas de disparition de l'assuré durant sa vie professionnelle.
Dans cette même logique, l'Ocirp a étendu ses garanties en développant un produit collectif spécifique pour couvrir le risque dépendance.
L'Ocirp, organisme à but non lucratif, assure aujourd'hui plus de 3 millions et demi de salariés de 550 000 entreprises. Sa gestion est assurée paritairement par des représentants des entreprises et des organisations syndicales.

Pour en savoir plus : www.ocirp.fr

*Tous les entretiens et témoignages ont été recueillis par Pascal Dreyer entre mai 2006 et janvier 2007.*

*Le suivi éditorial a été assuré par Laure Flavigny et Marie-Pierre Lajot.*

---


Tél. : 01 44 73 80 00. Fax : 01 44 73 00 12. E-mail : contact@autrement.com
ISBN : 978-2-7467-0986-7. ISSN : 0751-0144.
Dépôt légal : septembre 2007. Imprimé en France.

# Quand nos parents vieillissent

## Prendre soin d'un parent âgé

Sous la direction de Pascal Dreyer
et Bernard Ennuyer

Éditions Autrement - Collection Mutations

# SOMMAIRE

# Préface

Selon les derniers chiffres communiqués par la Direction de la recherche, des études, de l'évaluation et des statistiques (DREES)[1], le nombre de bénéficiaires de l'Allocation personnalisée d'autonomie (APA) a passé le cap du million à fin 2006 dont 406 000 bénéficiaires résidants en établissements d'hébergement pour personnes âgées dépendantes (EHPAD) et l'on peut supposer que les personnes en perte d'autonomie seront en augmentation d'ici 2020. Dans le même temps, l'Europe exige davantage de réformes pour pouvoir faire face aux coûts du vieillissement de la population qui représente un véritable défi pour nos sociétés.

Personne ne peut se désintéresser d'un problème qui concernera dans les années futures toutes les familles. Il y a lieu dès à présent d'évaluer les besoins, les attentes des personnes âgées, de prévoir les établissements spécialisés et les personnels capables de répondre

1. Espagnol Philippe, « L'allocation personnalisée d'autonomie au 31 décembre 2006 », *Études et Résultats*, n° 569, avril 2007.

efficacement et professionnellement à l'accompagnement de la personne. Le soutien aux familles est essentiel.

L'Ocirp, acteur majeur de la protection sociale de la famille, a naturellement souhaité s'associer à l'édition de cet ouvrage pour aider et soutenir les proches d'un parent âgé en apportant réflexions, témoignages et informations pratiques.

Antoine Martinez et Bernard Devy
Présidents de l'Ocirp (Organisme commun des institutions de rente et de prévoyance)

*À notre ami, le docteur Jean-Michel Despoisse qui s'est battu avec opiniâtreté pour que nous conservions aux personnes âgées la pleine dimension de leur dignité.*

# Introduction

Bernard Ennuyer

Nous abordons dans ce livre le vieillissement et la vieillesse de nos parents. Nous allons de ce fait nous centrer, tout au long des chapitres qui suivent, sur les relations qui s'établissent entre les enfants et leurs parents quand ces derniers deviennent vieux... Mais aussitôt se pose la question de savoir à quel âge on est vieux dans la société française d'aujourd'hui.

Cela suppose donc au préalable de voir comment dans la société française sont abordées ces notions de vieillesse et de vieillissement. En effet, bien qu'étant individus singuliers et malgré un processus d'individuation de plus en plus marqué, nous n'en sommes pas moins pris dans les idéologies et représentations collectives qui nous sont proposées et finalement imposées par de multiples canaux : la presse grand public, la presse spécialisée, les experts « gériatres et gérontologues », la télévision, les livres, la publicité, etc.

Le « vieillissement de la population » est, depuis les années 1960, une des questions fondamentales pour l'avenir de la société et même, pour certains auteurs, un des problèmes majeurs. Commençons donc par jeter un regard, à la fois historique et critique, sur ces notions de vieillesse et de vieillissement.

## Regard historique et critique sur les notions de vieillesse et de vieillissement

En 1962, le rapport du Haut Comité de la population et de la famille, communément appelé rapport Laroque, établit que : « Le vieillissement de la population entraîne des conséquences dans tous les domaines de la vie nationale. Progressivement, mais d'une manière inéluctable, il grève les conditions d'existence de la collectivité française. Tout d'abord, l'entretien des personnes âgées inactives fait peser une charge de plus en plus lourde sur la population en activité. Quelles que soient, en effet, l'origine et la nature juridique des revenus des personnes inactives : pensions de retraite, financées par des cotisations, aide sociale à la charge des collectivités publiques, revenus d'un capital ou pensions alimentaires, il est établi que toute personne inactive vit de prélèvements sur la production de biens ou la création de services des actifs [...]. Sur le plan économique, d'autre part, le vieillissement démographique exerce une influence certaine sur les structures professionnelles, l'équipement et les méthodes de travail, du moins dans les secteurs où les travailleurs vieillissants ou âgés sont employés en proportion relativement importante. Enfin, politiquement et psychologiquement, le vieillissement se traduit par le conservatisme, l'attachement aux habitudes, le défaut de mobilité, et l'inadaptation à l'évolution du monde actuel[1]. »

On peut dire que ce rapport, qui avait pour but de permettre de réfléchir « sur la place faite aux personnes âgées dans la société française d'aujourd'hui et plus encore dans celle de demain » commençait par « assassiner » ces personnes âgées, chargées de tous les maux de la société.

Le malheur est que cette vision « âgiste » des personnes âgées est loin d'avoir disparu, plus de quarante ans après la publication du rapport Laroque ! Comme le dit l'historienne Élise Feller dans un livre remarquable[2], « le concept de vieillissement de la population a brouillé et dévalué durablement les réalités et images de la vieillesse ».

---

1. Haut Comité consultatif de la population et de la famille, 1962, *Politique de la vieillesse. Rapport de la commission d'étude des problèmes de la vieillesse, présidée par M. Pierre Laroque*, Paris, La Documentation française.
2. Feller E., *Histoire de la vieillesse en France, du vieillard au retraité : 1900-1960*, Paris, Éd. Seli Arslan, 2005.

On voit donc que le vieillissement de la société française a souvent, par le passé, été présenté comme une catastrophe sanitaire et sociale et ce notamment depuis 1928, date à laquelle le démographe Alfred Sauvy a créé l'expression « vieillissement de la population », par laquelle il voulait signifier à la fois l'importance de la baisse de la natalité dans la population française et l'augmentation relative des personnes de 60 ans et plus appelées, par pure convention démographique, « les personnes âgées ». On a, depuis cette époque jusqu'à aujourd'hui, continué à parler de « vieillissement populationnel » et on en a fait un « problème » posé à la société par ces personnes âgées, ce qui a amené à ce raccourci saisissant très souvent utilisé par les médias en général, le « problème des personnes âgées ».

On va voir que cette présentation est fondamentalement erronée. Il n'y a pas aujourd'hui, en France, de problème des personnes âgées.

## Vieillissement de la population et âge de la vieillesse ?

Ce qui marque l'époque actuelle, ce n'est pas tant le vieillissement de la population française, terme utilisé par Alfred Sauvy et contesté par beaucoup d'experts de ce champ, mais bien plutôt une modification profonde de la structure par âge de la population. On assiste en effet depuis le début des années 1900, essentiellement d'abord à cause de la baisse de la mortalité infantile, à la montée progressive du groupe d'âge des personnes de 60 ans et plus : elles sont 1,9 million en 1780, 5 millions en 1900, 7,7 millions en 1962 lors de la publication du rapport Laroque, 11,3 millions en 1990 et environ 12,9 millions en 2005 pour la France entière (métropole et outre-mer). Dans le même temps la proportion des 60 ans et plus, dans la population totale, augmente : 7,1 % en 1780, 16,8 % en 1962, 20,6 % en 2005. En 2020, les projections actuelles prévoient 17 millions de personnes de 60 ans et plus, soit 28 % de la population totale. Pour autant, peut-on parler de vieillissement de la population ? Certainement pas, car cela voudrait dire qu'on accorde la même signification au fait d'avoir 60 ans en 2005 qu'en 1780 !

En effet, l'utilisation du même seuil d'âge – 60 ou 65 ans – pour désigner les personnes âgées alors que l'espérance de vie est passée, hommes et femmes confondus, de 45 ans en 1900 à 80 ans aujourd'hui n'a aucun sens. Comme le fait remarquer Patrice Bourdelais, s'interrogeant sur « l'âge de la vieillesse[3] », serait-on vieux de plus en plus jeune alors que l'espérance de vie à la naissance a quasiment doublé depuis le début du XXe siècle ?

Cet auteur constate que « l'utilisation de catégories d'âge obsolètes contribue à rendre anachronique notre perception des personnes âgées de la fin du XXe siècle ».

Il est donc extrêmement difficile de définir un âge d'entrée dans la vieillesse. La notion de « personne âgée » est éminemment relative. Nous sommes tous et toutes des personnes âgées de 5, 10, 30, 45, 60, 80, 100 ans, voire plus. Il y a, à l'évidence, des gens plus âgés ou plus vieux que d'autres chronologiquement. La racine indo-européenne *vet* du mot vieux signifie étymologiquement « celui qui a un an de plus ».

À partir de quel moment devient-on une personne âgée « tout court » ? On peut proposer que la notion de personne âgée, à une époque donnée, soit relative à l'espérance de vie de cette époque. Les personnes âgées du rapport Laroque sont les personnes de plus de 65 ans, ce qui peut paraître cohérent avec une espérance de vie à la naissance d'environ 70 ans à cette époque (67 ans pour les hommes et 73,6 ans pour les femmes). Michel Philibert, philosophe grenoblois et grand précurseur du champ de la gérontologie, proposait cette définition relative : « À une époque donnée, les personnes âgées sont celles qui ont vécu plus que la moyenne de leurs contemporains », et Patrice Bourdelais, précédemment cité, proposait de définir comme seuil d'entrée dans la catégorie « personne âgée », ou comme seuil d'entrée dans la vieillesse, l'âge précédant de cinq ans l'échéance de l'espérance de vie du moment, soit aujourd'hui environ 72 ans pour les hommes et 79 ans pour les femmes.

On peut aussi proposer que l'âge de la vieillesse soit *grosso modo* celui auquel commencent à apparaître certaines incapacités importantes, soit autour de 83-85 ans.

---

3. BOURDELAIS P., *Le Nouvel Âge de la vieillesse*, Paris, Éd. Odile Jacob, 1993.

## Peut-on définir la catégorie « personnes âgées » ?

Sous réserve qu'on se soit mis d'accord sur un seuil moyen d'âge d'entrée dans la vieillesse ou sur la définition conventionnelle d'une personne âgée, puisque la biologie ne permet pas de déterminer de façon précise un seuil biologique d'entrée dans la vieillesse, peut-on pour autant parler d'un groupe « personnes âgées » ? Nous ne le pensons pas. En effet, quel que soit l'âge de référence choisi pour définir une personne âgée, la notion de catégorie regroupant « les personnes âgées », définies comme les plus de 60, 70, 80, 85 ans, n'a aucun sens. On sous-entendrait que ce groupe ainsi défini aurait une certaine homogénéité sociale, or il n'y a rien de plus inexact : déjà en 1962, le rapport Laroque convenait que cette expression « les personnes âgées » recouvrait une réalité très disparate qui ne correspondait à aucune notion moyenne. De fait, parmi ces personnes, il y a des hommes et des femmes, ce que l'expression « asexuée » personnes âgées semble nier ! Il y a des gens mariés, des gens pacsés, des concubins, des veufs, des séparés, des divorcés, donc toute la variété possible des statuts matrimoniaux. Il y a toute la diversité des catégories socioprofessionnelles, et le fait d'être qualifié de retraité(e) ne fait pas disparaître ce qui a constitué l'essentiel d'une vie professionnelle pendant quarante ans et plus... Ce n'est pas la même chose d'être *personne âgée femme*, veuve, ancienne femme de ménage ou *personne âgée homme*, marié, ancien cadre supérieur. À ces différences de genre, de statut matrimonial, de catégorie socioprofessionnelle, s'ajoutent les différences de zone géographique d'habitat – le Midi, la Bretagne ou la région parisienne –, le fait d'habiter la grande ville ou un hameau isolé, le fait de loger dans un grand ensemble ou en maison individuelle. Toutes ces différences et bien d'autres font que la catégorie « personnes âgées » n'a aucune réalité ni sociale ni sociologique.

Alors comment se fait-il que, contre toute évidence, cette catégorie « personnes âgées » soit si souvent utilisée pour stigmatiser un groupe qui poserait problème, le « problème des personnes âgées » ? La réponse est relativement simple, nous l'avons évoquée au début de cette introduction avec le rapport Laroque. En 1962, le gouvernement qui réfléchit à une politique vieillesse en direction des personnes âgées décrète à travers ce rapport que ce groupe pose problème, tout en maniant l'ambiguïté, puisque la conclusion de ce rapport Laroque sera qu'il n'y a pas de problèmes spécifiques de la vieillesse... mais que l'organisation sociale conduit à mettre de côté les personnes âgées. La politique vieillesse que préconise le rapport Laroque doit à la fois mettre des moyens à disposition des personnes qui vieillissent pour leur permettre de rester à domicile, mais aussi s'interroger sur le regard négatif que la société porte sur l'avancée en âge... Ce qui reste, quarante ans après ce rapport, toujours à faire !

## La vieillesse, paradigme biomédical ou résultat social ?

La deuxième raison qui fait du groupe personnes âgées un « problème » est la vision médicale de la vieillesse qui s'est installée en France à partir des années 1960, notamment à travers les pionniers qui se sont intéressés à la question de la vieillesse et qui étaient dans leur grande majorité des médecins : G. Cuny à Nancy, J.-A. Huet à Paris, H. Destrem à Bordeaux, R. Hugonot à Grenoble. Ces derniers ont certes eu le très grand mérite de « prendre à bras le corps » (*sic*) la vieillesse qui va mal, notamment la vieillesse reléguée à l'hospice. Mais, en conséquence, ils n'ont appréhendé le phénomène de la vieillesse qu'à travers le prisme de la maladie et de la relégation qui étaient, à l'époque, le triste lot de l'hospice.

Cette vision médicale et déficitaire de la vieillesse va s'amplifier à partir des années 1980, avec la montée de nouvelles générations de gériatres qui revendiqueront d'être les experts de la vieillesse et qui la réduiront à un déficit biologique. C'est ce que nous avons appelé le *paradigme médical de la vieillesse*[4] : le mot paradigme vient du grec *paradeigma* qui veut dire modèle, exemple, en parlant de choses abstraites. Un paradigme est une conception théorique dominante qui a cours à une certaine époque dans une communauté scientifique. Aujourd'hui, en France, dire que c'est le paradigme biomédical qui s'est imposé à propos de la vieillesse signifie que les facteurs explicatifs de la vieillesse sont toujours quasi uniquement biomédicaux, au détriment d'une

4. Ennuyer B., *Les Paradigmes de la vieillesse*, *Documents-CLEIRPPA*, n° 22, 2006.

analyse sociale de la construction de la vieillesse. Ce paradigme médical assimile la vieillesse à un état pathologique ou pour le moins déficitaire, voire à une maladie. Cette dernière devient ainsi le corollaire d'une vieillesse problématique et donc d'un groupe personnes âgées qui pose problème à la société, et ce d'une façon présentée comme inéluctablement liée à la seule avancée en âge.

On peut légitimement opposer à ce paradigme biomédical de l'individu vieillissant un paradigme social, c'est-à-dire le modèle d'une vieillesse résultant d'une construction essentiellement sociale et d'un parcours de vie dans une organisation sociale déterminée.

Pour appuyer notre paradigme, entre autres indicateurs, l'espérance de vie profondément inégale suivant les classes sociales[5] montre combien la vieillesse est une construction avant d'être une fatalité biologique : « Tout se passe comme si on devenait vieux plus tôt lorsqu'on est au bas de la hiérarchie sociale, lorsqu'on a eu un travail pénible et chichement payé[6]. » On voit bien quand on s'interroge sur le devenir des politiques vieillesse actuelles à quel point ce changement de paradigme est essentiel. Car si la vieillesse est avant tout un résultat social, comme le montre amplement la réalité de tous les jours, le choix de politiques publiques corrigeant les inégalités des parcours sociaux permet de rétablir une certaine égalité des chances pour une vieillesse qui soit un accomplissement de sa vie et non une relégation au ban de la société.

## La vieillesse en France, une représentation sociale négative qui ne correspond pas à la réalité

Si nous résumons ce que nous venons de dire, les représentations de la vieillesse en France sont globalement négatives alors que beaucoup d'enquêtes prouvent qu'elles sont contraires à la réalité, et

5. ROBERT-BOBEE I., CADOT O., « Mortalité aux grands âges : encore des écarts selon le diplôme et la catégorie sociale », *Insee Première*, n° 1122, février 2007.

6. GRAND A., CLEMENT S., BOCQUET H., « Personnes âgées », in LECLERC A., FASSIN D., GRANDJEAN H., KAMINSKI M., LANG T., *Inégalités sociales de santé*, Paris, La Découverte/INSERM, 2000.

notamment l'enquête « Handicaps, incapacités, dépendance[7] » (HID) des années 1998-1999.

Prenons quelques exemples de ce discours négatif sur la vieillesse tenu aussi bien par les journaux grand public que par les revues spécialisées : « Les Français sont nombreux mais vieux et seuls : l'Insee a présenté hier un tableau peu réjouissant du pays[8] », « La France face au défi des personnes âgées. La France vieillit : les personnes âgées de plus de 50 ans seront bientôt deux fois plus nombreuses que les moins de 20 ans. Si de nombreux seniors refusent de voir dans la vieillesse une forme de déchéance, l'allongement de la vie multiplie les cas de dépendance et pose un redoutable défi à la société tout entière[9]. » Dans un livre récent au titre éloquent, 2030 : *le papy-crash ?*[10], c'est aussi le même discours négatif, à grands renforts de chiffres très souvent inexacts.

Au-delà de ces considérations alarmantes que n'aurait pas désavouées Alfred Sauvy, il y a aussi les jugements portés sur la vieillesse de façon allusive. Ainsi *Le Monde*, évoquant l'Europe spatiale, fait ce commentaire : « L'agence spatiale européenne a 30 ans, un bel âge qui a des allures de vieillesse, tant les moyens et la volonté manquent[11] » (*sic* !). En revanche, quand on veut positiver le grand âge, il faut en permanence le dénier : « À rencontrer ce très vieux monsieur qu'est aujourd'hui Maurice Nadeau – 95 ans cette année – frappe dès l'abord sa présence sans âge [...] durant deux heures, la parole claire, la mémoire vive, il répond aux questions[12]. » Il ne fait aucun doute à la lecture de cet extrait que la vieillesse « ordinaire » – qui ne saurait être celle d'un être d'exception et forcément « sans âge » ! – ne peut être, elle, que synonyme de parole confuse et de perte de mémoire, donc immanquablement déficitaire. Certains ont, d'ailleurs, commencé à se battre contre ces représentations déficitaires et âgistes, contre le « racisme anti-vieux » et le « délit de sale

---

7. COLIN C., « Le nombre de personnes âgées dépendantes d'après l'enquête Handicaps-incapacités-dépendance », *Études et Résultats*, DREES, n° 94, 2000.

8. *20 minutes*, 19 janvier 2005.

9. « Dossiers & Documents », in *Le Monde*, n° 326, décembre 2003.

10. RUAUX J.-Y., *2030 : le papy-crash ?*, Paris, Alvik Éditions, 2005.

11. *Le Monde*, 6 décembre 2005.

12. *Le Monde des livres*, 24 février 2006.

gueule » dont ils s'estiment victimes[13] : Roger Dadoun pour lequel la vieillesse est un combat[14] et Alain Moreau qui a publié récemment un éloge de la vieillesse[15].

Ce combat est plus que justifié, car les chiffres donnés par les différentes enquêtes ne renvoient pas du tout cette image négative et problématique de la population dite âgée. Ainsi l'enquête HID nous apprend que parmi les 60 ans et plus, seuls 5 % de cette population sont vraiment atteints par des incapacités sévères – confinement au lit ou au fauteuil, incapacité de s'habiller et de faire sa toilette. Par conséquent, 95 % des personnes de plus de 60 ans n'ont pas d'incapacités majeures. Même après 80 ans la proportion des gens ayant des incapacités sévères ne dépasse pas le quart de cette population, ce qui signifie que 75 % de ces personnes n'ont pas de difficultés telles qu'elles ne puissent pas mener leur vie à leur allure, qui n'est pas celle, bien sûr, des quadragénaires citadins des grandes villes toujours « speedés ».

Constatons donc aujourd'hui que la vieillesse, dont nous avons situé le seuil à plus de 80 ans, n'est pas le naufrage tant craint par certains et tant décrit par d'autres, qui quelquefois sont les mêmes !

Même la catastrophe Alzheimer prédite par certains experts, notamment les gériatres, n'est pas aussi évidente que semblent le dire certains chiffres, qui font état de 800 000 personnes atteintes de cette maladie. D'autres experts pensent que la moitié de ce chiffre correspond mieux à la réalité de terrain, c'est-à-dire aux personnes qui rencontrent réellement des difficultés quotidiennes importantes.

Quant à la prédiction d'une « catastrophe Alzheimer », qui a inspiré au ministre délégué aux Personnes âgées la formule choc : « un tsunami démographique de la démence et de la dépendance[16] » – ce qui est faux –, on peut utilement se demander qui a ainsi intérêt à « faire régner la terreur », sinon éventuellement les laboratoires pharmaceutiques et certains assureurs. Il ne s'agit pas de nier le fait que cette maladie est très dommageable aussi bien pour les malades eux-mêmes que pour leur

13. *L'Express*, 28 février 2005.
14. Dadoun R., *Manifeste pour une vieillesse ardente*, Paris, Zulma, 2005.
15. Moreau A., *Un certain âge. Éloge de la vieillesse*, Paris, Bibliophane-Daniel Radford, 2006.
16. Philippe Bas aux assises de l'UNIOPSS à Nîmes le 7 décembre 2006.

environnement familial et professionnel, mais ce n'est pas forcément une bonne approche que celle qui consiste à manier des chiffres sans plus de précautions...

Pour finir cette rapide introduction autour de ces deux notions fondamentales de vieillissement et de vieillesse, rappelons-nous que nous avons affaire à la fois à des évolutions collectives et à des parcours de vie individuels. Et n'oublions pas dans nos analyses une évolution sans précédent des styles et manières de vivre, qui d'une part s'individualisent de plus en plus et d'autre part s'opposent de plus en plus selon les modes de vie antérieurs, l'appartenance de classe sociale, le genre (hommes et femmes ne sont pas égaux dans le processus de vieillissement), mais aussi entre générations.

En clair, quand nous parlons de vieillissement et de vieillesse, soyons extrêmement vigilants à garder notre capacité d'interrogation et de naïveté par rapport à ces notions en mouvement, plutôt que de les figer dans des représentations convenues et dépassées qui ont pour effet d'enfermer les gens âgés dans une lecture complètement fausse et infantilisante. Alors dans ce contexte, la vieillesse de nos parents, que peut-on en penser et en faire ?

## Nos parents vieillissent : comment en prendre soin ?

Il est bien évident que la difficile question du vieillissement et de la vieillesse de nos parents ainsi que de la façon de prendre soin de nos « vieux parents » est empreinte de toutes les représentations et de toutes les idées plus ou moins inexactes que nous avons passées en revue. Et ce d'autant plus que ces représentations à la fois historiques et culturelles ont influencé toute la politique vieillesse actuelle, c'est-à-dire tous les dispositifs et toutes les mesures d'aide en direction des personnes qui vieillissent avec des difficultés de vie quotidiennes.

En ce sens, une des caractéristiques essentielles du système français de prise en charge de la vieillesse est qu'il fait reposer une charge énorme sur l'environnement immédiat, c'est-à-dire sur la famille et plus précisément sur la famille nucléaire, c'est-à-dire le conjoint ou la conjointe dans le cas d'un ménage ou bien les enfants, et chez ces derniers plutôt les filles et aussi les belles-filles, comme le montre bien l'article de Simone Pennec, p. 105.

## L'aide familiale et professionnelle à domicile

Dans une enquête de juin 1996 « sur les services de proximité de la vie quotidienne auxquels les ménages ont le plus recours[17] », l'Insee fait état de 2,2 millions de ménages comptant au moins une personne dépendante.

La moitié d'entre eux (1,2 million) déclare recevoir au moins une aide extérieure pour la dépendance : 870 000 ménages bénéficient d'au moins une aide professionnelle payée par eux ou prise en charge par la collectivité et 320 000 personnes reçoivent une aide non professionnelle pour laquelle, la plupart du temps, aucune dépense n'est engagée.

Les services rendus par l'entourage (le plus souvent des parents proches) représentent 230 millions d'heures par an (soit 127 000 équivalents temps pleins d'aide, pour autant que cela ait un sens de mettre sur le même plan l'aide apportée par la famille et l'aide professionnelle !).

L'aide professionnelle (aide à domicile, auxiliaire de vie, garde-malade, infirmière) apportée aux ménages dépasse, quant à elle, les 400 millions d'heures de travail annuelles, soit 220 000 équivalents temps pleins de professionnels.

Au total, les dépenses globales d'aide à la dépendance supportées par les ménages ont ainsi été estimées à 8,5 milliards de francs, soit 1,3 milliard d'euros. À titre de comparaison, rappelons que ces chiffres datent de juin 1996 et qu'en 2004, *grosso modo*, les dépenses engagées pour l'allocation personnalisée d'autonomie (APA) ont été de 3,6 milliards d'euros.

En fait, ce travail de 1996 ne fait que confirmer ce qu'Alain Colvez avait mis en évidence dans les années 1980-1990 grâce à une série d'enquêtes régionales, à savoir qu'en matière de « dépendance », les familles étaient extrêmement présentes[18].

---

17. FLIPO A., « Les services de proximité de la vie quotidienne », *Insee Première*, n° 491, octobre 1996.
18. COLVEZ A., « Panorama de la dépendance en France », *Revue française des affaires sociales*, n° 1, 1990, p. 15-21.

Mais c'est essentiellement l'enquête « Handicaps, incapacités, dépendance » (enquête HID), couplée au recensement de l'Insee de 1999, et qui s'est déroulée de fin 1998 à juin 2001, qui va être une mine de renseignements aussi bien sur les gens vivant à domicile, quant à leur niveau d'incapacité et à la façon dont ils sont aidés, que sur les personnes résidant en institution d'hébergement.

En ce qui concerne les personnes à domicile, la référence est le document de la DREES (novembre 2001) intitulé « Les aides et les aidants des personnes âgées[19] » : « Les personnes âgées de 60 ans et plus, sont en France métropolitaine, 11,9 millions à vivre à leur domicile, dont 34 % sont âgées de 75 ans et plus. Plus d'un quart de ces personnes âgées de 60 ans et plus, soit 3,2 millions d'entre elles, reçoivent une aide en raison d'un handicap ou d'un problème de santé. Le recours à une aide concerne la moitié des personnes âgées de 75 ans ou plus, les personnes âgées dépendantes classées en équivalent GIR 1 à 5[20] étant pratiquement toutes aidées afin de permettre leur maintien à domicile[21] ».

Nous retrouvons ce qui a été dit plus haut, à savoir que parmi les personnes de 60 ans et plus qui sont aidées, la moitié d'entre elles sont aidées uniquement par leur entourage.

Ce chiffre est capital pour comprendre le maintien à domicile tel qu'il se présente actuellement en France, et nous aurons l'occasion d'y revenir. Dans 29 % des situations, une aide professionnelle et une aide de l'entourage sont associées, et 21 % des personnes ont uniquement une aide professionnelle.

De fait, on peut dénombrer cinq configurations principales d'aide à domicile, comme le montre le tableau suivant[22].

---

19. DUTHEIL N., « Les aides et les aidants des personnes âgées », *Études et Résultats*, DREES, n° 142, novembre 2001.

20. Voir « Définition des groupes iso-ressources (GIR) de la grille AGGIR », p. 22.

21. DUTHEIL N., *op. cit.*, p. 1.

22. *Ibid.*, p. 8.

**Répartition de personnes âgées à domicile selon la configuration d'aide dont elles relèvent**

| | Groupe 1 | Groupe 2 | Groupe 3 | Groupe 4 | Groupe 5 | |
|---|---|---|---|---|---|---|
| | Un aidant non professionnel unique | Plusieurs aidants non professionnels | Un aidant non professionnel et un ou plusieurs aidants professionnels | Plusieurs aidants non profession-nels et un ou plusieurs aidants professionnels | Aidants profession-nels uniquement | Ensemble |
| Effectif concerné de personnes âgées | 1 080 000 | 510 000 | 590 000 | 360 000 | 690 000 | 3 230 000 |
| Sexe de la personne aidée | 53 % de femmes | 69 % de femmes | 75 % de femmes | 79 % de femmes | 75 % de femmes | 57 % de femmes |
| Équivalent GIR 1, 2 et 3 | 4 % | 9 % | 18 % | 21 % | 3 % | 9 % |
| Âge moyen de la personne aidée | 73 ans | 75 ans | 80 ans | 81 ans | 78 ans | 77 ans |
| Composition du ménage dans le logement | 22 % de personnes isolées et 63 % de couples | 35 % de personnes isolées, 44 % de couples et 16 % de personnes vivant seules chez leurs enfants | 47 % de personnes isolées et 42 % de couples | 59 % de personnes isolées et 30 % de couples | 53 % de personnes isolées et 41 % de couples | 39 % de personnes isolées, 48 % de couples et 9 % de personnes vivant seules chez leurs enfants |

••• DÉFINITION DES GROUPES ISO-RESSOURCES (GIR) DE LA GRILLE AGGIR

La grille AGGIR (Autonomie gérontologique – groupe iso-ressources) classe les personnes âgées en six niveaux de perte d'autonomie :

– GIR 1 : les personnes confinées au lit ou au fauteuil ayant perdu leur autonomie mentale, corporelle, locomotrice et sociale, qui nécessitent une présence indispensable et continue d'intervenants.
– GIR 2 : les personnes confinées au lit et au fauteuil dont les fonctions mentales ne sont pas totalement altérées et qui nécessitent une prise en charge pour la plupart des activités de la vie courante, ou celles dont les fonctions mentales sont altérées mais qui ont conservé leurs capacités motrices.
– GIR 3 : les personnes ayant conservé leur autonomie mentale, partiellement leur autonomie locomotrice, mais qui nécessitent quotidiennement et plusieurs fois par jour des aides pour leur autonomie corporelle.
– GIR 4 : les personnes qui n'assument pas seules leur transfert, mais qui une fois levées, peuvent se déplacer à l'intérieur de leur logement. Elles doivent être aidées pour la toilette et l'habillage.
– GIR 5 et 6 : les personne très peu ou pas dépendantes.

Source : PERBEN M. (2006). « L'allocation personnalisée d'autonomie au 31 juin 2006 », *Études et Résultats*, DREES, n° 529, p. 2.

Les aidants non professionnels sont le plus souvent des membres de la famille (90 % des aidants). Les amis et les voisins sont peu concernés (9 %). Parmi ces aidants, 66 % sont des femmes, la moitié des aidants principaux sont des conjoints (six fois sur dix, une femme) et un tiers sont des enfants (sept fois sur dix).

Plus d'un tiers des aidants déclarent que ce rôle a des conséquences négatives sur leur bien-être, physique ou moral, mais 31 % d'entre eux déclarent que cette activité a des conséquences positives sur leur bien-être.

En résumé, en 1999-2000, 11,9 millions de personnes de 60 ans et plus vivent à domicile : 7,9 millions de personnes de 60 à 74 ans et 4 millions de personnes de 75 ans et plus.

1,2 million de personnes de 60-75 ans sont aidées, soit 17 % de cette tranche d'âge, contre 2 millions de personnes de 75 ans et plus, soit 50 % de cette tranche d'âge. Il est par ailleurs à noter que 90 % des 75 ans et plus sont encore à leur domicile, contre 445 000 en institution d'hébergement.

En revanche, au-delà de 90 ans, à domicile, ce sont 77 % des personnes qui sont aidées, ce qui veut dire que presque un quart ne le sont pas.

Si on reprend les chiffres de gens aidés familialement ou professionnellement, cela donne pour les 60 ans et plus :

- 1,6 million de personnes aidées uniquement par l'entourage,
- 0,9 million avec aide professionnelle et aide de l'entourage,
- 0,7 million de personnes aidées uniquement professionnellement.

Soit au total 1,6 million de personnes de 60 ans et plus aidées par une aide professionnelle.

Il y a donc en résumé, sur les 3,2 millions de personnes de 60 ans et plus qui sont aidées, soit 26,7 % des 60 ans et plus, autant de gens qui sont aidés uniquement par leur famille que de gens aidés par les professionnels.

Ces professionnels collaborent, plus d'une fois sur deux, avec des aidants familiaux qui sont en majorité des femmes – de même d'ailleurs que les professionnels de l'aide qui sont aussi très massivement des femmes, comme on l'a déjà vu.

### L'investissement des familles mis en évidence dans le cadre de l'allocation personnalisée d'autonomie (APA)

Un travail très récent de la DREES[23], mené auprès de personnes « bénéficiaires[24] » de l'APA, permet de confirmer l'importance de l'aide des proches au domicile des personnes âgées.

75 % des « bénéficiaires » de l'APA sont aidés au moins par un proche. L'aide uniquement dispensée par les professionnels ne concerne qu'un quart des « bénéficiaires ».

L'aide des proches repose très souvent (71 % des situations) sur un aidant unique, qui est une femme dans 60 % des situations : conjointe, fille, belle-fille, etc.

---

23. PETITE S., WEBER A., « Les effets de l'allocation personnalisée d'autonomie sur l'aide dispensée aux personnes âgées », *Études et Résultats*, DREES, n° 459, janvier 2006.

24. Nous pensons que cette appellation officielle n'est pas judicieuse. Pour sortir d'une vision assistancielle il serait plus exact de parler d'allocataires ou d'ayants droit !

L'aide de l'entourage est en volume deux fois supérieure à celle des professionnels, à savoir :

- 5 h 10 d'aide par jour s'il y a uniquement aide de l'entourage,
- 1 h 50 d'aide lorsqu'il y a uniquement aide professionnelle,
- 4 h 10 d'aide de l'entourage et 1 h 40 d'aide professionnelle quand il y a interventions conjointes.

Ce travail met en lumière l'investissement très important des conjoints et des femmes de la famille. « Alors qu'en moyenne le volume quotidien d'aide est de 5 heures pour les bénéficiaires recevant le soutien d'une seule personne, il atteint 8 h 30 quand ils sont aidés par leur conjoint [...] les conjointes fournissent une aide en moyenne deux heures et demie supérieure à celle qu'apportent les conjoints et les filles de deux heures plus élevée que celle des fils[25]. »

Au-delà de cette confirmation du rôle majeur joué par la famille dans le maintien à domicile, cette étude confirme que l'obtention de l'APA n'a pas démobilisé les familles : « L'APA semble ainsi avoir entraîné la mobilisation de professionnels, sans pour autant avoir réduit l'aide dispensée par l'entourage. Les proches se sont même parfois davantage impliqués avec la mise en place du dispositif[26]. » Ce dernier constat est très important, car on sait qu'une des raisons, couramment avancées, par le pouvoir politique pour ne pas augmenter le montant des aides publiques est que cela démobiliserait les familles qui ne s'occuperaient plus, alors, de leurs parents. Cette assertion est fausse...

Ce constat de la DREES nous permet de dire aussi que si l'aide est majoritairement le fait des femmes, les hommes, notamment les conjoints et les fils, ne sont cependant pas absents autant qu'on voudrait le faire croire, quand il s'agit d'apporter de l'aide à leurs proches.

### Les familles des personnes aidées : de multiples rôles à tenir

Un discours politique assez classique reprend, souvent, l'antienne suivant laquelle les familles ne feraient plus leur « travail » auprès des

---

25. Petite S., Weber A., *op. cit.*, p. 4-5.
26. *Ibid.*, p. 6.

personnes âgées, qui se trouvent justement être leurs parents ou leurs grands-parents.

Ce discours, bien que l'inexactitude en ait été largement démontrée, revient souvent comme facteur explicatif dans les propos des hommes politiques dès que quelque chose se passe mal dans le secteur des personnes âgées ou dès qu'on veut justifier des économies budgétaires : « les familles n'ont qu'à », ou bien on entend dire : « Si l'État finance davantage, les familles en profiteront... pour ne plus remplir leur devoir d'enfants vis-à-vis de leurs parents. » Ainsi la création de la nouvelle prestation spécifique dépendance (PSD), supprimant l'allocation compensatrice de tierce personne (ACTP) aux gens de 60 ans et plus (non récupérable sur succession), avait été justifiée par la nécessité de moraliser les familles, ainsi qu'en témoignent en 1990 les propos des sénateurs : « M. Chérioux a estimé que la proposition de loi est opportune, le système actuel conduisant souvent les familles à se décharger de leurs obligations sur l'aide sociale[27]. » Sous-entendu, l'ACTP serait attribuée à autant de personnes de 60 ans et plus parce qu'elle n'est pas récupérable sur succession, c'est-à-dire que les montants versés du vivant de la personne ne sont pas prélevés au moment de la succession et que de ce fait les gens en feraient aisément la demande.

De même, au moment des premières conclusions hâtives sur la canicule de l'été 2003, les politiques ont été prompts dans la stratégie du bouc émissaire à accuser, entre autres, les familles d'avoir manqué à leur devoir de solidarité[28], avant que les chiffres des quelques études réalisées par la suite montrent que ni l'isolement familial ni le manque de solidarité des familles n'avaient été les facteurs déterminants des 14 802 décès imputés à cette canicule[29].

---

27. JOURDAIN A., *Rapport fait au nom de la Commission des Affaires sociales sur la proposition de loi visant à la création d'une allocation pour les situations de dépendance résultant d'un état de sénescence*, n° 78, Sénat, séance du 14 novembre 1990, p. 6.

28. Discours de Jacques Chirac, le 21 août 2003.

29. ENNUYER B., « Les leçons d'une catastrophe », *Documents-CLEIRPPA*, cahier n° 14, 2004, p. 7-8.

## Les familles jouent un rôle déterminant dans le maintien à domicile

Il a fallu les études d'Alain Colvez au milieu des années 1980 pour démontrer que les familles jouaient un rôle essentiel dans la plupart des situations d'aide à domicile lourdes, où elles étaient très souvent les seules (dans la moitié des situations) à intervenir, pour aider à l'exclusion de toute aide professionnelle[30]. Ces chiffres ont, depuis, été confirmés par l'étude de Pascale Breuil-Genier[31].

En 1998, environ la moitié des personnes de plus de 65 ans en incapacité sévère à domicile, soit 250 000 personnes, n'étaient aidées que par leur famille, au sens large, conjoint et enfants, sans aucune aide professionnelle. Cela amenait le sociologue de la CNAV, Alain Rosenkier, à faire de l'aide à la dépendance « une affaire de famille[32] ».

Ces chiffres sont toujours d'actualité, puisqu'une étude très récente de la DREES, nous l'avons largement vu plus haut, aboutit au même constat : « L'APA a ainsi entraîné une plus grande mixité des aides reçues par les personnes âgées, sans réduire pour autant la contribution de l'entourage. 75 % des bénéficiaires de l'APA restent aidés par leurs proches, avec un investissement horaire en moyenne deux fois supérieur à celui des aidants professionnels. Cette aide repose très fréquemment sur un aidant unique (71 %), le plus souvent le conjoint, et sur les femmes (pour six bénéficiaires sur dix)[33]. »

On aura l'occasion, en conclusion, de revenir sur les raisons pour lesquelles ces familles ne se font pas suffisamment aider, à travers le concept québécois de « réticence des familles à se faire aider[34] », mais aussi sur l'insuffisance de l'aide financée par les politiques publiques.

---

30. Colvez A., *op. cit.*

31. Breuil-Genier P., « Aides aux personnes âgées dépendantes : la famille intervient plus que les professionnels », *Économie et Statistique*, 6/7, n° 316-317, 1998, p. 24.

32. Rosenkier A., « L'aide à la dépendance : une affaire de famille », *Gérontologie et société*, « *La galaxie des aidants* », n° 89, 1999, p. 21-34.

33. Petite S., Weber A., « Les effets de l'allocation personnalisée d'autonomie sur l'aide dispensée aux personnes âgées », *Études et Résultats*, n° 459, DREES, 2006, p. 1.

34. Paquet M., *Vivre une expérience de soins à domicile*, Québec, Les Presses de l'université Laval, 2003.

À l'évidence les familles, au sens large, sont donc en France les pivots de l'aide et de l'accompagnement des personnes qui vieillissent, ce qui n'est pas sans leur poser de nombreuses questions et occasionner bon nombre de difficultés.

Ce constat justifie amplement l'objectif de ce livre, qui se veut à la fois une aide à la réflexion pour les familles engagées dans ce processus d'accompagnement de leurs proches vieillissants et un guide pour s'y retrouver dans le maquis des réglementations et des aides possibles, soit financières, soit sous forme de services.

# I | La santé des personnes âgées et le financement de la vieillesse

# Le « vieillissement » de la population française.

## Conditions de vie et santé des personnes âgées : état des lieux

Jean-Claude Henrard, professeur émérite

Parler des personnes âgées comme d'un ensemble homogène d'individus n'a aucun sens. Ce groupe est défini par l'âge légal de la retraite, soit 60 ans en France. Cet âge n'a pas grande signification en ce qui concerne le domaine de la santé. Les problèmes posés par la perte d'autonomie fonctionnelle – ce que l'on appelle de façon impropre la dépendance –, qui restent minoritaires jusqu'à un âge très avancé, n'apparaissent en effet que beaucoup plus tard (vers 80-85 ans) dans une proportion importante. Cette perte d'autonomie est liée aux effets de la sénescence (ou vieillissement biologique) et aux conséquences fonctionnelles et sociales des maladies chroniques augmentant avec le vieillissement chronologique. On voit donc là que l'on amalgame les problèmes de deux générations. Schématiquement on peut dire que la génération du troisième âge est confrontée avant tout à la question de la cessation de l'activité professionnelle et du passage à la retraite. C'est la génération du quatrième âge, que nous préférons appeler celle du grand âge, qui est concernée par les effets des processus de vieillissement sur la santé.

Le vieillissement de la population, qui remonte à guère plus de deux siècles et demi, s'est accéléré, depuis les années 1950, du fait de la chute de mortalité aux âges les plus élevés. Cette retombée plutôt positive des formidables changements socio-économiques et culturels du siècle passé est trop souvent dépeinte dans nos sociétés « modernes » comme un problème social menaçant nos régimes de retraite et comme une véritable épidémie s'accompagnant d'une explosion de nos dépenses de soins. Cette vision témoigne d'un aveuglement quant à la nécessaire réorganisation du parcours de vie, compte tenu de l'allongement de la durée de vie moyenne et de la non prise en compte de l'amélioration de la santé de la population âgée. En outre, elle fait de l'âge une variable figée, bien que les caractéristiques d'un âge donné ne soient pas fixées une fois pour toutes. Avoir 60 ans aujourd'hui n'est guère comparable à ce que cela signifiait en 1900. On était alors considéré comme un vieillard. Aujourd'hui on fait partie des « seniors ».

Chaque société produit un modèle d'homme idéal dont dépendent l'image de la vieillesse et la perception du vieillissement des individus. Je ferai trois types de remarques afin de préciser d'où vient le modèle de la vieillesse que nous avons aujourd'hui. Tout d'abord, l'importance du corps, l'idéal de la jeunesse se conjuguent pour donner du vieillissement une représentation de déclin universel lié aux restrictions des capacités physiques et mentales. Ensuite, la conception déficitaire (c'est-à-dire en termes de perte) du vieillissement du corps en tant que « machine » dissociée de l'esprit témoigne d'une vision mécanique qui évacue toute spiritualité. Enfin, l'accent mis sur le corps fait que la vieillesse est confiée à la médecine. La professionnalisation de la vieillesse, qui objective et réduit le fait de vieillir au vieillissement biologique, interdit d'aborder les questions d'ordre psychologique et existentiel que les personnes se posent. La vieillesse devient un mot tabou, derrière lequel se profilent la dépendance, la maladie d'Alzheimer et la mort. Cette conception oublie en outre l'extrême variabilité du vieillissement individuel. Cette variabilité est liée pour une faible part à notre héritage génétique et pour la plus grande part à nos différents parcours de vie : ceux-ci s'inscrivent dans un contexte qui diffère d'un individu à l'autre et d'une époque à l'autre. Quoi de commun en effet entre le parcours de vie d'un ouvrier spécialisé et celui d'un haut fonctionnaire ? Et que de différences entre ceux de la génération née dans les années 1920 et celle des « baby-boomers ».

Pour combattre cette vision catastrophe du vieillissement, il est bon de se reporter aux données sur le vieillissement démographique, sur les conditions de vie et sur la santé des personnes dites âgées.

## Les jeunes vieux, le « troisième âge »

### Le vieillissement démographique

Le vieillissement démographique est traditionnellement mesuré par l'accroissement de la proportion de personnes âgées de 60 ans et plus dans la population générale. Il n'a guère plus de deux siècles et demi, conséquence en premier lieu de la baisse de la fécondité. Depuis les années 1960, il s'accélère du fait de la chute de mortalité aux âges les plus élevés. En 2005, près de 21 % des Français (soit plus de 12,5 millions) avaient fêté leur 60e anniversaire, 8 % (soit près de 5 millions) leur 75e et 1,8 % (soit plus de 1 million) leur 85e anniversaire. Dans les années 1960 ces proportions n'étaient respectivement que de 17 %, 4 % et 1 %. En 2030 elles pourraient atteindre 31 %, 13 % et près de 4 %.

Du fait de l'arrivée aux grands âges des classes creuses[1], le vieillissement interne de la population âgée devrait dans un proche avenir connaître une légère accalmie. Mais, dans les années 2020, 15 % voire 20 % des personnes âgées de 60 ans et plus pourraient franchir le seuil de 85 ans.

### Des conditions de vie favorables

Les conditions de vie des personnes du « troisième âge » sont globalement favorables en ce début de siècle. Ces « jeunes vieux » vivent majoritairement en couple et de plus en plus longtemps. Ils ont un réseau de sociabilité basé sur la famille et les pairs de même âge. Ils ont des revenus moyens comparables à ceux des personnes plus jeunes (1 500 euros par mois pour la tranche d'âge 60-69 ans). Ils sont souvent propriétaires de logements présentant tous les éléments de confort moderne. Ils ont de nombreuses activités de loisirs. Leur principal souci est pour une partie d'entre eux l'état de santé de leurs parents très âgés,

1. C'est-à-dire la génération des personnes nées à l'issue de la Première Guerre mondiale.

notamment lorsque ces derniers connaissent une détérioration progressive de leurs capacités physiques ou mentales ou à la suite d'un accident de santé.

Mais ce constat n'est qu'une moyenne et il existe d'importants écarts entre genres et classes sociales. Si l'on considère par exemple l'espérance de vie à partir de la retraite : les femmes ont en moyenne 24,5 ans à vivre contre 18,2 ans pour les hommes ; les ouvriers 14 ans contre 20,5 ans pour les cadres et professions libérales. Si l'on considère la pension globale[2] mensuelle de retraite, le montant de celle perçue par les femmes est inférieur de 45 % au montant de celle perçue par les hommes (805 euros contre 1 466 euros). Il existe environ 2 % à 3 % de personnes pauvres[3] dans le groupe des 60-70 ans, soit deux à trois fois moins que dans les groupes d'âge plus jeunes. Cent cinquante mille personnes âgées de 60 à 70 ans ne bénéficient que du minimum vieillesse fin 2003. Parmi elles des artisans, des petits commerçants, des exploitants agricoles. Il faut souligner en outre qu'environ 500 000 personnes entre 50 et 60 ans se retrouvent dans le groupe des pauvres du fait de leur exclusion du marché du travail.

Cette génération est globalement en bonne santé, bien qu'atteinte par les déficiences sensorielles (presbytie, diminution de l'audition), de banals troubles de mémoire immédiate (oubli des noms propres et fautes d'inattention), de nombreuses maladies dégénératives rhumatismales, notamment (arthroses du cou, de la région lombaire, des doigts, plus rarement des genoux ou des hanches ; atteinte des tendons des épaules), des allergies aux produits cosmétiques et aux polluants de toute nature, du diabète. Les femmes ont souvent une ostéoporose ne nécessitant qu'une surveillance régulière ou pour certaines un traitement (correctif ou substitutif) afin d'en prévenir les complications. Ces troubles ne s'accompagnent pas en règle générale de retentissements dans leur vie quotidienne. Le recours au médecin, la consommation médicamenteuse ne font que poursuivre leur augmentation régulière avec l'âge à partir de 45 ans, les femmes étant nettement plus consommatrices notamment de

---

2. Comprenant pensions de droit direct, de réversion après décès du conjoint et autres avantages vieillesse.

3. Revenus inférieurs à 50 % du montant du revenu médian, c'est-à-dire du revenu perçu par une personne sur deux.

médicaments psychotropes[4]. Une femme sur six à partir de 50 ans et un homme sur six à partir de 60 ans en consomment.

Enfin, un certain pourcentage de cette génération connaît des problèmes de santé plus sévères, tels que la survenue d'un accident cardio-vasculaire ou cérébro-vasculaire, d'un cancer ou d'une maladie neurologique dégénérative (maladie de Parkinson par exemple). En 2003, environ 80 000 personnes âgées de moins de 70 ans (1 % de ce groupe d'âge) résident en établissement d'hébergement pour personnes âgées. Près des deux tiers sont des hommes.

En définitive, la question de la cessation de l'activité professionnelle et du passage à la retraite est essentielle pour cette génération dite du troisième âge. L'allongement de la durée des cotisations pour obtenir une pension à taux plein se heurte à la faible employabilité d'une part importante des travailleurs vieillissants. L'amélioration de l'état de santé à âge égal par rapport aux générations antérieures rend plus criant le décalage entre fin de carrière professionnelle liée à la pénurie d'emploi et incapacité de travailler liée au vieillissement. Celle-ci est certes fonction de la pénibilité des tâches mais elle est globalement repoussée dans le temps. Ainsi, du fait de la dominance du travail comme valeur sociale reconnue, de nombreuses personnes professionnellement inactives se retrouvent avec un statut social de second ordre.

## Le « quatrième âge » : les octogénaires et au-delà

La génération du grand âge est pour la première fois représentée en nombre dans l'histoire de l'humanité : près de 3 millions d'octogénaire en 2005. Ce seul fait est remarquable mais il faut en payer le prix, d'autant plus que sa proportion croît avec l'avancée en âge. Pour cette génération la question des effets des processus de vieillissement sur la santé devient centrale. Elle risque de masquer les autres dimensions de la vieillesse. Dans l'avenir, même si les générations futures atteignent les divers âges de la vieillesse en meilleure santé, la forte progression

---

4. Hypnotiques, tranquillisants, antidépresseurs.

des personnes du grand âge risque fort d'accroître le nombre de personnes souffrant d'incapacités fonctionnelles. Se pose donc avec une acuité toute particulière le problème du partage de leur prise en charge, entre solidarités sociales, assurances privées et solidarités familiales.

**Le prisme de la situation matrimoniale**

À partir de tendances observées depuis les années 1960 à travers les données des recensements successifs de la population, on peut néanmoins mettre en avant certains facteurs favorables. Par exemple, l'un des principaux déterminants des conditions de vie après 80 ans est la situation matrimoniale. Elle détermine en effet en grande partie le niveau de revenus des ménages. Qu'observe-t-on sur la durée ? Le veuvage est en constante régression du fait des très importants gains de mortalité aux âges avancés. Il en résulte un recul, à chaque âge, de la probabilité de décéder pour chacun des membres du couple. Celui-ci survit ainsi plus longtemps et l'âge moyen des nouveaux veufs se trouve différé. Vivre en couple concerne une fraction de plus en plus importante de la population âgée de 85 ans et plus : 15 % en 1960 contre 21 % en 2000. Cette tendance a plus que compensé les veuvages, dont le nombre est en baisse. Mais parallèlement, l'isolement résidentiel de cette population ne cesse de s'accroître, les personnes veuves optant de plus en plus souvent pour la vie en solitaire. Cette augmentation de l'isolement résidentiel s'est principalement faite au détriment de la cohabitation avec des proches : 47 % des 85 ans et plus étaient dans ce cas en 1960 contre 15 % en 2000. La proportion de personnes vivant seules est désormais près de 3 fois plus importante que la cohabitation avec des proches alors qu'en 1960 cette dernière était 2 fois plus fréquente que le fait de vivre seul. Cette évolution est surtout marquée chez les femmes.

**Maintien à domicile et institutionnalisation**

Parallèlement, l'urbanisation, l'amélioration des conditions de vie (du fait de meilleures pensions de retraite, de logements plus confortables) et de l'état de santé à âge égal, le développement de la politique de maintien à domicile ont conjugué leurs effets pour faire en sorte qu'une majorité de personnes puissent désormais rester chez elles aussi longtemps qu'elles le souhaitent ou qu'elles le peuvent.

La vie en institution n'a progressé qu'aux âges avancés : 10 % des octogénaires étaient dans ce cas en 1960 contre 21 % en 2000. Un tiers des nonagénaires est actuellement dans ce cas. C'est désormais le plus tardivement possible, avec l'apparition de lourds handicaps et en l'absence de conjoint, que les personnes du grand âge sont admises en établissement de soins de longue durée ou vont cohabiter, plus rarement, chez leurs enfants. Ces tendances générales ne doivent pas masquer les disparités entre hommes et femmes. Si ces dernières vivent plus longtemps, elles en payent assez souvent le prix par des conditions socio-économiques plus défavorables du fait de la chute de leurs revenus après le décès du conjoint et d'une carrière professionnelle incomplète leur conférant de faibles pensions de retraite. Cent trente-sept mille femmes âgées de 75 ans et plus (4,3 % de ce groupe contre 3,3 % des hommes) ont des revenus inférieurs au seuil de pauvreté. Deux cent trois mille octogénaires perçoivent le minimum vieillesse (8,2 % des femmes contre 4,6 % des hommes). Elles représentent aussi la majorité des personnes en institution dans ces groupes d'âge.

**La sénescence et ses effets**

Dans l'absolu, toutes les manifestations de la sénescence n'interfèrent pas avec la santé. C'est le cas des modifications de la peau telles que les rides, ou du blanchissement des cheveux. Mais c'est aux grands âges que les multiples effets de la sénescence se mettent à avoir un impact sur la santé. La sénescence se traduit tout d'abord par une diminution des capacités d'adaptation aux stress tels que les maladies aiguës ou les accidents, ce qui entraîne une plus grande vulnérabilité et un risque accru de décès[5]. Un environnement personnel défavorable est un élément aggravant : par exemple, le vieillissement du système cardio-respiratoire rend la grippe dangereuse ; l'isolement et le fait d'habiter en étage sans ascenseur risquent de conduire à l'hospitalisation. L'alitement expose aux complications de décubitus (diminution des forces, escarres, etc.). La chronicisation apparaît, et si l'environnement est inadéquat, le retour à domicile n'est plus possible.

5. Les décès provoqués par la canicule en 2003 en sont un bon exemple.

La sénescence donne lieu ensuite à des modifications physiologiques directement responsables de maladies (perte de l'élasticité du cristallin et cataracte, par exemple).

Enfin et surtout, elle altère les fonctions de nombreux organes, augmentant leur susceptibilité aux maladies. La multiplicité des organes touchés par la sénescence et l'augmentation des maladies avec le vieillissement chronologique donnent lieu à des polypathologies chroniques chez les personnes du grand âge. Leurs conséquences se traduisent par des incapacités fonctionnelles et des restrictions de performances, notamment pour les activités personnelles de la vie quotidienne[6] (APVQ) et les activités instrumentales de la vie quotidienne[7] (AIVQ). L'accomplissement de ces activités nécessite alors l'aide de tiers. C'est ce que l'on appelle, en France, être dépendant[8] quand on a 60 ans ou plus, ou être handicapé quand on a moins de 60 ans.

### La mesure de la dépendance

Une enquête nationale a étudié la fréquence des handicaps, des incapacités et de la dépendance (enquête HID) dans la population générale. En fonction des indicateurs utilisés on trouve un nombre variable de personnes dépendantes. Avec un premier indicateur, utilisé depuis plus de vingt-cinq ans en France, on recense 225 000 personnes confinées au lit ou au fauteuil ; 53 % d'entre elles vivent à domicile. Ces personnes sont représentées entre autres par 2 % des octogénaires et 10 % des nonagénaires. Les 47 % restantes sont en institution (21 % des octogénaires et 31 % des nonagénaires qui y vivent). Parmi les 403 000 personnes ayant

---

6. Les plus classiques sont : prendre un bain, assurer ses soins d'hygiène, s'habiller, se « transférer » aux toilettes, utiliser les toilettes, se déplacer, se mouvoir dans le lit, s'alimenter ; certains y ajoutent : assurer une continence urinaire et fécale.

7. Les plus classiques sont les activités domestiques : préparer les repas, faire le ménage ordinaire, faire les courses ; on y ajoute : gérer ses finances, gérer ses médicaments ; monter/descendre les escaliers et prendre les moyens de transport.

8. On peut généraliser cette définition en considérant la dépendance comme l'état d'une personne nécessitant l'action de tiers pour atteindre les buts qu'elle s'est fixés (y compris la réalisation de ses APVQ et AIVQ). La dépendance n'est pas l'opposé de l'autonomie. Cette dernière est la liberté de choisir son mode de vie. Elle résulte pour chacun d'interdépendances d'ordre affectif, économique et social. L'interdépendance entre les êtres humains et les générations est essentielle pour la continuité des sociétés humaines.

un besoin d'aide pour la toilette et l'habillement, 86 % vivent à domicile (11 % des octogénaires et 26 % des nonagénaires). Les 14 % restantes sont en institution (respectivement 33 % et 36 % des octogénaires et des nonagénaires qui y vivent). Si la majorité des personnes en institution est lourdement handicapée, elle ne représente qu'une minorité par rapport à la population totale. La majorité des personnes dépendantes, y compris les plus lourdement handicapées, vit à domicile.

Selon les indicateurs, les chiffres varient entre 600 000 et 800 000 personnes. Selon la grille nationale utilisée en France pour attribuer une prestation spécifique aux personnes dépendantes, l'allocation personnalisée d'autonomie (APA), on dénombrait en 2000 près de 800 000 personnes susceptibles de percevoir cette allocation. En fait, elles étaient 1 008 000 à percevoir cette allocation au 31 décembre 2006. Ces différences montrent à quel point il est complexe de mesurer la dépendance, en partie du fait de la variabilité de ces définitions. La mesure de la dépendance est d'autant plus importante qu'elle détermine toute la politique d'aide et de soins venant compléter l'aide apportée par les familles (filles/belles-filles et conjoint), qui reste prédominante.

### La nature de la dépendance

L'enquête nationale HID révèle que 58 % des octogénaires ont une déficience motrice, 73 % ont une déficience visuelle, 47 % une déficience auditive, 4 % ont une déficience du langage, 48 % ont une déficience viscérale et 35 % une déficience intellectuelle.

Certaines maladies et déficiences méritent une mention particulière du fait de leur sévérité fonctionnelle et sociale et de leur coût. Les démences[9] sont les maladies les plus sévères, à l'origine de l'incapacité concernant les activités personnelles de la vie quotidienne (APVQ), de placements des personnes atteintes et de grande détresse pour l'entourage. Elles touchent environ 11 % des hommes et 13 % des femmes entre 80 et 84 ans, 22 % des nonagénaires hommes et 31 % des femmes.

9. Il s'agit essentiellement de maladies dégénératives dans le cas de la maladie d'Alzheimer, de maladies d'origine vasculaire à la suite de multiples petits accidents cérébraux, ou plus souvent de formes mixtes.

Les nouveaux cas touchent chaque année près de 2,8 % des hommes de 84-89 ans et 3,5 % des femmes, 4 % des nonagénaires hommes et 8 % des femmes. Les estimations varient entre 650 000 et 800 000 personnes atteintes de cette maladie aujourd'hui en France et de 140 000 à 165 000 nouveaux cas par an.

L'incontinence urinaire est un symptôme fréquent et inconfortable souvent masqué et donc sous-évalué, car elle est considérée comme un stigmate social fort. Il existe parallèlement une méconnaissance de ses causes et des résultats des traitements. La fréquence est estimée entre 5 % et 20 % pour les personnes vivant à domicile.

Les complications de l'ostéoporose sont dominées par les fractures du col du fémur. Ces fractures sont à l'origine de 91 000 séjours par an et de 7 600 décès par an. Elles surviennent au cours de ou après une chute, dont elles constituent une complication majeure. La prévention des chutes bénéficie aujourd'hui de moyens efficaces malheureusement insuffisamment utilisés (rééducation de l'équilibre et de troubles sensitifs liés à la sénescence).

D'autres problèmes de santé, bien qu'ils soient plus fréquemment à l'origine d'incapacités, restent davantage négligés. Il en est ainsi des déficiences auditives (de nombreux sourds sont méconnus) ou des maladies rhumatismales dégénératives. Enfin, la surconsommation médicamenteuse ne faisant qu'augmenter au grand âge, les accidents médicamenteux iatrogéniques – c'est-à-dire provoqués par les médicaments eux-mêmes – sont une cause importante de décès et de morbidité. Ils devraient faire l'objet de plus de programmes spécifiques (formation des médecins à mieux prescrire, information des consommateurs sur les effets indésirables des médicaments hypnotiques, etc.).

### Une conjonction de facteurs biologiques, génétiques et sociaux

Plusieurs travaux ont montré que les écarts de santé augmentent avec l'âge selon les revenus et le niveau d'éducation, et ce jusqu'à un âge avancé. La réduction des écarts à un âge avancé peut être due à un phénomène de *sélection*, les personnes les plus fragiles des groupes socio-économiques les plus bas mourant avant de devenir vieux, et/ou à une plus grande égalisation des risques de mauvaise santé du fait d'une plus grande fragilité universelle d'ordre biologique. Quelques auteurs suggèrent que les facteurs environnementaux et sociaux sont plus importants durant les premières périodes de la vie, alors que les facteurs biologiques et génétiques le deviennent plus dans la seconde partie de la vie.

Les femmes font l'expérience d'une plus mauvaise santé que les hommes de même âge, comme le montrent la plupart des études sur la santé aux âges avancés : prévalence des états chroniques plus élevée, évaluation moins positive de leur santé, présence d'incapacités plus souvent rapportée.

D'autres déterminants commandent les liens entre vieillissement chronologique et santé. Une forte constitution peut devenir insuffisante, à un âge très avancé, pour contrebalancer les effets négatifs de l'addition de désavantages d'ordre socio-économique aux déficiences liées à la sénescence. Le type de personnalité influence le processus de *coping* capacité à faire face psychologiquement) par rapport aux événements de vie entraînant des réactions de stress (perte du conjoint par exemple). Les personnes ayant de telles ressources psychologiques sont capables d'appréhender les situations menaçantes et, se sentant mises au défi et pleines de confiance en elles-mêmes, feront appel activement à leur entourage. De nombreux auteurs ont souligné l'importance du support social tant par son action positive directe sur la santé et le bien-être que par son action protectrice contre les conséquences des expériences stressantes.

Les incapacités sont souvent déterminées par l'existence de plusieurs maladies (ou déficiences) coexistant avec les conséquences de la sénescence ; la façon dont elles sont vécues et prises en compte joue également un rôle : dans certains cas, par exemple, la famille ou un professionnel surprotecteur accomplissant des tâches que la personne âgée est capable de réaliser génère de pseudo-incapacités.

Les personnes du grand âge sont d'autant plus exposées à la perte d'autonomie fonctionnelle que leur environnement sera inadéquat pour apporter l'aide nécessaire à la correction des incapacités. Les déterminants des handicaps liés aux incapacités sont : collectifs, comme l'habitat, les barrières architecturales au niveau des transports en commun et des bâtiments publics et privés ; individuels, comme les revenus et les conditions de vie qui leur sont liées (par exemple le confort du logement), ou comme la qualité du support social familial et de voisinage. L'histoire de vie, le capital culturel sont également des facteurs essentiels du maintien de l'autonomie, c'est-à-dire de la liberté de choisir son mode de vie.

### Le vieillissement, une problématique à la fois individuelle, familiale et collective

Le vieillissement et l'appartenance à une génération déterminent, en partie l'état de santé. Le vieillissement intervient au niveau individuel, par l'impact de la sénescence, et des effets du temps. Au niveau de la population, il interfère dans la distribution des déterminants endogènes liés à l'avancée en âge (par exemple, le taux moyen de sucre dans le sang est plus élevé dans une population vieillie que dans une population jeune). D'un point de vue historique, l'appartenance à une génération commande les conditions d'existence du moment et le vécu lié aux événements caractéristiques d'une période (guerre mondiale, naissance de la sécurité sociale, etc.), mais aussi les normes sociales qui fixent les habitudes de vie (par exemple la consommation de tabac chez les jeunes femmes apparue avec le mouvement de libération des femmes). Au sein d'une même génération interviennent les déterminants habituels.

Chez les personnes très âgées, il peut y avoir une dissociation entre la perception de leur santé ou de leur qualité de vie et l'appréciation de la santé objectivée en termes de diagnostic ou d'incapacité fonctionnelle. Les principaux déterminants du bien-être au grand âge sont, outre les différentes ressources individuelles permettant de résister aux stress de toute nature, le sentiment d'utilité sociale, un niveau de relations sociales jugé satisfaisant, un parcours de vie long et varié donnant du sens à la vie. Ils sont essentiels pour conserver une impression de bonne santé et de qualité de vie acceptable. Inversement, il est des cas où la perte de statut social conduit ces personnes à rechercher le statut de malade. Les problèmes existentiels sont alors présentés sous l'apparence de manifestations somatiques.

---

Entretien avec Alain-Pierre Juppet et Huguette Foy-Marchis-Mourens, médecins généralistes

*Sur le territoire contrasté de la Croix-Rousse à Lyon, Alain-Pierre Juppet (A.-P. J.) est médecin généraliste au bas des pentes tandis qu'Huguette Foy-Marchis-Mourens (H. F.-M.) a accroché son cabinet il y a trente-cinq ans tout en haut de la colline. Le premier partage son activité professionnelle entre son cabinet, où il reçoit des personnes âgées sans être en proximité avec les réseaux gérontologiques, et l'accueil et le suivi de personnes toxicomanes à l'hôpital. La seconde accompagne sa clientèle depuis l'ouverture de son cabinet et éprouve des scrupules à le fermer tant que les personnes qu'elle a toujours connues résident encore chez elles. Observateurs privilégiés de la qualité de vie des personnes vieillissantes et âgées, nous les avons réunis pour un échange autour de la question du bien vieillir en ville. Si le médecin généraliste est un acteur essentiel du maintien à domicile et de la vie sociale des personnes âgées, son rôle est délicat et ne se conçoit qu'en articulation avec la famille et les aidants qui interviennent auprès de et pour la personne âgée.*

*Quelle définition de la vieillesse le médecin généraliste utilise-t-il pour s'occuper de patients âgés ?*

**H. F.-M.** : J'accompagne ma clientèle depuis plus de trente ans. Alors si une chose est certaine pour moi, c'est que l'âge n'est pas le bon critère pour la définir. Je rencontre des hommes et des femmes jeunes qui ont 80 ans et des vieillards de 60 ans. Les signes de la vieillesse sont ceux de la perte de l'autonomie physique et de la mémoire. J'observe toujours mes patients lorsqu'ils se déshabillent pour un examen. Lorsqu'ils s'arrêtent de me parler pour défaire leur gilet ou désagrafer une jupe, je peux lire un premier signe de vieillissement. Un signe qui me dit que la personne ne peut plus faire deux choses simultanément. Le trouble de l'attention, de la concentration ou de la mémoire peut être léger, il n'en est pas moins présent.

**A.-P. J.** : Ma définition professionnelle de la vieillesse vient surtout de mon expérience. Il y a bien sûr la vieillesse somatique : elle se traduit par l'irruption des maladies du grand âge comme la maladie de Parkinson. La fin de Jean-Paul II, très médiatisée, a donné à voir cette vieillesse du corps et sa dégradation. Mais je crois que la vieillesse c'est d'abord le sentiment qu'éprouvent mes patients de ne plus se retrouver dans leur époque. Contrairement à ce que l'on dit souvent, ce sentiment de décalage n'est pas lié à un isolement supposé ou réel. Bien que seuls, ces patients sont entourés socialement. Mais ils font le constat d'une solitude existentielle et d'une rupture entre le monde qu'ils ont connu et qui a disparu et le présent. Entre 80 et 100 ans, un grand nombre de leurs proches sont décédés. Je me souviens d'un homme qui avait vécu la Seconde Guerre mondiale. Je mettais tout en œuvre pour qu'il connaisse l'an 2000. Cela me paraissait formidable. En fait, il s'en fichait complètement. Et il est décédé en 1999 !

*On confond souvent dépendance et vieillesse. Dans votre expérience clinique, comment repérez-vous la dépendance et comment la qualifiez-vous ?*

**A.-P. J.** : Pour mes patients, la dépendance est d'abord et surtout une problématique financière. Dans le quartier où j'exerce, beaucoup de personnes âgées ont travaillé dans des ateliers de couture ou de chapeliers. Autant dire que leurs retraites n'ont pas été alignées et que le passage à l'euro a creusé les écarts et amplifié leurs difficultés. Ils me parlent du prix du pain ou du lait qui a presque doublé. C'est une préoccupation quotidienne. On reste indépendant tant que l'on peut aménager son logement en fonction de ses besoins et de ses capacités. Ces aménagements concernent la cuisine (évier à la bonne hauteur, accessibilité du contenu des placards de rangement), la salle de bains et la literie. Mais ils coûtent assez cher et demandent d'avoir quelques moyens. Quant à la dépendance physique ou psychique, elle se rencontre surtout dans les maisons de retraite.

*Qu'attendent les personnes vieillissantes d'une consultation chez leur médecin traitant ?*

**A.-P. J.** : Certains patients peuvent avoir une attente « scientiste » mais ce n'est pas la majorité. Chaque médecin est différent et propose un accompagnement spécifique. Les personnes âgées que je reçois ont d'abord des attentes dans le domaine du dépistage des maladies graves comme le cancer ; ensuite, dans le domaine des risques classiques

comme l'hypertension artérielle, qui peut entraîner une rupture des vaisseaux et des hémorragies. Elles attendent également que je les oriente vers le spécialiste lorsque cela est nécessaire. Mais si globalement il n'y a pas de problèmes sérieux, les patients considèrent, tout comme moi, que tout va bien.
Ces personnes âgées me parlent peu de leur famille, qui peut avoir déjà disparu. Je m'occupe ainsi de plusieurs vieilles dames dont les fils sont morts accidentellement ou de maladie. Et lorsque les enfants sont présents, les personnes âgées tiennent à garder une certaine distance, signe de leur autonomie.
**H. F.-M. :** À l'inverse, les personnes me parlent avant tout de leur famille, de leurs enfants, de leurs soucis et de leurs peines. Puis elles évoquent les difficultés qui commencent, la peur de tomber à l'intérieur de l'appartement ou à l'extérieur, la crainte d'être bousculée et celle de ne plus pouvoir sortir lorsqu'elles habitent un cinquième étage sans ascenseur. Ce qui est assez fréquent dans ce quartier à flanc de colline !
Les grandes questions portent bien sûr sur le comportement de leurs enfants qui acceptent mal de voir leurs parents vieillir et être moins autonomes. Ils les brusquent et les remettent en question quand ils les entendent répéter dix fois la même chose. D'un autre côté, les parents âgés n'ont pas vu leurs enfants grandir et vieillir. Ils veulent garder leur rôle de parent qui sait et qui décide. Parents et enfants se heurtent sur des choses concrètes. Nous en sommes alors généralement au moment délicat de l'inversion des rôles. C'est la période des refus par tous de l'institutionnalisation et de la prise en charge alors que la personne serait certainement « mieux » dans un environnement adapté. Dans ces cas, l'hospitalisation en cas d'urgence ou de crise peut être positive. Dans ces relations parents/enfants, j'essaye toujours d'arrondir les angles.

*Et quelles sont les attentes et questions des enfants qui entrent dans le « prendre soin » d'un parent âgé ?*

**H. F.-M. :** Les familles attendent du médecin qu'il dise à la personne vieillissante que son hygiène est insuffisante ou que des troubles de la mémoire compliquent son quotidien et la mettent en danger. Mais ces mêmes familles souhaitent que ce soit la personne âgée elle-même qui ait ce dialogue avec son médecin.

**A.-P. J. :** Je constate que les familles ont souvent tendance à surprotéger les personnes âgées, à leur prendre des rendez-vous de manière un peu autoritaire, alors qu'elles ne le souhaitent pas. Les personnes âgées développent des stratégies de survie et d'adaptation dont leurs familles n'ont même pas conscience. Durant la canicule de 2003, celles de notre quartier se réfugiaient une heure par jour devant le rayon frais de Monoprix ou dans leurs caves. Pour une grande part d'entre elles, il est donc possible de leur faire confiance.

*Quelles sont les raisons d'un rendez-vous chez le médecin traitant pour une personne âgée ?*

**A.-P. J. :** Cela dépend globalement de la vie que les personnes ont eue et de celle qu'elles mènent en commençant à vieillir. Elles peuvent venir me voir à cause d'un problème oculaire, d'une réduction de leur mobilité, d'un problème de souffle. Récemment un patient pêcheur sur la Saône est venu me voir parce que, en remontant une pente qu'il connaît bien, il trouvait qu'il s'essoufflait vite. Les examens ont révélé une rupture des cordages qui permettent aux valves cardiaques de bien fonctionner. Il a été opéré et a retrouvé la pêche avec un entrain renouvelé.
Les personnes peuvent également venir me voir parce que leur médecin ne répond pas à leurs attentes de prescriptions, qu'il ne les écoute pas ou qu'il n'est pas assez disponible à leurs yeux. Mais les défauts de mes confrères sont aussi les miens. Je n'encourage donc pas le passage d'un médecin à un autre : je conseille aux personnes de reprendre rendez-vous avec leur médecin habituel pour lui parler du problème qu'elles rencontrent.
**H. F.-M. :** Je rencontre surtout les personnes âgées et leurs familles au moment où leur état se dégrade, souvent après une chute, ou pour les départs en vacances. Les enfants veulent partir l'esprit tranquille.

*Comment pensez-vous que les personnes âgées et leurs familles appréhendent cette étape spécifique de la vie ?*

**H. F.-M. :** Les personnes âgées vivent soit la surprotection, soit le rejet. Les jeunes et les actifs n'ont pas le temps nécessaire pour les personnes qui vieillissent. Ces dernières ont besoin de plus de temps, de plus

d'attention, de plus d'affection, autant de choses que les proches ont du mal à accorder. Dans les familles qui aident ou doivent aider un proche âgé, l'attitude du conjoint est essentielle. S'il ne supporte pas la dégradation de son beau-père ou de sa belle-mère, la situation peut devenir intolérable pour la fille qui s'occupe de ses parents, qui s'investit en prenant du temps sur sa propre famille et sur sa vie de couple.
**A.-P. J.** : Mes patients expriment le souhait de pouvoir décider quand mourir. Mais je crois que si on leur en donnait vraiment la possibilité ils reculeraient sans cesse les échéances. Je constate que les êtres humains s'accrochent à la vie. Dans ce contexte, il n'est guère facile pour le médecin de conseiller son patient sans très bien le connaître. L'hospitalisation à domicile peut être ainsi un véritable choc pour la personne. Sa chambre, lieu de l'intime par excellence, est rendue méconnaissable par l'intrusion du lit médicalisé, de la potence, des boîtes de compresses sur la commode, des piles de couches ou du bassin sur le fauteuil ! Tout ceci étant cependant nécessaire.

*Les hommes politiques, les associations caritatives et les médias se plaignent de l'affaiblissement de la solidarité et du lien intergénérationnels. Que constatez-vous sur le terrain ?*

**A.-P. J.** : Je crois que le lien intergénérationnel s'est beaucoup distendu dans la mesure où les familles ne possèdent plus la maison de famille ou la ferme qui permettait de réunir tous leurs membres. Lorsque cette maison existe encore, elle apparaît surtout de manière négative dans leur discours : trop grande, trop difficile à entretenir, les enfants qui n'y viennent plus pour les vacances, qui ne veulent pas s'en charger, etc.
La qualité du lien intergénérationnel dépend étroitement de la vie de la famille dans les années qui ont précédé le temps du « prendre soin ». Autant de familles, autant de parcours. Lorsqu'il y a entre les membres d'une même famille des non-dits, des secrets et beaucoup d'incompréhension, on ne peut que constater la dégradation du lien intergénérationnel. Créer ou entretenir un lien intergénérationnel vivant exige un long travail. Le médecin généraliste n'est ni prêtre ni psychologue. Il perçoit souvent la qualité de ce lien mais n'a pas à le favoriser ou non. En revanche, en percevoir la nature permet de comprendre certaines douleurs, anxiétés, ou angoisses des personnes âgées.

*La qualité de la vie et les avancées médicales ont repoussé l'entrée dans la vieillesse au-delà de 80 ans. Les représentations de la personne âgée ont-elles changé à la mesure de cette révolution de l'allongement de la durée de la vie ?*

**H. F.-M.** : Les personnes âgées me disent souvent que vieillir c'est dégradant. Elles insistent sur leur sentiment d'inutilité, surtout lorsqu'elles n'ont plus d'entourage proche : « Je ne sers à rien ». Elles redoutent de ne plus être que des potiches. D'où le succès des contributions pour d'autres. Des femmes très âgées continuent de tricoter ou de faire du crochet pour des œuvres sociales ou caritatives. Ce sentiment d'utilité à l'autre est précieux et vital. Les hommes ont tendance à se laisser vivre. Mais ils sont moins nombreux aussi. Souvent c'est eux qui s'occupaient des courses. Lorsqu'ils se retrouvent dépendants et seuls, le maintien à domicile devient quasiment impossible.

**A.-P. J.** : La vieillesse c'est d'abord la perte de liens avec les proches. Les amis partent et on ne se reconnaît plus dans un monde où on est seul (même si l'on est socialement très entouré). Mais son autre caractéristique, c'est le sentiment d'une accélération irréversible du temps. Il y a dix ans, c'était hier ! Les personnes très âgées d'aujourd'hui ont eu, en tant que seniors, de nombreuses activités : thés dansants, vélo, pêche, jardinage, etc. En avançant dans le grand âge elles y renoncent progressivement. Ce renoncement est générateur d'une certaine tristesse.

Les personnes parlent un peu de l'après de leur disparition ; j'entends parler plus qu'avant d'incinération. Mais pas d'un don de leur corps à la science. On est dans un autre registre. Je constate également que ces personnes n'ont pas de fortes représentations religieuses.

*Quels conseils souhaitez-vous donner aux personnes et aux familles qui entrent dans cette période de la vie ?*

**A.-P. J.** : Je dirai simplement que c'est une période de la vie qui demande de s'organiser très concrètement. Il faut d'abord améliorer son cadre de vie afin de disposer facilement de tout ce dont on a besoin dans sa vie quotidienne. Je pense que dans quelques années des marques comme Ikea, très centrées sur les jeunes, offriront des meubles et des ustensiles « seniors grand âge ». Il faut ensuite s'appuyer sur les services de maintien à domicile. Même si l'arrivée d'une aide à domicile dans l'appartement d'une personne âgée n'est jamais simple, une fois cette aide acceptée, la personne âgée en ressent tout le bienfait. La difficulté de son acceptation n'est pas liée au racisme supposé de ces générations. Elle traduit plutôt ce que j'appelle volontiers l'arrogance des ignorants et la méconnaissance des modes de vie des personnes qui les entourent. En vieillissant, les désagréments paraissent toujours plus importants que les gains. C'est pour cela qu'il faut préparer cette période de la vie.

# Comment financer le vieillissement de nos parents ?

Agnès Gramain, économiste

Deux rapports publics récents, émanant de la Cour des comptes et du Centre d'analyse stratégique, permettent de se faire une idée des enjeux économiques du vieillissement pour la collectivité, versant « dépendance des personnes âgées »[1]. Quelques chiffres sur le nombre de personnes dépendantes tout d'abord, pour fixer les idées. Si l'on adopte le point de vue de l'administration, c'est-à-dire si l'on se base sur la grille AGGIR, aussi imparfaite soit-elle, pour repérer les situations de dépendance pour les « actes essentiels de la vie » (correspondant aux GIR 1 à 4[2]), 800 000 personnes se trouvaient en situation de dépendance en l'an 2000. D'après les projections réalisées par le ministère de la Santé et l'Insee, le nombre de personnes touchées à l'horizon 2020 atteindrait entre 1 et 1,2 million selon les hypothèses retenues concernant l'évolution de l'espérance de vie sans incapacité (EVSI).

1. Le vieillissement de la population pose bien d'autres questions épineuses en termes économiques, celle du financement des retraites à tout le moins.

2. Voir « Définition des groupes iso-ressources (GIR) de la grille AGGIR », p. 22.

L'augmentation prévue ne résulte pas d'une plus forte prévalence des incapacités dans la population âgée, c'est-à-dire d'une proportion de personnes atteintes plus élevée. Elle reflète avant tout le simple accroissement très rapide de la population âgée : entre 2000 et 2020, le nombre de personnes âgées d'au moins 80 ans devrait presque doubler.

L'augmentation, en quinze ans, du nombre de citoyens touchés directement va donc être sensible, tout comme celle du nombre de citoyens touchés dans leur entourage proche. Cette situation appelle une réflexion et une réponse des pouvoirs publics en termes de création de structures d'accueil, d'hébergement ou de soins à domicile, de formation des personnels, d'encadrement de la qualité des services rendus, mais aussi en termes de dispositifs de financement. D'autant plus qu'une attention plus grande portée à la qualité des soins ou à l'éventail des solutions proposées pourrait, à juste titre d'ailleurs, renchérir la facture globale[3].

## Une facture collective mal connue

Évaluer ce que coûte aujourd'hui la prise en charge des personnes âgées dépendantes est un exercice difficile. Si l'on s'en tient dans un premier temps aux financements publics, il existe déjà un grand nombre de dispositifs enchevêtrés : les financeurs publics essentiels sont les conseils généraux et la branche maladie de la Sécurité sociale, mais l'État, les caisses de retraite, la branche vieillesse de la Sécurité sociale, ou encore les municipalités interviennent également. La Cour des comptes a proposé un chiffrage de 15 milliards d'euros pour l'année 2003 : cela signifie que nous consacrons collectivement 1 % des richesses produites dans l'année au financement de la prise en charge des personnes âgées (250 euros par habitant, 1 000 euros par foyer imposable).

Bien que ce chiffrage donne tout au plus un ordre de grandeur, il me semble important de s'y arrêter pour bien comprendre sa signification. Tout d'abord, il est difficile d'apprécier cette information dans

3. La Cour des comptes estime que cela pourrait conduire d'ici à 2020 à des coûts supplémentaires allant de 7,5 à 11,5 milliards d'euros, dont une petite moitié pesant sur le budget de la branche maladie de la Sécurité sociale.

l'absolu. Il faudrait par exemple pouvoir comparer son évolution avec celle de la part de personnes dépendantes dans la population : l'effort financier que nous faisons collectivement représente-t-il plus ou moins, par bénéficiaire potentiel, qu'il y a dix ans ? Nous ne sommes pas encore en mesure de répondre à cette question, mais nous pourrons le faire dans quelques années, quand l'intérêt pour le financement de la dépendance reposera sur une profondeur historique suffisante. À défaut, nous pouvons comparer ce 1 % de la richesse produite consacré à un petit million de personnes avec la part de richesse nationale consacrée aux actions de solidarité auprès d'autres catégories de personnes fragiles. Par exemple, en ce qui concerne les soins aux malades, les dépenses prises en charge par la Sécurité sociale pour les 10 millions de personnes qui ont recours aux services d'hospitalisation représentent 3 % du PIB. Ou encore, pour l'éducation des enfants, c'est environ 0,7 % du PIB qui est dépensé pour les 2,5 millions d'enfants des écoles maternelles. Et la liste est longue : les chômeurs, les personnes handicapées, etc.

## Qui contribue, pour qui ?

Dans un deuxième temps, en entrant dans le détail de cette facture globale, nous pouvons repérer vers quelles catégories de personnes l'effort est plus particulièrement dirigé. Nous remarquons alors que cet effort bénéficie plutôt aux personnes en institution, en particulier en raison du financement des soins par l'assurance maladie. D'après la Cour des comptes toujours, un peu plus de la moitié des dépenses (hors investissements) seraient consacrées aux personnes en institution alors que celles-ci sont moins nombreuses que celles vivant à domicile. Le coût collectif d'une personne en institution serait ainsi deux fois plus élevé que celui d'une personne à domicile. Mais ce qui frappe surtout, c'est la complexité et l'enchevêtrement des dispositifs : il est bien difficile de percevoir une logique d'ensemble dans l'usage de ce budget collectif. S'agit-il d'orienter la solidarité vers les personnes les plus dépendantes – c'est la logique de l'APA – ou vers les plus consommatrices de soins – c'est celle de l'assurance maladie ? S'agit-il plutôt de tourner la solidarité vers les plus démunis, ce qui est l'objet de l'aide sociale à l'hébergement et de l'APA dans une certaine mesure ? Vers les créateurs d'emploi, via les exonérations de charges sociales diverses ? Ou même vers les plus riches via les crédits d'impôt ?

Regarder de l'autre côté, vers qui contribue à ces financements et selon quelle logique, donne une troisième approche de 15 milliards avancé par la Cour des Comptes, mais qui n'est guère plus simple que la précédente. Cette évaluation ne représente en fait qu'une part de la facture globale, sa part dite « socialisée ». D'un point de vue technique, cela signifie que ce montant est la somme de toutes les participations financières que chacun d'entre nous fournit indépendamment de la quantité de services d'aide aux personnes âgées qu'il consomme réellement. Autrement dit, il correspond à nos contributions de citoyens (via l'impôt sur le revenu), de résidant dans un département (via les impôts locaux), ou encore de travailleur (via les cotisations sociales assises sur les revenus du travail), pour en rester aux plus courantes[4]. Pour l'année 2003, les 15 milliards ont été financés essentiellement par la CSG (un peu moins de 5 milliards), les cotisations sociales (un peu plus de 5 milliards) et les finances locales (pour 3 milliards, dont la moitié seulement provient des impôts locaux, l'autre étant financée par un transfert de l'État). L'instauration d'une journée de solidarité a ajouté un canal de financement supplémentaire (voir « La journée de solidarité », p. 60), en provenance des salariés via leurs employeurs[5]. Le fait que ces différentes sources de financement socialisé reposent sur des logiques « politiques » différentes brouille notre perception du mécanisme d'ensemble. Mais nous pouvons retenir grossièrement que ce qui détermine la participation de chacun à ces 15 milliards, ce ne sont ni ses besoins d'aide, ni sa consommation de soins, mais bien sa richesse[6] définie de différentes manières : revenus, patrimoine foncier, surface habitée, etc.

L'embrouillamini actuel tient pour une part aux dysfonctionnements classiques de la décision publique et à l'histoire des institutions : on s'appuie sur les dispositifs existants sans les adapter vraiment, on en ajoute

---

4. On pourrait allonger la liste, tant nos modes de participation au budget de l'État sont nombreux (taxes sur le capital, sur la consommation).

5. La contribution des détenteurs de patrimoine se fait via une augmentation du taux de la CSG, qui existait déjà.

6. Rappelons que dans sa conception, la contribution à la Sécurité sociale se fait en fonction de notre richesse, selon le principe de solidarité.

un nouveau sans penser la cohérence d'ensemble, etc. Mais l'impression d'incohérence traduit aussi l'indécision des pouvoirs publics face à une vraie question politique, au sens fort du terme. Si nous considérons que la prise en charge de la dépendance est une affaire privée, alors la collectivité ne doit venir en aide qu'à ceux qui ne peuvent pas faire face au surcoût provoqué par la dépendance ; les outils adaptés sont des allocations forfaitaires, versées sous conditions de ressources, financées par l'impôt, type minima sociaux. Si, au contraire, nous considérons qu'il s'agit d'une affaire collective, par exemple parce que le risque financier est tel que tout le monde se trouve pauvre quand il y est confronté, ou parce que le fait qu'une personne soit touchée a des conséquences pour la société dans son ensemble, alors la réponse est un mécanisme d'assurance sociale, comme pour les dépenses de soins ou d'éducation des enfants : un dispositif financé par tous au bénéfice de tous, le « tous » restant évidemment à définir (sur des critères de résidence, de nationalité ou autre). Repenser le financement collectif de la prise en charge de la dépendance, pour le simplifier, revient en fait à choisir entre ces deux conceptions.

## La contribution silencieuse des personnes et de leurs familles

À côté du financement socialisé, il y a « le reste » de la facture : ce qui est demandé aux personnes directement concernées, aux consommateurs d'aide et de soins, et l'effort fourni par leur entourage.

L'image qui vient à l'esprit est celle d'un iceberg dont nous ne connaîtrions, par les données administratives, que la partie émergée : la participation aux plans d'aide arrêtés dans le cadre de l'APA, soit un petit milliard d'euros tous modes de prise en charge confondus. Se faire une idée du reste, c'est-à-dire de la partie immergée, est ardu[7].

Les dépenses diffèrent pour les personnes vivant en institution et pour celles qui vivent, selon la terminologie technique, en domicile

---

7. La mise en place de l'APA a probablement simplifié la tâche puisqu'une partie des dépenses effectuées autrefois par les personnes dépendantes et leurs proches est probablement aujourd'hui financée par l'APA. Du point de vue de l'arithmétique globale qui est la nôtre ici, cela rend ces dépenses visibles et facilite leur comptabilisation.

ordinaire. Pour les personnes en établissement d'hébergement collectif, les dépenses pour les seuls frais d'hébergement ne donnent pas lieu à statistiques nationales. Mais on peut estimer que le surcoût en matière de frais d'hébergement représenterait au moins 3 milliards. Cet ordre de grandeur repose sur un forfait de 40 euros par jour (ce qui n'est guère luxueux). Multiplié par 600 000 personnes hébergées, cela fait près de 9 milliards annuels, dont on retranche la part couverte par l'aide sociale à l'hébergement[8]. Reste un peu plus de 7 milliards, dont on ne garde que le surcoût par rapport à une vie à domicile standard (qu'on approche par le montant du minimum vieillesse).

Pour les personnes qui vivent à domicile, les plans d'aide prévus par l'APA ne couvrent qu'une partie de l'aide reçue : le complément, apporté par des aidants rémunérés, mais aussi, et probablement surtout par l'entourage familial, est bien mal connu. Si l'on s'en tient à la grille AGGIR, les plans d'aide accordés dans le cadre de l'APA couvriraient entre 45 % et 80 % des besoins, selon le niveau de rémunération versé aux aides (voir « Couverture théorique et effective des besoins par l'APA, d'après la grille AGGIR », p. 59). Il manquerait donc déjà 11 à 25 heures par mois pour les personnes en GIR 4, 21 à 57 heures pour les personnes en GIR 1. Ces chiffres ne peuvent constituer qu'un point de repère bas puisqu'ils reflètent la norme de l'intervention publique, nécessairement restreinte à des aides élémentaires, légitimes aux yeux de tous, incontestables parce que répondant à une définition minimale du besoin, tandis que l'entourage prend aussi en compte des souhaits plus personnels, des attentes moins couramment partagées, sa propre définition du bien-être. Les données d'enquête dont nous disposons par ailleurs suggèrent que l'implication de l'entourage est, dans certains cas tout au moins, très lourde. Selon l'enquête « Handicaps, incapacités, dépendance » conduite par l'Insee entre 1998 et 2000[9], 2 % des aidants ont cessé toute activité professionnelle à cause de leurs nouvelles tâches et 11 % de ceux qui sont

8. L'aide sociale à l'hébergement est un dispositif spécifique aux personnes vivant en institution et doit être distinguée de l'aide personnalisée au logement (APL) qui n'est pas prise en compte ici. L'aide sociale à l'hébergement constitue en fait une avance qui peut être récupérée par le département sur la succession de la personne au moment de son décès. C'est le montant de l'aide sociale nette qui entre dans notre calcul.

9. Mise en place par l'Insee en 1998, l'enquête « Handicaps, incapacités, dépendance » (HID) a pour

encore en activité ont procédé à des aménagements (horaires, lieu de travail...). Sans pouvoir mesurer précisément le temps consacré à l'aide quotidienne, on peut tout au moins restituer l'astreinte : 40 % des aidants déclarent ne plus avoir la liberté de partir quelques jours comme avant ; et pour ce qui est de sortir au cours de la journée, c'est un aidant sur deux qui déclare ne plus avoir cette liberté parmi ceux qui sont impliqués auprès d'une personne très dépendante[10].

## Des histoires de familles

Ces grandes masses, ces pourcentages calculés à l'échelle de la nation font écran cependant à une diversité qu'il importe de ne pas négliger. Cette diversité tient tout d'abord au contexte dans lequel surviennent les difficultés quotidiennes. En effet, tandis que les uns souffrent de troubles du comportement, d'autres sont atteints dans leurs capacités physiques ; tandis que les uns sont riches de revenus ou de biens, les autres n'ont rien : ni fortune ni famille. Enfin, tandis que les uns n'ont pas cessé de vivre auprès de leurs enfants devenus grands-parents, les autres voient leurs descendants explorer les cinq continents, etc. Cette diversité touche aussi les règles qui encadrent ou guident les comportements économiques : les règles juridiques mais aussi les règles morales que chacun s'est données, ainsi que les *a priori* des différents professionnels côtoyés dans ce champ.

La prise en charge d'une personne âgée dépendante suppose un effort économique important de son entourage, certes ; mais dans cet entourage, qui fait quoi ? Qui doit faire quoi ? Au nom de quels principes ? Plusieurs réponses peuvent être apportées à ces questions.

---

objectifs premiers de fournir une mesure de la prévalence des différentes déficiences, incapacités et situations de handicap, et d'en évaluer la couverture par les différents systèmes d'allocation, d'assurance et de solidarité, quel que soit le lieu de résidence des personnes (personnes en établissement spécialisé, en domicile ordinaire, en milieu carcéral). Pour chaque personne incluse dans l'échantillon qui se déclarait aidée, un aidant non professionnel a été interrogé, en particulier sur les conséquences de son rôle d'aidant dans sa vie.

10. Ces données d'enquête sont antérieures à l'instauration de l'APA, mais il est plus que plausible que le niveau d'effort consenti par les familles des personnes âgées souffrant d'incapacités est resté majeur.

Plusieurs réponses parfois incompatibles entre elles, et c'est là un des problèmes auxquels se trouvent confrontées les familles des personnes âgées dépendantes. Celui-ci peut paraître secondaire, il est parfois même invisible pour ceux qui sont pris dans l'urgence d'assurer chaque jour à un proche une vie quotidienne décente ; il touche pourtant au cœur du drame et conduit à des tensions et des conflits superflus dans des moments déjà douloureux.

## La variété des modèles d'organisation des relations économiques dans la famille

Le droit civil propose un cadre déjà complexe qui articule, pour l'essentiel, deux principes distincts : celui de l'obligation alimentaire, qui organise les aides à la vie quotidienne, et celui de l'héritage pour la transmission du patrimoine (voir « La solidarité économique dans la famille selon le droit civil », p. 60). Entre l'un et l'autre, la liste des personnes concernées varie : ainsi gendres et belles-filles, par exemple, sont obligés alimentaires mais non héritiers. Les règles de répartition varient aussi. Prenons l'exemple des enfants d'une dame âgée. S'ils sont mobilisés en tant qu'obligés alimentaires, c'est-à-dire si elle a besoin d'aide de son vivant pour financer sa prise en charge quotidienne, chacun doit l'aider d'autant plus qu'il est plus riche. Mais en tant qu'héritiers, en l'absence de testament explicite de leur mère, ils recevront tous une même part de sa fortune, qu'ils soient riches ou pauvres, qu'ils aient beaucoup ou peu contribué au financement de sa prise en charge[11].

Le droit civil n'est pas la seule source de normes dans ce domaine. Qu'il s'agisse d'aide sociale, d'immatriculation à la Sécurité sociale, de calcul de retraite, ou même d'impôt sur le revenu, ces différents dispositifs d'action publique reposent eux aussi sur une conception

---

11. Cette question est actuellement en débat parmi les juristes : lorsqu'un enfant sacrifie sa carrière professionnelle pour prendre soin d'un parent vieillissant, évitant ainsi d'avoir à utiliser le patrimoine du parent pour financer une maison de retraite ou une garde-malade à domicile, est-on en droit de lui accorder une part d'héritage plus importante qu'à ses frères et sœurs (en l'absence de testament bien sûr) ?

implicite de la famille et des relations économiques que ses membres doivent entretenir entre eux. Ainsi, dans les dispositifs de politique sociale comme l'APA par exemple, dès lors que la personne âgée partage sa vie avec quelqu'un, les ressources des deux personnes sont prises en compte : implicitement, elles sont donc supposées faire bourse commune alors que seul le mariage instaure, légalement s'entend, cette obligation.

Certaines situations révèlent les décalages, en général imperceptibles, entre ces différents encadrements des relations économiques dans la famille. Ainsi, lors du décès d'une personne, certains proches, présents et reconnus jusqu'à ce moment – une belle-fille attentionnée par exemple –, se trouvent exclus d'une manière souvent inattendue, incomprise et violente : le passage de l'obligation alimentaire à l'héritage a modifié la manière de définir la famille et les positions relatives des personnes qui la composent. Certaines personnes peuvent même recevoir, au même moment mais en provenance d'institutions différentes, des signaux incohérents : c'est le cas d'une compagne qui serait l'interlocutrice privilégiée pour les équipes du département chargées de mettre en place et de financer un plan d'aide, mais qui n'entrerait ni chez le notaire ni chez le juge des tutelles.

À cette complexité propre aux dispositifs institutionnels, s'ajoute le fait que l'on peut avoir, pour son compte, développé des modes de fonctionnement qui s'articulent mal avec ces modèles de référence. Certaines familles organisent avant tout une production de prise en charge efficace, en fonction des compétences et des disponibilités de chacun, sans se soucier de comparer les différentes formes d'investissement. Le fils médecin assure le suivi depuis l'autre bout de la France, le fils ingénieur vient passer une semaine pour aménager la salle de bains, la fille comptable ou informaticienne dans une banque gère les comptes tous les mois, celle qui est employée de mairie s'occupe des démarches administratives, celle qui est au foyer prend le temps de faire les courses et de passer chaque jour pour aider l'infirmière tandis que celui qui est retraité passe quotidiennement pour une libre conversation avec sa mère. D'autres configurations semblent plutôt répondre à une logique de réciprocité affective ou d'élection. L'implication de chacun reflète alors la qualité passée des relations, la force des sentiments, l'ampleur de la dette que l'on se sent. C'est alors la nièce chérie, le petit-fils dont on s'est occupé si souvent, la filleule que l'on a accompagnée avec attention dans son enfance... qui s'engagent dans l'accompagnement.

Quoi qu'il en soit, entre les normes juridiques portées par le Code civil, celles activées par les dispositifs de politique sociale et les multiples principes d'organisation et de justice portés par les citoyens, les personnes âgées et leurs proches se trouvent souvent confrontés à d'inconfortables contradictions.

## À la source des conflits familiaux

Les contradictions se cachent même souvent au sein de la famille. Les décisions à prendre lorsqu'un de ses membres devient dépendant sont lourdes sur le plan budgétaire et chargées d'affectif : elles sont d'autant plus difficiles qu'elles font apparaître les divergences de vue entre les différentes personnes concernées. Comment financer la maison de retraite ? Vaut-il mieux se répartir la charge, grignoter l'épargne, ou vendre la maison ? Peut-être vaut-il mieux éviter de telles dépenses, et prendre sur son temps libre ? Les positions prises dépendent évidemment des relations affectives et des différences de ressources (certains ont du temps, d'autres de l'argent, d'autres n'ont rien), mais aussi de ce que chacun met derrière la Famille, d'un point de vue économique : une maison d'enfance à sauvegarder, un groupe solidaire qui assure chacun contre les aléas de la vie sans tenir de comptabilité, un patrimoine à transmettre et partager dans un souci d'égalité...

Qu'il s'agisse de coût pour la collectivité ou de financement privé, repérer les flux, les mesurer, les comptabiliser, c'est avant tout une occasion de s'interroger sur leur signification, sur ce qu'ils révèlent, ce qu'ils nous apprennent des comportements économiques, de leurs motivations, des visions qui les portent. Et cette manière de s'interroger s'avère souvent utile pour peu qu'elle s'arme de prudence. C'est ma conviction en tout cas. Ainsi, le débat sur la place des aidants, qui se développe encore lentement, gagnerait très certainement à mobiliser ce registre de questionnement. Que signifie autoriser une personne âgée à verser un salaire à sa fille qui prend soin d'elle au quotidien ? Pourquoi cette disposition ne s'applique-t-elle pas aux époux ? Verser un salaire affirme le caractère productif du temps de ces aidants familiaux, mais assimile en même temps leur aide à une activité professionnelle classique. N'est-on pas au fond, par ce biais, en train de modifier la définition même des obligations familiales telle qu'elle apparaît dans le Code civil ? N'y a-t-il pas d'autres manières que la rémunération pour reconnaître le rôle et l'implication de l'entourage familial ? Est-il nécessaire qu'une activité soit comptabilisée dans le produit intérieur brut pour que la société lui reconnaisse une valeur ? Il ne s'agit pas là de questions techniques mais de vraies questions, des questions de citoyens. Les différentes solutions mises en place pour les aidants familiaux d'enfants handicapés ou pour les aidants de personnes âgées dans d'autres pays d'Europe, sous forme de transferts financiers mais aussi de droits à transferts (par exemple, les droits à la retraite ou à la formation...), montrent bien que plusieurs réponses sont possibles.

**Couverture théorique et effective des besoins par l'APA, d'après la grille AGGIR**

| Niveau de dépendance selon la grille AGGIR | GIR 1 | GIR 2 | GIR 3 | GIR 4 |
|---|---|---|---|---|
| Temps de soins nécessaire par mois (en heures) selon la grille AGGIR | 105 | 88 | 69,5 | 44 |
| *Plafond APA mensuel (en euros au 1er janvier 2005)* | *1 148* | *984* | *738* | *492* |
| Nombre d'heures finançables par mois avec ce budget<br>– si rémunération au tarif « prestataire »[1]<br>– si rémunération au SMIC | <br>72<br>125 | <br>62<br>108 | <br>46<br>81 | <br>31<br>54 |
| ***Montant moyen mensuel des plans d'aide attribués (en euros au 1er janvier 2005)*** | ***887*** | ***725*** | ***555*** | ***348*** |
| ***Montant moyen mensuel versé par le département*** | ***770*** | ***621*** | ***482*** | ***306*** |
| Nombre d'heures finançables par mois **avec ce budget**<br>– si rémunération au tarif « prestataire »<br>– si rémunération au SMIC | <br>48<br>84 | <br>39<br>68 | <br>30<br>53 | <br>19<br>33 |

*(1) : taux horaire fixé par la CNAV (Caisse nationale d'Assurance vieillesse) pour l'aide ménagère.*
*Sources : d'après Cour des comptes (2005), p. 308.*

### ••• LA JOURNÉE DE SOLIDARITÉ

La loi du 30 juin 2004 a institué une journée dite « de solidarité » envers les personnes âgées ou handicapées, et créé simultanément la Caisse nationale de solidarité pour l'autonomie (CNSA), établissement public administratif soumis au contrôle des autorités compétentes de l'État et du Parlement, chargé en particulier d'assurer la transparence de l'affectation des fonds recueillis dans le cadre de cette journée de solidarité et d'en garantir l'utilisation au profit exclusif des personnes âgées et handicapées.

L'idée est assez simple : il s'agit de renoncer aux recettes d'une journée de travail et d'en faire don à un organisme qui les utilisera pour financer des aides aux personnes âgées dépendantes et aux personnes handicapées. Concrètement, le mécanisme est un peu plus compliqué. Le chiffre d'affaires d'une journée d'activité est normalement utilisé pour rémunérer d'une part les salariés qui ont travaillé, d'autre part les propriétaires du capital mis à la disposition des salariés pour travailler (les machines, les locaux...).

– La part du chiffre d'affaires correspondant à la rémunération du travail n'est pas versée aux salariés, qui travaillent donc gratuitement. Elle est versée directement à l'État par les entreprises, sous la forme d'une cotisation de 0,3 % de la masse salariale annuelle (une journée représente à peu près 0,3 % d'une année).

– La part du chiffre d'affaires correspondant à la rémunération du capital en revanche n'est pas perçue par l'État auprès des entreprises. C'est un prélèvement de 0,3 % des revenus du capital et des placements* qui a été mis en place, dans le cadre de la CSG. Là encore, les 0,3 % représentent l'équivalent d'une journée dans l'année.

D'après la Cour des comptes, ces nouvelles sources de financement devraient rapporter au total 2 milliards.

** Les revenus de l'épargne dite « populaire », comme les livrets A, ne sont pas soumis à cette contribution de solidarité.*

### ••• LA SOLIDARITÉ ÉCONOMIQUE DANS LA FAMILLE SELON LE DROIT CIVIL

Pour ce qui est de la vie quotidienne, le droit civil organise la solidarité économique dans la famille à l'aide de quatre types d'obligations qui définissent une sorte d'ordre de proximité. En résumé :

– le conjoint doit partager son niveau de vie avec son conjoint ;

– les parents doivent donner à leurs enfants les moyens de se faire une place dans la société ;

– les enfants, les beaux-enfants et les petits-enfants doivent, en fonction de leur capacité, aider leurs père et mère, beau-père et belle-mère, grand-père et grand-mère tombés dans le besoin ;

– les autres membres de la famille (en particulier les collatéraux, à savoir les frères et sœurs, neveux et nièces) ne doivent rien, mais s'ils aident, ils ne peuvent en réclamer un quelconque remboursement.

## Références

CENTRE D'ANALYSE STRATÉGIQUE, *Personnes âgées dépendantes : bâtir le scénario du libre choix*, rapport de la mission Prospective des équipements et services pour les personnes âgées dépendantes, juin 2006.

COUR DES COMPTES, *Les Personnes Âgées dépendantes*, rapport public particulier, Les Éditions des journaux officiels, novembre 2005.

DUTHEIL NATHALIE, « Les aides et les aidants des personnes âgées », *Études et Résultats*, n° 142, 2001.

GISSEROT HÉLÈNE, *Perspectives financières de la dépendance des personnes âgées à l'horizon 2025 : prévisions et marges de choix.*

Rapport par PHILIPPE BAS, ministre délégué aux Personnes âgées.

SAYN ISABELLE, « Les obligations alimentaires (droit civil et droit de la protection sociale) », *Revue française des affaires sociales*, numéro spécial « Les solidarités familiales », 59 (4), octobre-décembre, 2005, p. 13-35.

# 2 L'avancée en âge et la découverte de la dépendance

# Quel enfant prend soin de ses parents ?

## Entretien avec Jacques Gaucher, psychologue

*Jacques Gaucher, professeur de psychologie clinique au sein de l'institut de psychologie de l'université Lumière Lyon 2, dirige le Laboratoire de psychologie de la santé et du développement. Spécialiste de la vieillesse, il accompagne de nombreux étudiants qui seront appelés à travailler auprès de personnes âgées ou dépendantes et de leurs familles. Le laboratoire offre une formation de master de spécialité, professionnel et de recherche, dans le domaine de la psychologie de la santé, du vieillissement et du handicap. Il accueille en son sein des professeurs de médecine, des sociologues et des praticiens du soin. Il s'attache à mettre en lumière les mécanismes psychiques susceptibles de favoriser l'adaptation et le développement des sujets en prise avec la maladie, le vieillissement ou en situation de handicap. En effet, les épreuves rencontrées par chacun ne sont pas systématiquement synonymes d'effondrement ou de souffrance. Bien des personnes manifestent spontanément une capacité à « rebondir » à la suite de traumatismes pour se construire et développer ou libérer de nouvelles compétences personnelles. Les interventions thérapeutiques ne sont donc pas toujours les modes de réponse les plus adaptés.*

*Qui prend soin aujourd'hui de son ou de ses parents âgés ?*

**Jacques Gaucher** : Il n'y a longtemps eu qu'une seule réponse à cette question. La personne qui prenait soin de ses parents âgés était en général une fille, répondant à des caractéristiques bien précises. Un exemple parlant de l'image que nous avons de cet aidant familial se trouve dans la chanson d'Hugues Auffray *Céline*. Cet « enfant désigné[1] » avait la lourde fonction de « pompier de service de la famille ». La

1. Dans cette expression couramment utilisée par les chercheurs et les professionnels, la « désignation »

dépendance soudaine mais inéluctable d'un parent âgé était l'un des feux dont on lui confiait la responsabilité. La seconde réponse, liée à l'allongement de la durée de la vie, est le rôle grandissant du conjoint dans les couples âgés. Le conjoint « en forme » devient l'aidant familial désigné.

*Que peut-on dire de la situation de l'« enfant désigné » au sein de la famille ?*

J. G. : L'enfant désigné entretient un lien complexe avec le reste de la fratrie, quand il y en a une, et avec sa famille en général. Sa grande proximité affective et relationnelle avec ses parents est le moteur des suspicions financières et des accusations d'influence de la fratrie. En retour, 60 % de ces enfants désignés pour l'aide éprouvent le sentiment non seulement de ne pas être eux-mêmes aidés par les membres de leur propre famille mais aussi et surtout d'être « handicapés » par eux ! L'aidant passe une grande part de son énergie à anticiper les critiques et à faire face à la méfiance de sa fratrie ou de son conjoint.
Par ailleurs, la charge de l'accompagnement fait qu'il coupe progressivement ses liens avec son environnement professionnel (notamment en prenant une retraite anticipée), amical, culturel, social. Non seulement cet aidant renonce à une partie de sa propre vie et de ses propres intérêts, mais il se trouve privé de ressourcements possibles. La conséquence de cet enfermement dans l'aide au parent dépendant est que la personne voit ses journées perdre tout relief tandis que tous ses soutiens sont brisés. Son environnement se transforme en désert. Il ne s'agit pas d'être alarmiste mais de prendre l'exacte mesure de cette réalité. Les aidants familiaux sont aujourd'hui sujets à des risques de fragilité majeure car l'aide à ses parents est le fruit d'une pression morale forte, même si elle apparaît de façon discrète. Elle est donc vécue par les aidants à la fois comme une contrainte et comme une exigence. Je n'hésite pas à dire que l'aidant principal doit devenir une problématique de santé publique majeure.

---

de l'enfant, du parent, du conjoint est plus ou moins implicitement et tacitement le fait de la famille ou de la personne elle-même qui se serait autodésignée.

*Qu'en est-il du conjoint en situation d'aidant principal ?*

J. G. : Le conjoint désigné est pris au piège de la longévité du couple. Il est lui-même âgé et parfois en situation de handicap. Lorsqu'il entre dans l'accompagnement de son conjoint dépendant, cet aidant risque de se trouver rapidement marginalisé socialement. Pourtant il doit répondre aux besoins de la personne dépendante et donc y consacrer une grande part de son temps. Nous constatons que dans un grand nombre de cas le conjoint aidant meurt avant la personne aidée.

Mais il se produit aussi un fait très nouveau au sujet de ce conjoint aidant. Les données statistiques concernant le divorce font apparaître un pic autour de 72-73 ans. En effet, après une vie de couple longue mais aussi bien occupée à satisfaire à de nombreuses tâches et obligations, le couple se retrouve dans un « face-à-face » parfois douloureux et mal anticipé. L'effet régulateur des différends que constituaient le travail, l'éducation des enfants, etc., s'efface et expose le couple à ses difficultés de résolution de problèmes. L'enthousiasme des premières années de retraite, faites de voyages, de la recherche de nouvelles occupations et des retrouvailles avec les amis perdus ou éloignés, fait illusion pour quelques années. Les conflits et les écarts s'installent pour aboutir parfois à l'incommunication et au désordre conjugal. Ensuite, vers 75 ans, nous constatons la formation de couples tardifs, ce qui est un phénomène de plus en plus visible. Il ne s'agit pas véritablement de ménages mais plutôt d'alliances informelles pour lesquelles il est difficile d'établir la ou les motivations qui en sont à l'origine. La peur de la solitude y a certainement une part majeure, tout comme la crainte de la dépendance.

Face à ces couples, nous ne pouvons qu'enregistrer la carence du groupe familial et des institutions incapables de comprendre ce qui se passe et ce qui est en jeu. Restent des questions fondamentales pour l'accompagnement futur de ces couples et de ces personnes : Quelle liberté de choix et de décision anime ces couples récents ? Peut-on facilement déceler l'emprise de l'un sur l'autre ? Comment y remédier ? Quel contrôle peuvent exercer des tiers en cas de difficulté constatée ? Autant de questions sans réponse pour le moment.

*L'aidant (enfant ou conjoint désigné) possède des caractéristiques précises. Lesquelles selon vous ?*

**J. G. :** L'enfant désigné possède une caractéristique psychosociale précise : il est disponible. Il est d'abord disponible sur le plan sentimental. Cette disponibilité peut être le fruit du célibat, d'une vie sentimentale chaotique, ou d'un mariage de raison. L'enfant désigné qui a fait un mariage de raison travaille souvent dans le cadre associatif ou humanitaire. Son couple a déjà surmonté des contraintes qui ont amené l'un ou l'autre des partenaires à vivre une expérience à l'extérieur. Le raisonnable et la nécessité l'emportent sur la passion. La jalousie est encadrée et ne nuit pas à l'engagement.

Il y a ensuite sa disponibilité professionnelle. C'est celle des enfants sans emploi (comme les femmes au foyer qui enchaînent les soins des enfants et ceux aux parents âgés) ou en rupture d'emploi (notamment dans le cadre des retraites progressives ou anticipées). C'est aussi celle induite par les enfants engagés dans les métiers de l'aide à autrui : assistants sociaux, infirmiers. Ces derniers mettent leurs compétences au service de la famille.

Mais comme dans le cas d'une vie sentimentale chaotique, nous pouvons nous interroger sur les effets de la désignation sur le parcours intime et professionnel des enfants désignés. La désignation est le fruit d'un consensus familial implicite qui conduit la personne à faire des choix qui ne lui appartiennent pas. Le lien de causalité ne doit donc pas se lire dans le sens d'une disponibilité qui entraînerait la désignation. Il y a de fortes chances que la désignation dès l'enfance favorise pour certains futurs aidants une vie sentimentale faite de coups de foudre et de ruptures ménageant un espace toujours ouvert pour les parents. Ou qui en entraînent d'autres vers les métiers qui préparent à la prise en charge des difficultés de santé des parents âgés. Une infirmière de 58 ans m'a récemment confié : « J'ai soigné toute ma vie des patients pour apprendre à bien soigner mes parents. »

Enfin, il y a la disponibilité géographique. Il s'agit pour l'essentiel des enfants qui ont raté leur départ. Souvent ils gardent le souvenir de l'opportunité professionnelle ou sentimentale qui aurait pu les éloigner des parents. Mais le fait est là : ils sont toujours là pour leurs parents âgés. Cette disponibilité connaît sa version moderne : la « jet- » ou

« turbo-disponibilité ». Ainsi j'ai connu une hôtesse de l'air qui travaillait sur des vols long-courriers. Malgré son métier et ses nombreux déplacements, elle était l'enfant désigné. Grâce aux moyens technologiques, elle pouvait être jointe à tout moment et être du jour au lendemain au chevet de sa mère, bien que son frère résidât en France. Mais lui était chef d'entreprise et donc ne pouvait pas être désigné pour ce rôle !

*Vous semblez postuler que la désignation d'un enfant au prendre soin de ses parents âgés est le fruit d'une culpabilité forte et ancienne. Qu'éprouvent ces personnes à l'égard de leurs parents et qu'en est-il de cette culpabilité ?*

**J. G.** : Ce sont des personnes qui éprouvent un fort sentiment de dette à l'égard de leurs parents. Un jour ou l'autre, ils ont entendu et n'ont plus jamais oublié ces paroles : « Quand tu étais petit... » Ce sont aussi des enfants qui ont le sentiment d'avoir gêné à un moment ou un autre le parcours de leurs parents par leur seule présence. Ils éprouvent le sentiment de la réparation : « Je leur dois bien cela... » Et s'ils ne s'en souvenaient pas eux-mêmes, de bonnes âmes charitables et bien intentionnées leur rappelleraient cette dette à payer, cette réparation à fournir. Il ne s'agit pas d'une culpabilité conjoncturelle. J'oppose la culpabilité conjoncturelle liée aux situations actuelles, comme par exemple la décision prise à l'égard d'un parent de le placer en établissement, à la culpabilité structurelle qui est fondatrice du lien intergénérationnel, comme le complexe d'Œdipe qui, selon la théorie freudienne, définit le mode de relation intergénérationnel. La première est souvent plus accessible que la seconde, qui est inconsciente. Il s'agit donc là d'une culpabilité qui habite profondément l'individu, qui est ancienne et qui met en action la désignation. L'enfant désigné n'a guère confiance en lui et se cherche longtemps. C'est aussi une personnalité ouverte à la réflexion et à la remise en cause. Sa fragilité narcissique en fait un individu à risque dépressif.

Évidemment, certains enfants désignés cherchent à s'opposer à cette désignation. Ils vont jusqu'à la rupture avec leurs parents : ils claquent la porte pour peu de chose et il semble qu'ils ne reviendront jamais sur leurs pas et sur leur geste. Pourtant, après quarante années de ruptures, de conflits et de silences, l'enfant désigné peut revenir au bercail. Certes, pas sous les traits de l'enfant prodigue dont le retour est dignement fêté. Ce retour de l'enfant désigné en rupture est discret et naturel : « Je me devais de revenir », disent-ils souvent pour toute explication. Un observateur extérieur aurait certainement l'impression que les membres de cette famille ne se sont quittés que quelques heures. Le lien est reconstruit et les retrouvailles sont placées sous le signe de la banalité. Ces retours expriment mieux que tout autre exemple le fait que l'enfant désigné est asservi à la famille : il ne s'appartient pas et est le lieu physique du dépôt des tensions familiales.

Entretien avec Fabienne Pagès, juge des tutelles, tribunal d'instance, Lyon[1]

*Les mesures de protection des incapables majeurs touchent des personnes d'âges et de situations familiales et sociales très différents. Qui est concerné en France par ces mesures et quelle est la part des personnes âgées dans les dossiers ouverts par les juges des tutelles au tribunal de Lyon ?*

**Fabienne Pagès** : Lors de la rédaction de la loi de 1968[2] sur les mesures de protection des incapables majeurs, le législateur avait en tête un profil type : la personne à protéger était entourée d'une famille bienveillante, protectrice et présente. C'est la raison pour laquelle la loi privilégie l'implication d'un membre de la famille qui connaît la personne depuis longtemps. La préparation d'une réforme de cette loi répond à l'évolution significative de ce profil depuis les années 1980. Bien sûr, la majorité des décisions que nous prenons concernent toujours des personnes dont la famille est investie. Mais nous avons vu apparaître de nouveaux profils d'incapables majeurs dont la famille est absente. Par exemple les jeunes majeurs en dérive sociale : personnes sans domicile fixe, clochards, toxicomanes. Ou les personnes insérées socialement mais malades

1. Fabienne Pagès a été juge des tutelles entre septembre 2003 et septembre 2006.
2. La loi de 1968 sur les mesures de protection des incapables majeurs a été récemment réformée. La loi n° 2007-308 du 5 mars 2007 institue la nouvelle protection juridique des personnes vulnérables. Le lecteur en trouvera une analyse détaillée par Karine Lefeuvre-Darnajou, enseignant-chercheur de l'École nationale de la santé publique, dans le cahier n° 26, avril 2007 des documents CLEIRPPA.

psychiatriques. À la différence des jeunes handicapés et des personnes âgées, pour lesquels la mise sous mesure de protection est liée à un état de santé souvent irréversible, les mesures de protection concernant cette nouvelle population hétérogène sont destinées à être levées. Elles constituent un élément de leur parcours de réinsertion sociale.

Mais nous constatons aussi une diversification des profils « traditionnels ». Tout d'abord les jeunes majeurs handicapés ont vu leur espérance de vie s'allonger de manière significative. Leurs parents s'inquiètent de savoir à qui transmettre la responsabilité de la tutelle au moment de leur disparition : au sein de la fratrie, à une personne de leur entourage, à des tiers extérieurs ? Quant aux « personnes âgées », nous constatons à la fois qu'elles sont concernées de plus en plus tôt par ces mesures dans le cas des maladies de Parkinson ou d'Alzheimer, mais aussi de plus en plus tard, en raison du bon état de santé de cette population.

Peut-être n'est-il pas inutile de rappeler qu'un grand nombre de personnes âgées qui pourraient bénéficier d'une mesure de protection n'en font pas l'objet. Tout simplement parce que la famille remplit son rôle et qu'il n'y a pas eu de facteur déclenchant dans la vie de la personne nécessitant la mise en place d'une telle mesure.

*Dans le cadre du vieillissement, quels sont les facteurs déclenchants qui expliquent la demande de mesure de protection d'un parent âgé ?*

**F. P.** : Ce n'est pas l'âge qui détermine la demande de mesure de protection des personnes âgées. Dans de très nombreux cas, les proches font le constat d'un rapport défavorable de la personne âgée à l'argent, rapport nouveau qui la met en danger. Ils prennent conscience qu'elle a perdu ses repères et qu'elle devient vulnérable à la malveillance de tiers connus ou inconnus. Toutes les familles font le récit de la même expérience : méfiante à l'égard des proches, la personne âgée semble vouloir acheter l'affection d'inconnus ou se lance dans des achats d'assurances et de biens dont elle n'a nul besoin. Ce lien entre argent, affection, recherche de reconnaissance et personnes inconnues est très net. Il est certainement le lieu d'enjeux personnels et familiaux très forts qui restent jusqu'à ce moment latents. L'inquiétude des proches et la demande de mesure de protection vont révéler les conflits à l'œuvre dans la famille aussi bien que sa cohésion autour de la personne âgée.

*Que représente la mesure de protection d'un parent âgé pour une famille ?*

**F. P.** : Dans le processus de prise de conscience du vieillissement, c'est une étape fondamentale qui manifeste deux choses. La première est le fait que les parents que l'on n'a pas vus vieillir sont entrés dans leur grand âge, et ce de manière irréversible. L'intervention du juge précise le processus de dégradation de la personne qui va conduire à sa disparition. La seconde est que les proches, les enfants surtout, apprennent ce jour-là qu'ils ne sont plus jeunes, qu'eux-mêmes vont vieillir ! La situation est très difficile pour eux : souvent la personne âgée présente n'est pas consciente de ce qui se décide. Ils doivent donc s'engager et décider seuls. Entre frères et sœurs, les relations peuvent se tendre rapidement autour de qui prend ou pas la responsabilité de la tutelle du parent âgé. La décision prise dans mon bureau est le catalyseur d'un processus dont les enjeux matériels sont souvent limités, mais dont les enjeux psychologiques et relationnels sont immenses. Ces derniers dépassent le cadre de notre compétence et de notre possibilité d'intervention. Il n'est pas rare que nous assistions à de violents règlements de comptes familiaux. La grande question qui se pose à nous est alors celle du sens de cette mesure : vise-t-elle à protéger les biens de la personne ou la personne elle-même ? La loi de 1968 ne tranche pas sur ce point. Et pour les juges comme pour les enfants de parents âgés, la demande de mesure de protection n'a pas le même sens. Les juges projettent aussi leur vision de la dépendance dans leur manière d'instruire les dossiers et de dialoguer avec les familles. Certains vont privilégier les biens, d'autres la personne. Pour ma part, la personne âgée est au cœur d'une mesure qui doit lui permettre, dans un cadre bienveillant et protecteur, de continuer à vivre comme avant. La question des biens est donc, pour moi, inséparable de celle de la personne.

*Dans la loi de 1968, l'initiative de la demande de protection est donnée à la famille : c'est elle qui remplit et adresse le dossier au juge des tutelles. Qu'en est-il dans la réalité ?*

**F. P.** : Pour prendre conscience de l'incapacité d'une personne connue, aimée et installée dans ses repères, une famille a besoin d'un regard extérieur. Ce regard peut être celui du notaire qui estime que la personne n'est plus en capacité de se représenter elle-même au moment de la signature d'un acte de donation, par exemple. C'est aussi celui de l'assistante sociale qui rend visite à une personne âgée isolée et qui constate sa vulnérabilité. C'est enfin le regard d'une équipe médicale au moment de l'hospitalisation pour une situation de crise. Il n'y a pas de situations types et tout professionnel en lien avec une personne âgée et sa famille peut attirer l'attention de cette dernière sur une incapacité liée à l'avancée en âge. Mais, *in fine*, c'est à la famille de prendre la décision de faire une demande. Et ce geste des proches de la personne âgée vulnérable est très important à mes yeux. Il témoigne d'un cheminement et d'un engagement dans la prise de responsabilité à l'égard du parent âgé.

*Dans l'instruction des dossiers, qu'en est-il du lien intergénérationnel ?*

**F. P. :** Nous entendons souvent dire que ce lien est déliquescent. Dans la réalité, nous rencontrons deux situations bien distinctes. Dans la première, quand il y a une famille, cette dernière est bien présente. Cela ne signifie pas qu'il n'y ait pas de tensions ou de conflits. Mais nous trouvons toujours des interlocuteurs et des personnes prêtes à s'engager. Dans la seconde situation, la famille est absente parce qu'il n'y a plus personne ou que les proches se sont éloignés. Récemment encore, j'ai pris contact avec le fils d'une dame âgée. Il vit à dix minutes de chez elle, connaît son adresse mais ne l'a pas vue depuis plusieurs décennies. Il m'a signifié clairement qu'il ne voulait pas prendre de responsabilités pour une personne avec laquelle il n'avait plus de relations depuis si longtemps.
Le lien intergénérationnel ne se vit pas de la même façon dans les différentes cultures des Français aujourd'hui. Dans les familles du Maghreb par exemple, le placement des parents âgés en maison de retraite est impensable, parfois même au détriment de la qualité de vie et de l'exigence de soins pour des personnes malades ou très âgées. Des directeurs de maisons de retraite me téléphonent parce que des familles viennent « enlever » une personne âgée pour lui redonner sa place dans le foyer familial. Dans mon bureau, les enfants m'expliquent alors que la décision de placement a été prise sans eux et sans tenir compte de leur volonté. Le lien intergénérationnel est fort et responsable mais doit-il pour autant se limiter au seul cadre du domicile ? Le dialogue

doit permettre à chacun de tenir compte de ses possibilités et des besoins de la personne.
Nous nous interrogeons souvent sur ce que seront ces situations dans vingt ans et dans le cadre des familles recomposées. Sans trouver d'éléments de réponse. Le lien intergénérationnel connaît de grands bouleversements aujourd'hui mais reste actif.

*La mesure de protection d'un majeur incapable est un acte fort, irréversible dans le cas des personnes âgées. Elle signifie la diminution ou la suppression de la capacité juridique de la personne. Entre l'autonomie du parent âgé et sa dépendance complète par rapport à l'un de ses enfants, comment ces derniers peuvent-ils bien agir ?*

**F. P.** : Cette question est centrale dans mes rencontres avec les proches d'une personne âgée. La mesure de protection est prise quand les proches ou un professionnel constatent l'incapacité de la personne à se représenter elle-même pour les actes importants de la vie, ou en raison d'une grande vulnérabilité liée à la perte de repères fondamentaux. Mais cela ne doit pas l'empêcher de continuer à vivre au quotidien comme avant la mise en place de la mesure de tutelle. La nomination d'un proche qui connaît la personne et ses habitudes est la garantie pour nous du maintien de cette qualité de vie et du respect de la volonté de la personne. L'exemple le plus parlant (et le plus récurent) est celui des étrennes. La personne avait l'habitude de donner 60 euros à ses petits-enfants pour Noël : bien que sous tutelle, elle doit pouvoir continuer à faire ses étrennes comme dans le passé. Il en va de même pour toutes les décisions du quotidien. Le tuteur agit selon la volonté et les habitudes de la personne. Il n'est certainement pas facile d'accepter et de vivre une telle situation vis-à-vis de son parent âgé et vis-à-vis de ses frères et sœurs quand il y en a.
Le tuteur familial doit donc dialoguer en permanence avec la personne et les proches. Lorsque la situation devient impossible à gérer, le juge des tutelles peut organiser une réunion avec les membres de la famille. Cela m'est arrivé récemment avec deux frères. Celui qui avait la tutelle ne voulait pas communiquer les comptes. Et l'autre s'inquiétait de l'effectivité de son obligation alimentaire et donc de ce qu'il aurait peut-être à payer pour sa mère. La mesure de protection et la relation avec

le juge servent de miroir aux enfants et aux proches et mettent le lien familial à l'épreuve. C'est peut-être ce qui explique la « mauvaise réputation » de nos services de tutelle, alors que la plupart des dossiers sont réglés dans des conditions satisfaisantes pour nous comme pour la famille et la personne protégée.

*Que représente pour les familles ce moment spécifique ?*

**F. P. :** Ce moment possède un double visage. D'une part il révèle une situation de crise et le changement définitif du parent. Les rôles s'inversent et il faut que les enfants assument cela. C'est donc une situation qui est source d'inquiétude et d'angoisse. D'autre part, c'est un soulagement : la personne fragile va être protégée des agressions extérieures et des intentions malveillantes. La famille s'approprie l'un de ses rôles fondamentaux : protéger et accompagner l'un de ses membres.
Si un conflit éclate à ce moment-là, il n'est jamais lié à la décision de la mesure de protection. Bien au contraire, il lui préexiste mais il était latent ou dissimulé. Je me souviens d'une famille de deux filles dont la maman devait bénéficier d'une mesure de tutelle. L'aînée avait été très investie par sa mère. Elle avait fait de bonnes études, était devenue médecin. La seconde, bien que vive et présente, semblait avoir eu un parcours moins flatteur. L'aînée et sa mère avaient jusqu'à ma question une attitude très fusionnelle. Lorsque j'ai demandé : « Laquelle de vous deux va prendre la tutelle de votre maman ? », la mère s'est tournée vers l'aînée qui a répondu avec un très joli sourire : « Non, pas moi. Cela ne m'intéresse pas. » Je crois que cette fille a tué symboliquement et psychologiquement sa mère ce jour-là. Il y a certainement de nombreuses raisons à ce refus, mais je l'ai perçu comme incroyablement violent.

*Quels conseils donneriez-vous à des personnes à qui l'on vient de suggérer de prendre une mesure de protection pour un parent âgé ? À qui peut-on s'adresser pour forger son opinion et établir le dossier ?*

**F. P. :** Tout d'abord il est important de dédramatiser la mesure de protection et sa nécessité. Il faut que les proches analysent la situation de leur parent âgé à la lumière des éléments apportés par le médecin, le notaire ou l'assistante sociale. Ne pas hésiter à poser à ces professionnels toutes les questions que cette suggestion soulève. Ensuite, prendre contact avec l'accueil du service de tutelle. Ce dernier fournit des informations générales sur le fonctionnement des mesures de tutelle (curatelle, curatelle renforcée, tutelle), les obligations, droits et devoirs des tuteurs, les différentes possibilités de délégation de cette responsabilité si la famille est incapable de se saisir de cette décision. Enfin, à Lyon, l'ordre des avocats propose une consultation gratuite organisée par la commission « handicap/tutelle », qui permet de faire le tour de ces questions avec sérénité. L'essentiel est que la famille soit associée par les professionnels à chaque étape de la constitution de ce dossier qui l'engage dans un processus nouveau pour elle et, je le rappelle, irréversible pour elle et la personne. La question en filigrane est, bien sûr, celle taboue de la mort. Le mot n'est jamais prononcé même s'il hante les démarches et la vie des personnes. Il faudrait que cette question puisse être abordée dans ce contexte. Ce serait un grand progrès. La prise en compte de cette dimension de l'existence nous permettrait de mieux écouter la douleur des proches au moment de la demande de mesure de protection.

Enfin, j'ai envie de dire que la mesure de protection n'est pas une sanction de la personne et de sa vie mais la prise en compte de ses limites et de sa faiblesse. Les membres de la famille ne doivent pas se sentir coupables de cette décision ni se dire qu'ils privent de liberté leur parent. Bien au contraire, ils vont ainsi lui permettre de continuer à vivre en assumant leur part de responsabilité et en se mettant à son service.

## Témoignage : Les conjoints en première ligne

*André V. a 80 ans. Sa femme est prise en charge depuis un an et demi dans une institution de la Croix-Rouge en raison d'une chorée[1] qui réduit progressivement toute son autonomie. Il jette un regard désabusé sur une existence qui se partage désormais entre la responsabilité de sa fille et son épouse, toutes deux dépendantes à des degrés divers.*

*Comment avez-vous vécu l'installation progressive de la maladie de votre épouse ?*

**André V. :** Tout d'abord je n'ai pas compris ce qui se passait. Je ne comprenais pas pourquoi elle ne voulait plus marcher près de moi, pourquoi elle perdait la mémoire et certains repères. Je la bousculais souvent. Je lui demandais de faire des efforts, d'avancer son pied avec le mien. Je lui reprochais de ne pas vouloir répondre à mes demandes. Et je devenais « méchant » alors qu'elle ne pouvait déjà plus agir normalement. Sa maladie diagnostiquée banale en 1998 a peu évolué jusqu'en 2000. Puis elle n'a plus accompli les gestes de la maison, n'est plus sortie en ville, et ne s'est plus intéressée aux choses qui font la vie d'une femme curieuse et sociable. Ses amies ne sont plus venues, ni sa famille. Elle n'était plus intéressante pour elles.

3. NdE : Affection dégénérative héréditaire du système nerveux à l'origine d'une démence dite sous-corticale (atteinte du cerveau en dessous du cortex). Surnommée « danse de Saint-Guy », sa fréquence est de 1 personne atteinte sur 10 000 habitants (environ 6 000 personnes atteintes).

*Comment avez-vous pris la décision de solliciter son entrée en institution gériatrique ?*

**A. V.** : J'ai contacté le centre sur les conseils d'amis. Il avait une réputation exceptionnelle qui date d'une vingtaine d'années. À cette époque, m'a-t-on dit, on y avait le souci de la dignité des personnes. Aucune résidante âgée ne restait « avachie » dans son fauteuil. Il y avait toujours quelqu'un pour la redresser ou la consoler si elle était triste. Aujourd'hui les choses ont changé.

Pour en revenir à votre question, j'ai mis un an et demi à franchir le pas. Je trouvais des prétextes pour retarder l'entrée dans l'institution. J'espérais arriver à la maintenir debout. Je lui disais aussi, croyant l'encourager : « Si tu fais rien pour lutter, tu vas aller là-bas avec ces pauvres diables qui ne font rien, en fauteuil roulant, puis grabataires. » Ma femme me répondait : « Tant pis », ou « Tant mieux » si le ton montait. Discrète sur ses émotions, elle acceptait ce qui venait de manière égale. J'ai finalement compris qu'elle ne pouvait plus commander ses intentions et qu'elle subissait sa diminution. Je m'en suis beaucoup voulu de mon attitude précédente et j'ai culpabilisé plus encore quand j'ai dû accepter le placement en institution malgré l'espoir que cela serait mieux pour elle. L'intervention de notre médecin et une disponibilité de place ont fait le reste.

*Quel est pour vous le moment le plus douloureux depuis qu'elle se trouve ici ?*

**A. V.** : C'est le moment où je la quitte le soir. Je viens chaque jour à 13 h 15 pour rester avec elle car j'en éprouve intensément le besoin. Je reste près d'elle jusqu'à son dîner. Je lui apporte les douceurs (car nous dînons en groupe restreint) qu'elle aimait. De retour dans sa chambre, je lui fais un peu de toilette : lavage des mains, brossage des dents, un peu de crème sur le visage, etc. Ce sont des moments précieux pour moi, agréables sans doute pour elle, malgré la petite lutte contre les raideurs qui s'installent peu à peu. Un moment, j'ai cru bon de la déshabiller pour la coucher. Mais j'ai vite compris qu'en ce domaine, les techniques des auxiliaires de vie étaient bien meilleures pour elle et qu'elle les préférait. Je la laisse donc devant la télévision du soir et je la quitte pour rentrer chez nous.

*Que pouvez-vous dire du temps que vous passez auprès d'elle ?*

**A. V.** : C'est pour moi comme un nouveau travail. Les horaires sont les horaires, je les ai intégrés à ma vie. Je dois partir à 13 heures de mon domicile pour être ici à peu près à la même heure chaque jour. Car si ma femme a oublié la notion de l'heure, elle a gardé celle du temps qui passe. Si je n'étais pas là comme prévu, sans doute s'inquiéterait-elle. Mais cette contrainte que je me suis donnée, c'est aussi ma manière de faire semblant de ne pas être touché par notre séparation. Dans le passé un peu d'orgueil m'a permis de jouer la comédie sociale quand il le fallait. Aujourd'hui, je joue encore parfois. Je ne suis pas si heureux de venir ici chaque jour. L'obligation que je me suis donnée me permet d'ignorer cette interrogation.

*Quel regard portez-vous sur l'institution qui accueille votre épouse ?*

**A. V.** : Tout d'abord, même si cela est difficile à dire et à entendre, je sais que je ne peux plus rien pour ramener mon épouse en arrière. Je la vois évoluer, descendre doucement. Je souhaite que cela ne dure pas trop longtemps. Mais l'épreuve de sa maladie m'a confirmé qu'elle a la santé de ses parents et grands-parents. Elle sera nonagénaire aussi. Cela signifie que cette institution est son mouroir puisque je n'ai plus la force de la reprendre avec moi. Ce n'est pas un lieu bien agréable dans la mesure où les personnes âgées y sont traitées comme des handicapés et non comme des êtres en fin de vie. Les soignants se comportent en professionnels, souvent avec gentillesse, mais sans l'ultra-gentillesse que demande une fin de vie. Ici, on les aide à se laver, à s'habiller, à se nourrir avec des gestes bons mais sans empathie profonde. Je ne reproche rien : encore une fois ce n'est pas un mouroir mais une institution pour personnes âgées dépendantes et dégénérescentes. C'est pourtant pour moi son mouroir, comme j'aurai le mien. Les professionnels que je vois travailler manquent d'aides et de temps. Ils appliquent un protocole, décidé en réunion et propre à chaque patient, pour aider à passer les jours qui restent. C'est la société moderne qui fait que l'on ne construit plus, que notre travail est de mieux remplir les lieux consacrés. Être rentable d'abord.

*Quel est votre rôle au sein de l'institution ?*

**A. V.** : Mon rôle est de faire en sorte que ma femme soit aimée. Tout ce que je fais vise donc cet objectif. Je veux que les gens ici se disent : « Faisons-le pour elle mais aussi pour son mari. » Ma femme était coquette. Elle avait un beau port de tête, était fière, avait du goût. Elle est toujours belle et je fais en sorte de choisir au mieux ses vêtements pour donner aux soignants l'envie de faire la même chose. Je souhaite qu'elle reste un peu au-dessus de l'allure générale et soit toujours ma femme.
Même chose pour le visage. J'achète maintenant des crèmes et des eaux de toilette pour qu'elle reste comme avant. Merci aux soignants : maintenant le pli est pris.

*Quels sont les sentiments que vous éprouvez aujourd'hui pour votre épouse ?*

**A. V.** : Je l'aime encore plus qu'autrefois et j'éprouve pour elle une peine infinie. Jusqu'au-delà de 50 ans, l'amour de l'homme pour la femme est fait de beaucoup de désir. Maintenant c'est un sentiment moins instinctif, plus grand et plus fort même que la tendresse. C'est un amour qui passe dans le regard, dans la chaleur de mes mains sur son dos, dans le sourire.

*Comment envisagez-vous votre avenir ?*

**A. V.** : Il y a tout d'abord les frais occasionnés par le maintien en institution. J'ai vendu notre appartement pour une petite location afin de financer l'avenir de ma femme (et de ma fille). Le déménagement est un moment difficile. Je tire un trait bien concret sur notre vie conjugale et notre passé. Le coût de l'institution m'y oblige. Ma retraite de cadre moyen est totalement consommée par les frais de l'institution et les « aides » ne sont suffisantes que pour ceux qui les donnent.
Côté santé, je suis un vieux tuberculeux et j'ai été opéré sur le tard de deux cancers. Ma résistance est devenue nulle. Je combats non pour venger la trahison de mon corps mais pour ma femme et ma fille dont je suis l'unique soutien. De culture méditerranéenne, j'attachais beaucoup d'importance aux émotions liées à la virilité : l'épreuve de la force

physique, les beautés de la nature et des ciels, la beauté des femmes, le plaisir de chanter. Je ne vois plus la vie en rose. Je vis pour être là !

*Rencontrez-vous d'autres maris ici ?*

**A. V. :** Nous sommes plusieurs maris qui viennent ici chaque jour, preuve que cela n'est pas si extraordinaire. L'un est la convivialité même : il connaît tout le monde, parle à chacun. Les regards sur sa femme en sont plus doux. Un autre parle peu mais comble sa femme de gâteries. Un autre lui apporte sa gaieté naturelle. Chacun a sa manière de rester fidèle envers et contre tout. Des familiers viennent plus ou moins régulièrement, parmi eux une majorité de femmes. Et puis il y a les résidants seuls, tout seuls, que les soignants promènent parfois dans le parc.
Quand on est dans une situation douloureuse, on comprend et on plaint. On agit parfois. Quand on est dans la vie de tous les jours, on a une pensée pour eux ou pour elles quand la télévision en parle.

# 3 | Accompagner et être accompagné

## La personne vieillissante, l'entourage familial et les professionnels

# « Aider » ou « prendre soin » d'un membre âgé de la famille ?

Jean-Pierre Lavoie, gérontologue

En français, les termes « aide » et « aidant » se sont imposés aux chercheurs et aux professionnels pour désigner respectivement ce que font les membres de la famille pour un parent âgé dont les capacités déclinent et ces membres de la famille engagés auprès de leur parent. Pourtant, lors d'une recherche par entretien menée auprès d'aidants de personnes âgées handicapées, à la question « Que faites-vous pour aider votre parent ? », plusieurs m'ont répondu qu'ils n'« aidaient » pas leur parent. Manifestement, ces aidants ne voyaient pas ce qu'ils faisaient pour leur parent comme de l'« aide », ou comme se résumant à de l'« aide »[1]. Comment expliquer le malaise de ces proches envers le terme « aide » et leur désignation comme « aidant » ?

Le malaise aurait selon moi deux origines. D'abord, on peut aider un voisin, un collègue de travail, voire un inconnu que l'on a croisé dans la rue. Peut-on dès lors utiliser le même mot pour désigner ce que l'on fait pour un parent ou un conjoint que l'on connaît intimement depuis 50, 60 voire souvent depuis plus de 80 ans ? Lui rend-on

---

1. Après quelques entretiens, j'ai trouvé, à mon grand soulagement, cette formulation plus ouverte et qui semblait plus appropriée aux répondants : « Que faites-vous pour votre parent ? » (Lavoie, 2000).

service comme à cette vague connaissance, à cet inconnu ? Par ailleurs, le mot « aide » revêt nettement une connotation instrumentale qui ne saurait totalement rendre compte de ce qui est fait pour ce membre de la famille. Cela fait certes plaisir d'aider, de rendre service. Mais ce service ne s'inscrit pas dans l'intimité et la durée longue du lien à son parent âgé et malade et il n'a certainement pas la charge émotive de ce que l'on fait pour lui. En effet, comme le soulignent Francine Saillant et Éric Gagnon (2001), aucune des tâches faites pour aider un proche n'est jamais vraiment purement instrumentale. Elles « ont également une teneur symbolique très forte, notamment parce que ces tâches sont faites pour quelqu'un, un proche avec qui l'on partage une part importante de son histoire et de sa biographie… » (p. 58-59). En ce sens, le terme d'aide paraît trop restrictif. Enfin, et je reviendrai largement sur ce point, admettre que son parent a besoin d'aide et qu'effectivement on l'aide, c'est reconnaître ses limitations, ses pertes, ses dépendances.

Pourtant, cela n'a pas empêché professionnels et chercheurs d'utiliser de façon plutôt imprudente ces termes d'« aide » et d'« aidant ». Il faut dire qu'ils correspondent à une conception professionnelle de l'aide qui tend à la restreindre à un ensemble de gestes concrets posés tels l'entretien domestique, la préparation de repas, aider à se vêtir ou se dévêtir, pour ne nommer que ceux-là. D'ailleurs, comme l'indique Monique Membrado et ses collègues (2005), on utilise souvent des grilles mesurant les incapacités fonctionnelles, semblables à la grille AGGIR (voir la grille AGGIR, p. 217) pour décrire et mesurer ce que les proches font pour leur parent âgé handicapé. Une étude réalisée auprès d'intervenants de services à domicile au Québec confirme cette vision professionnelle : au cours des entretiens ceux-ci décrivent l'engagement des « aidants » essentiellement en termes de tâches instrumentales (Lavoie *et al.*, 2003).

Certes, la langue française ne facilite pas les choses. Elle n'a malheureusement pas de mot adéquat pour rendre compte de ce qui est fait pour un parent âgé handicapé, contrairement à l'anglais et à l'espagnol (Membrado *et al.*, 2005). En anglais, par exemple, le mot utilisé, *care*, inclut deux dimensions : le *care for* porte sur ce qui est fait de façon tangible, concrète, et le *care about* traduit plutôt le souci et l'attention portée à la personne dont on est responsable. Le terme *care* fait donc ressortir le caractère à la fois concret et immatériel de ce que l'on fait pour notre parent. En français, il existe toutefois une locution qui englobe ces deux dimensions et que je vais utiliser dans la mesure du possible dans ce texte : « prendre soin ». Cette locution est probablement davantage associée dans nos représentations à l'univers de l'enfance et des enfants dont on prend soin... Mais elle seule me semble rendre compte de la nature complexe de ce qui est fait pour son parent. J'utiliserai également le terme « soin » qu'il faudra prendre dans son sens premier de « s'occuper du bien-être » et non dans son sens clinique et professionnel.

Je souhaite décrire ici ce que font les membres de la famille quand ils prennent soin d'un parent âgé, tant dans sa dimension concrète qu'immatérielle et symbolique. J'évoquerai plus longuement la seconde dimension car c'est souvent sur cette dernière que les proches rencontrés ont insisté lorsqu'ils me décrivaient leur expérience du « soin ». De plus, si les tâches réalisées par les proches et les professionnels ne sont pas toujours les mêmes et qu'une part de celles faites par les proches demeure invisible, c'est dans la dimension symbolique que se trouve la principale différence entre l'aide professionnelle et le soin familial[2]. Cette dimension, moins visible, a largement été ignorée et demeure incomprise par de nombreux professionnels.

## De multiples tâches matérielles... chargées de sens

Prendre soin, c'est d'abord réaliser tout un ensemble de tâches concrètes que son parent n'est plus en mesure de faire lui-même : préparer ses repas, faire sa lessive, l'aider à se vêtir et à se dévêtir ou lui donner son bain, par exemple.

Toutefois, comme l'ont illustré Nancy Guberman et Pierre Maheu (1994), prendre soin d'un parent implique également un extraordinaire travail de gestion et de conciliation. Le conjoint de la personne âgée ou un de ses enfants, généralement une fille, aura principalement pour

2. Souligner cette différence entre l'aide professionnelle et le prendre soin familial ne signifie pas que l'aide professionnelle est strictement technique, dénuée de valeur symbolique et d'affectivité. Une telle affirmation serait abusive. Cette différence provient essentiellement de la dimension relationnelle et biographique de ce que font les membres de la famille. Les professionnels ne partagent pas cette longue histoire familiale, les référents sont différents.

fonction de coordonner et de gérer l'ensemble du travail de soin. Il faut en effet coordonner le travail de différents membres de la famille et celui de multiples professionnels et intervenants : fixer ou déplacer des rendez-vous, négocier un changement d'horaire, solliciter la fratrie pour obtenir un répit et préparer la maison pour celle ou celui moins familier qui viendra prendre la relève, montrer à une nouvelle aide familiale les us et coutumes de la maison, la présenter à son parent inquiet et que sais-je encore. Il faut également concilier cette responsabilité avec ses multiples autres engagements : déplacer un rendez-vous professionnel ou appeler son patron pour s'excuser, trouver du temps pour aller à la rencontre de parents à l'école, pour recevoir ses amis. Ce travail de coordination, particulièrement le travail d'interface avec les services d'aide à domicile, nous a été présenté par plusieurs proches comme une des responsabilités les plus lourdes, un véritable fardeau, au point que certains préféraient tout simplement se passer de services (Lavoie, 2000).

Plusieurs des tâches instrumentales apparaissent d'emblée relativement anodines et simples, quoique préparer un repas peut constituer un défi pour certains hommes, tout comme conduire la voiture pour certaines femmes. D'autres tâches, particulièrement les soins d'hygiène, surtout lorsqu'il y a incontinence, sont souvent vues comme exigeant beaucoup des proches qui ont à les assumer. Enfin, c'est souvent dans leur cumul que se situerait une bonne part du fardeau dit objectif des proches. Toutefois, c'est bien davantage le sens dont sont chargées ces tâches qui en détermine la complexité et qui fera qu'elles exigent du doigté, voire qu'elles seront impossibles à réaliser pour un proche.

En effet, préparer le repas pour sa mère, conduire la voiture à la place de son mari seraient des tâches simples, si elles ne renvoyaient pas à ce parent l'image de son incapacité à le faire. Les soins personnels tels laver les cheveux, donner le bain ou changer la couche impliquent le contact physique avec le parent et la manipulation d'excréments. Cela crée généralement un malaise, voire le dégoût chez les intervenants (Twigg, 2000), qui manifestent souvent une grande commisération pour les proches qui ont à assumer de telles responsabilités. Pourtant, cette aide aux soins personnels, impliquant le toucher, nous a aussi été présentée par plusieurs proches comme la source d'une intimité nouvelle et un approfondissement de la relation avec le père ou la mère que l'on n'a jamais osé toucher. On semble même souvent de part et d'autre chercher ce contact physique, particulièrement lorsque la démence est présente car le toucher et le câlin sont parfois la seule façon de communiquer (Lavoie, 2000). Lorsque ces tâches sont dépeintes comme déplaisantes par les proches, elles le sont souvent parce qu'elles placent la personne soignée en situation d'indignité (Saillant et Gagnon, 2001). Toutefois, d'autres ne peuvent guère envisager sans une certaine répugnance de toucher ce parent dont on ne se remémore que l'indifférence, les brimades, et les abus. Car, faut-il le rappeler, la famille, c'est aussi cela.

Malgré sa diversité et sa complexité, parfois technique, souvent symbolique, la réalisation de ces tâches instrumentales[3] ne saurait résumer à elle seule ce qu'implique prendre soin d'un parent âgé. La responsabilité ressentie et assumée à l'égard de ce parent et de son bien-être se décline sur deux autres registres qui occupent souvent plus de place que les tâches instrumentales dans le discours des proches qui prennent soin, et qui pourtant, par leur caractère immatériel, passent largement inaperçus.

## Suivre et protéger

Avant même l'apparition de difficultés importantes à réaliser certaines activités courantes, les proches perçoivent un besoin de protection chez leur parent âgé et mettent en place des mesures de suivi et de surveillance afin d'assurer sa sécurité. Ainsi, lors des visites ils observent avec plus d'acuité l'état de la maison, les vêtements du parent, son allure physique. Ils le questionnent sur son emploi du temps, sur son humeur. Cette surveillance prendra également la forme d'un accompagnement lors des visites chez le médecin et à l'hôpital afin de s'assurer que le parent parle bien de ses problèmes, et d'obtenir un diagnostic et un pronostic clairs en ce qui le concerne. Ils veulent connaître les traitements prescrits, savoir ce qu'il faut faire et ce qu'il faut prévoir et planifier pour les prochains mois. Lorsque le diagnostic est connu, c'est la recherche d'informations sur la maladie : la bibliothèque, Internet, les appels et les rencontres à l'association Alzheimer ou Parkinson, par exemple.

---

3. Voir article de Jean-Claude Henrard, note 7 p. 37.

Ces tâches de surveillance iront en s'accentuant au gré de la détérioration de l'état de santé du parent âgé. Le proche s'assure que les médicaments sont pris adéquatement, que le régime alimentaire est suivi. Éventuellement, lorsque le parent présente certains comportements qui menacent sa sécurité, cette surveillance devient quasi constante. On pense ici évidemment à la démence et à ses manifestations sur le plan des comportements comme les fugues ou l'agressivité. Toutefois, cette surveillance peut également porter sur ce parent âgé qui s'obstine à ne pas utiliser sa canne pour se déplacer dans la maison ou qui pense au suicide. Elle est essentiellement assurée par le (la) conjoint(e) parce qu'il (elle) est sur place. Si le parent habite seul, ce sera souvent le signe d'une nouvelle cohabitation avec un enfant ou un autre proche prêt à assumer cette surveillance. Les voisins seront parfois mis à contribution afin de s'assurer que le parent âgé se dirige dans la bonne direction ou qu'il ne sorte pas seul.

Cette surveillance exige une grande collaboration des professionnels, particulièrement des médecins souvent jugés trop avares d'informations. Toutefois, les professionnels et les intervenants ne sont pas seulement des collaborateurs de cette surveillance, ils en font l'objet également. En effet, certaines tâches leur sont déléguées et la responsabilité du proche porte alors sur le fait de s'assurer que le parent reçoit les services adéquats auxquels il a droit. Ainsi, lorsqu'un intervenant vient à la maison, les proches vont souvent y demeurer, « épier » ses gestes et ses attitudes à l'égard de leur parent. Ils n'oseront souvent quitter la maison qu'après plusieurs visites de cet intervenant, lorsque la confiance se sera établie.

### Maintenir les liens, protéger l'identité du parent

Les pertes physiques ou cognitives n'atteignent pas seulement l'indépendance fonctionnelle des parents âgés. Ne plus être capable de recevoir des amis ou ses enfants, ne plus pouvoir suivre une conversation, ne plus contrôler ses sphincters peuvent mener à la rupture de liens sociaux, atteindre les personnes dans leur dignité et ébranler les assises de leur identité. Les proches, qui ont une connaissance intime de leurs parents, sont particulièrement sensibles à ces répercussions car elles transforment cette mère joviale et sociable en personne recluse, ce père si fier en personne débraillée et passive. Ils ne reconnaissent plus leur parent et sentent qu'il leur échappe peu à peu. Ce thème a toujours occupé une place majeure dans les entretiens réalisés avec les proches de personnes âgées handicapées. Dans une recherche récente, la grande majorité des familles ont souligné qu'il s'agissait là de leur première responsabilité : maintenir les liens, protéger l'image de soi de leur parent (Guberman *et al.*, 2005). Et cette responsabilité ne se délègue pas vraiment, car elle s'inscrit dans la connaissance intime du parent tout en se réalisant dans des pratiques largement immatérielles et symboliques.

Afin de maintenir les liens familiaux avec ce parent maintenant confiné à domicile, on multiplie les coups de téléphone, qui d'hebdomadaires deviennent quotidiens ; les brèves visites se font plus fréquentes. De plus, ces deux formes de contact contribuent à suivre l'évolution de la situation du parent âgé. On insiste auprès de ses enfants adolescents pour qu'ils viennent visiter grand-papa « qui ne sera pas toujours là ». Toutefois, la famille ne saurait constituer à elle seule l'ensemble de l'univers social du parent. On multiplie les sorties avec le parent malgré les difficultés. On insiste pour qu'il conserve le contact avec les vieux amis et on intervient même auprès d'eux pour qu'ils le visitent. Les services sont même mis à contribution. Dans une recherche menée sur un service de garde à domicile, ce service ne servait pas uniquement à offrir un répit aux « aidants », mais bien aussi à assurer une présence additionnelle dans le réseau social du parent âgé confiné à la maison, réseau limité à quelques membres de la famille. Cette fonction d'accompagnement de l'intervenant à domicile explique l'insistance des familles à avoir un personnel stable, qui ne sera pas à chaque changement l'étranger dans la demeure.

Dans une société où la productivité, l'autonomie et la jeunesse sont fortement valorisées, les déformations corporelles subséquentes à l'arthrite ou à l'ostéoporose, la désorientation spatiale, l'incontinence portent atteinte à la dignité de la personne et ébranlent l'image qu'elle a d'elle-même. Les membres de la famille utilisent alors différents stratagèmes afin d'éviter ou de limiter cette atteinte. Comme Barbara Bowers (1987) l'indiquait, ils nieront la gravité des symptômes de la maladie, associeront les pertes de mémoire à la nervosité ou à la fatigue, ou encore mangeront un gâteau franchement raté. Une épouse, à l'instar de plusieurs autres qu'elle a rencontrées, refuse de prononcer le mot Alzheimer devant son mari. D'autres refusent de mettre une couche à leur mari car « il n'est pas un bébé » ; si certains s'y résignent, ils font l'effort de banaliser la situation (Lavoie, 2000). Avec la progression graduelle de l'incapacité, l'échange devient de plus en plus inégal. On cherche alors différents moyens de maintenir une certaine réciprocité. Un fils qui accompagne son père à l'hôpital acceptera l'argent qu'il lui offre pour ne pas l'humilier. On laisse son parent faire tout ce qu'il peut et on évitera de trop faire pour lui. En fait, pour plusieurs proches, s'abstenir d'« aider » est une façon de prendre soin de son parent, de protéger son estime de soi.

La maladie et l'incapacité, qui provoquent la perte de relations significatives et portent atteinte à l'image de soi, ébranlent les repères de la personne, mettent en péril son identité. Afin de protéger cette identité et de conserver son parent tel qu'on l'a connu, les membres de la famille font des efforts parfois inouïs pour maintenir des routines significatives, des activités appréciées et pour permettre au parent de demeurer dans un décor, un milieu familier. Une épouse continue à jouer aux cartes avec son mari complètement désorienté après le dîner, car ils l'ont toujours fait depuis leur mariage. Un fils amène toujours sa mère passer le dimanche chez lui en famille et l'emmène dîner au restaurant même s'il doit la monter dans ses bras à son appartement au deuxième étage et même s'il doit la nourrir au restaurant. Quant à l'importance du milieu familier, elle se manifeste par la forte résistance à l'hébergement en institution.

Jobert (1988) soulignait combien pour les « aidants » la maison d'hébergement (dite maison de retraite en France) représentait un mouroir et indiquait la césure du lien social. Un grand nombre de proches rencontrés dans mes recherches reprennent ces images de cassure et d'antichambre de la mort. L'hébergement semble donc marquer une rupture dans l'insertion familiale et sociale, de même que dans la poursuite de la trame biographique du parent. Il arrive pourtant que la famille doive s'y résigner, soit qu'elle est à bout, soit que l'état du parent fait qu'il nécessite trop de soins professionnels. On voit alors les membres de la famille décorer la chambre d'objets familiers particulièrement significatifs, préparer et porter les plats préférés du parent, multiplier les visites et s'assurer que des amis ou les petits-enfants y aillent également. Malgré cette rupture on tente dans la mesure du possible de colmater la brèche, donc de maintenir les liens et de poursuivre la trame biographique.

## Convergences et divergences dans les soins

Prendre soin d'un proche âgé met donc en jeu tout un ensemble de pratiques de soin, de natures fort différentes, certaines marquées par une forte instrumentalité (préparation de repas, entretien ménager, donner le bain), d'autres nettement moins concrètes où le côté symbolique prédomine (protéger l'image de soi du parent, être présent). Ces soins s'enchevêtrent et se complètent. Mais ils se contredisent et se confrontent aussi, ce qui n'est pas sans placer les proches dans des situations paradoxales et sans soulever chez eux des dilemmes.

Aller chez sa mère pour faire l'entretien de la maison permet d'observer ce qui se passe et apporte une présence qui maintient le lien familial. On fait ainsi d'une pierre trois coups. Toutefois, la situation n'est pas toujours aussi simple. Plusieurs proches rencontrés ont dû faire des démarches pour faire retirer le permis de conduire de leur mari ou de leur père. Comment alors assurer la protection de ce parent sans porter atteinte à son autonomie et sans lui renvoyer l'image de son incapacité à conduire une voiture ? Comment préparer les repas pour sa mère ou lacer les souliers de son mari sans lui confirmer ainsi son inaptitude à le faire ? Les besoins fonctionnels et de protection des parents âgés induisent parfois des pratiques de soin qui entrent en contradiction avec les besoins de protection de l'image de soi et de maintien du lien familial et social. Certaines tactiques s'offrent aux proches :

– cacher ou plutôt maquiller son aide, la surveillance prenant la forme de « visites » ;

– accepter les cadeaux, les rémunérations, donner des tâches au parent âgé insèrent le soin dans la réciprocité plutôt que dans la dépendance ;

– éviter de faire le superflu, d'en faire trop, bref s'en tenir au strict nécessaire.

Toutefois, ces tactiques sont parfois insuffisantes, et, face au paradoxe des besoins divergents, il faut trancher. Doit-on laisser un père âgé atteint de la maladie d'Alzheimer bricoler dans son atelier comme il l'a toujours fait ? Doit-on laisser chez elle cette mère âgée qui fait des chutes à répétition ? Entre la fonctionnalité, la sécurité et l'identité du parent âgé, c'est souvent la dernière qui aura préséance. Face aux questions précédentes que se posaient deux familles, elles ont laissé leur père âgé bricoler et leur mère à domicile. Évidemment, les deux familles vivent dans l'inquiétude et l'incertitude de leur choix. Si l'accident survenait, on devine que la culpabilité et les remords poindraient aussitôt.

## Conclusion

Trop souvent donc les chercheurs et les professionnels ont eu tendance à réduire l'action des proches à un ensemble de tâches concrètes, visant à compenser les incapacités des personnes âgées sur le plan de l'entretien domestique ou des soins personnels, telles que la préparation des repas, l'entretien ménager, la gestion des finances ou encore l'aide à se vêtir ou à l'hygiène personnelle. Malgré leur importance et les difficultés qu'elles soulèvent, on a eu tendance à ne percevoir qu'une partie de ces tâches et des responsabilités assumées par les proches, négligeant ainsi plusieurs zones d'intervention et les difficultés que cela représente pour les proches, sans parler de leurs dimensions affectives et symboliques.

Prendre soin d'un parent âgé ne se résume donc pas à un ensemble d'aides visant à compenser ce qu'il ne peut désormais faire lui-même. Si cela implique une telle aide, prendre soin constitue probablement d'abord un rapport, un lien à son parent. Le soin dispensé à ce parent ne peut être dissocié de la longue histoire qui existe entre celui-ci et les membres de sa famille, de l'intimité, de l'affection ou de la rancœur qui s'est construite. Le soin ne peut alors faire abstraction de l'identité du parent. La grande majorité des proches vise d'abord à protéger cette identité, alors que certains tenteront probablement davantage de l'oublier s'ils veulent prendre soin. Toutefois, comme Monique Membrado (1999) le démontre, quand on prend soin de son conjoint ou de son père on construit également notre rapport à lui, on se définit en tant que conjoint ou en tant qu'enfant.

Prendre soin ne met donc pas en jeu la seule identité du parent âgé, vieilli et diminué, mais aussi celle des proches, celle de ces conjoints et de ces enfants qui prennent soin.

## Références

Bowers Barbara, « Intergenerational caregiving : Adult caregivers and their aging parents », *Advanced Nursing Science*, 9, p. 20-31.

Guberman Nancy, Lavoie Jean-Pierre, Gagnon Éric, *Valeurs et normes de la solidarité familiale : statu quo, évolution, mutation ?*, Côte-Saint-Luc, CSSS Cavendish, Centre affilié universitaire de gérontologie sociale, 2005.

Guberman Nancy, Maheu Pierre, « Au-delà des soins : un travail de conciliation », *Service social*, n° 43, 1994, p. 87-103.

Jobert Bruno, « Action publique et solidarité civile : le cas du maintien à domicile des personnes âgées », *Revue internationale d'action communautaire*, n° 19, 1988, p. 89-93.

Lavoie Jean-Pierre, *Familles et soutien aux parents âgés dépendants*, Paris et Montréal, L'Harmattan, 2000.

Lavoie Jean-Pierre, Guberman Nancy, Montejo Maria-Elisa, Lauzon Sylvie, Pepin Jacinthe, « Problématisations et pratiques des intervenantes des services à domicile auprès des aidantes familiales, quelques paradoxes », *Gérontologie et Société*, n° 104, 2003, p. 195-211.

Membrado Monique, « L'identité de l'aidant(e) : entre filiation et autonomie, un autre regard sur la vieillesse », *Gérontologie et Société*, n° 89, 1999, p. 117-134.

Membrado Monique, Vezina Jean, Andrieu Sandrine, Goulet Virginie, « Définitions de l'aide : des experts aux "profanes" », dans Clément Serge et Lavoie Jean-Pierre (sous la direction de), *Prendre soin d'un proche âgé – Les enseignements de la France et du Québec*, Toulouse, Érès, 2005, p. 85-136.

Saillant Francine, Gagnon Éric, « Responsabilité pour autrui et dépendance dans la modernité avancée », *Lien social et politiques*, n° 46, 2001, p. 55-69.

Twigg Julia, « *Carework as a form of bodywork* », *Ageing and Society*, n° 20, 2000, p. 389-411.

---

### Témoignage : Lorsque père et fille s'engagent, du maintien à domicile à l'institution

*Raymond P., 67 ans, vient deux à trois fois par semaine dans l'institution qui accueille sa femme Marinette. Après quarante-cinq ans de vie commune, il s'est trouvé dans l'obligation de décider avec ses enfants du placement de sa femme atteinte de la maladie d'Alzheimer. La douleur de la séparation est toujours vive, même si aujourd'hui il semble avoir trouvé, entre sa vie de famille et l'institution, un certain équilibre. Rencontre avec sa fille Valérie, 35 ans, qui s'est occupée un an de sa maman à la demande de Raymond.*

*Comment avez-vous pris conscience de la maladie de votre mère ?*

**Valérie :** Il y a eu différentes phases avant que nous ne puissions mettre un nom sur la situation que nous vivions. Ma mère a toujours travaillé. Mais, en dehors de ses heures de travail, ses centres d'intérêt se portaient sur sa maison et sa famille. Elle avait aussi toujours été distraite. Au début, nous ne nous sommes rendu compte de rien. Puis sa distraction est devenue plus grande. Elle égarait les objets dans des endroits inattendus : ses lunettes dans le congélateur ou les mouchoirs dans les frites. Puis elle n'a plus pu les retrouver. Enfin elle a commencé à se perdre : ce sont les pompiers ou la police qui la ramenaient à la maison. Nous avons assisté, impuissants, à la dégradation de la situation. Sa « maladie » la rendait violente. Elle voulait fuir la maison où elle avait vécu avec nous tous si heureuse. Elle nous insultait et prenait à témoin les passants, nous accusant de la séquestrer, de la retenir de force. Dans ces moments-là, mes enfants et moi-même entendions des choses terribles.

*Comment avez-vous décidé d'y faire face ?*

**Raymond** : Le diagnostic a été un moment fort, dans tous les sens du terme. Nous avons pris conscience de l'ampleur de la situation lorsque nous avons pu mettre un mot sur ce que nous vivions au quotidien sans rien y comprendre. Nous ne savions rien de plus que ce que sait le grand public de la maladie d'Alzheimer. Mais surtout le diagnostic nous a été annoncé de manière lamentable. L'interne nous a dit tranquillement : « Voilà, c'est Alzheimer. » Nous n'avons pas été préparés. Seule notre décision était claire : nous allions nous occuper de mon épouse. Nous ne voulions pas laisser ce soin à d'autres.
**Valérie** : À l'époque je ne travaillais pas. Et j'avais de bonnes relations avec ma mère. Mon père m'a donc proposé de m'occuper d'elle en échange d'une rémunération, sous la forme du chèque emploi service. Je me suis inquiétée de ce que mon frère et mes sœurs allaient penser de cette prise de responsabilité rémunérée. Le fait que je ne sois pas « neutre » dans cette situation a été difficile. Mais s'il y a eu parfois des mots entre frère et sœurs, cela n'a jamais été un sujet de discorde. Nous avions mis en place un système de roulement pour les week-ends qui nous permettait de n'être « pris » qu'un week-end sur cinq afin de permettre à notre père de souffler.

*Pourtant la situation se dégrade encore et vous commencez à y laisser votre santé.*

**Valérie** : Au début tout semblait se passer très bien. Je garde de bons souvenirs des premiers moments, des séances de tricot ensemble, du sourire et de la joie de ma mère. Je venais à l'appartement en ayant réfléchi au programme d'occupations que j'allais lui proposer. Car il fallait impérativement l'occuper pour éviter qu'elle ne fuie. Mais c'était plus fort qu'elle : malgré les verrous posés, elle trouvait des moyens de fuir ou elle se mettait à la fenêtre et interpellait les passants. Au fur et à mesure de l'avancée de la maladie, la pression s'est accentuée. En deux mois, j'ai perdu huit kilos. J'y laissais ma santé. Lorsque j'ai dû me battre avec ma mère devant mes enfants pour tenter de la calmer, j'ai compris que nous avions franchi une limite.
**Raymond** : Dans cette période, d'autres proches que mes enfants sont venus nous aider. Ma sœur qui n'habitait pas très loin venait prendre

le café et maintenait les relations et la vie comme avant. Mais mon épouse ne la reconnaissait pas ou ne la situait déjà plus dans la famille. C'était la même chose pour ma fille. En ce qui me concerne, le plus difficile c'était la nuit. Parfois, je ne dormais qu'une demi-heure. L'angoisse d'avoir à la chercher dans la rue ne me quittait plus. Combien de fois, entendant le verrou, je l'ai découverte habillée de pied en cap, son sac à la main, prête à partir. La violence de la situation familiale alors que je travaillais encore m'a miné. J'étais à deux doigts de faire une grave dépression.

*Comment avez-vous pris la décision de son entrée dans une institution ?*

**Valérie** : J'ai soudain compris que papa sombrait avec maman et qu'il fallait le sauver. Par chance, mon frère et mes sœurs avaient la même vision que moi. Nous avons donc pris la décision de placer maman.
**Raymond** : Comment aurais-je pu prendre cette décision alors que nous avions vécu heureux durant quarante ans ? Après concertation avec les enfants, nous avons fait des demandes et, par chance, une de mes belles-filles travaillait dans cette institution. Mon épouse a pu y entrer rapidement. Je dois vous dire que la souffrance et la culpabilité que l'on ressent alors sont immenses. Le placement est plus dur à vivre qu'un décès parce que l'on renonce à la promesse que l'on s'est faite d'être là et d'assumer la situation jusqu'au bout. Pour moi, il était difficile aussi parce que je savais que ma femme était attachée à nous et qu'elle allait être seule au milieu d'inconnus. Le placement signifiait qu'elle perdait à nouveau le contact avec sa famille. Me remémorer ces moments est toujours très douloureux pour moi. Je crois que si nous étions parvenus à maîtriser sa violence, nous l'aurions gardée à la maison et nous serions arrivés à gérer les problèmes d'hygiène et de communication.

*Comment les différents membres de la famille maintiennent-ils le lien avec elle ?*

**Raymond** : Nous avons chacun notre rythme et notre façon de vivre ce rendez-vous avec elle. Je viens la voir deux à trois fois par semaine. Quand j'arrive, je la maquille car elle était très coquette. Je la parfume aussi. Elle se laisse faire car elle me reconnaît. Elle me sourit. Je suis le seul avec qui elle ressent encore quelque chose.

**Valérie :** Mon père lui apporte son amour qui est très grand. Il la valorise. Et le personnel s'en rend très bien compte. Elle a toujours su l'attachement de mon père et maintenant elle le ressent encore au fond d'elle-même.
**Raymond :** Chacun de mes enfants a réagi de manière différente à la maladie et au placement de leur mère. Ma femme était très proche de son fils aîné. Chaque fois qu'il revient d'ici, il est effondré et reste longtemps à se dire : « Ce n'est pas possible. » Il vient malgré tout régulièrement. Notre fille aînée se refuse à voir sa mère ainsi. Elle ne voit que ce qui est négatif. Elle vient tous les trois mois. Notre seconde fille vient tous les quinze jours et Valérie toutes les trois semaines.

*Votre épouse est dans cette institution depuis deux ans et demi. Comment cela se passe-t-il ?*

**Raymond :** Le plus dur est maintenant derrière nous : la découverte du changement, l'annonce de la maladie, la tentative de la garder à la maison, le placement. Les familles de résidants ne seront jamais satisfaites à 100 % de la prise en charge de l'institution. C'est très différent de ce que l'on peut offrir à la maison et les soignants ne sont pas des proches. Ils ne peuvent pas apporter ce que nous apportons à nos malades. Nous n'avons pas beaucoup de relations avec l'institution. Nous voyons le médecin lorsque cela est nécessaire. Comme partout, il manque du personnel et les locaux, qui vont être reconstruits, n'offrent pas tout le confort nécessaire. Mais il y a eu de vraies améliorations, notamment à la cuisine. C'est très important.
**Valérie :** Quand je la regarde aujourd'hui, j'ai instantanément des flashs qui me rappellent comment elle était avant, toujours si gaie et si proche de nous. Je ne me fais pas à son regard hagard, à sa passivité, à son silence. J'ai l'impression de vivre un cauchemar. Je rêve très souvent d'elle. C'est toujours le même rêve : elle est guérie de sa maladie et est redevenue celle que nous avons connue avant. Je me demande souvent, au milieu de la journée, comment elle vit la sienne et ce qui se passe dans sa tête.

*Quels sont, selon vous, les points forts et les points faibles de l'institution ?*

**Raymond :** Parmi les points forts, il y a les interventions de l'animatrice et de la musicothérapeute. Ma femme reste très réceptive et réactive aux musiques qu'elle aimait. Il est inutile de passer aux personnes qui ont cette maladie des musiques qu'elles n'ont pas connues. Il faut donc cibler. Il y a aussi l'animation, la mise en place de repères autour des anniversaires, les gâteaux, etc. Dans les points faibles, il y a le manque de personnel et l'impact des locaux sur la qualité de vie des personnes. Lorsqu'ils seront reconstruits les personnes accueillies auront plus de confort et de soins et les soignants pourront mieux remplir leur mission. C'est ce que nous espérons. Et il y a l'opposition des familles et des soignants. Nous leur demandons de faire plus et ils ne veulent pas l'entendre. Nous voyons bien les problèmes d'organisation mais nous ne disons rien car nous ne voulons pas que notre proche en fasse les frais. Mais je constate que le dialogue est bien meilleur qu'avant.

*Pensez-vous garder des liens avec l'institution après ?*

**Raymond** : Il y a trois types de liens ici : les liens familiaux qui durent toujours, les liens entre résidants et soignants, et les liens noués dans le malheur avec les soignants et les autres familles. Je suis proche de certains conjoints qui viennent comme moi voir leur épouse chaque semaine. Nous déjeunons parfois ensemble. Mais ces liens du malheur, je ne sais pas s'ils se poursuivront après. Nous voyons partir des résidants et cela nous fait très peur. Un monsieur qui venait d'assez loin tous les jours a perdu sa femme il y a peu. Allons-nous le revoir ? Pourquoi ? Je ne sais pas.

Témoignage : Une mère et sa fille

*Germaine Benaud avec sa fille Scarlett Courvoisier-Wilson*

*Sa fille qui l'accompagne à chaque instant dit d'elle : « Même allongée dans son lit, elle se tient debout et fait face. Elle vit de manière paradoxale le processus de déclin physique qui la touche vraiment depuis à peine dix ans. D'un côté elle le subit, le refuse, le combat avec rage et colère. De l'autre elle est consciente de l'usure de son corps. Elle me dit souvent : "Je suis devenue fragile. La machine est usée mais le cerveau marche encore". » Germaine Benaud a fêté cette année, chez elle, ses cent deux ans, entourée de ses auxiliaires de vie, de son infirmière et de sa fille. Que pense-t-elle de l'accompagnement qui lui est procuré dans le cadre du maintien à domicile ? Que peut-elle nous dire de la relation avec sa fille ?*

Encore trop rarement réellement pris en compte, l'avis des personnes âgées en situation de grande dépendance nous touche par son extrême lucidité et par sa douleur. Une douleur qui est moins le fruit de l'avancée en âge que des violences « incompréhensibles » exercées à leur encontre au cours de l'accompagnement. Rencontre avec une vieille dame séduisante et séductrice qui analyse avec lucidité les effets du vieillissement dans sa vie, et avec sa fille.

D'emblée le ton est donné. À la question « Qu'est-ce que vieillir ? », la réponse de Germaine Benaud fuse. Malgré un mauvais virus attrapé lors d'une courte hospitalisation et un petit rhume, la voix est mordante et ironique : « Vieillir ? Il faut accepter ce qui vous arrive et, par le truchement de la mémoire, appeler le souvenir des bons moments du passé. Mais accepter ce qui vous tombe sur la tête, c'est justement ce que je ne fais pas. Je n'accepte pas de vieillir. » Jusqu'à une date récente, Germaine Benaud a pu profiter de la vie qu'elle aimait : aller dans les musées et dans les expositions, chez les antiquaires. Mais depuis qu'elle a perdu la vue et une grande partie de sa mobilité, ces sorties qui étaient sa bouffée d'oxygène ne sont plus possibles. Elle est désormais privée de ce qui lui importait le plus : « J'aime la beauté et j'en suis privée. Hormis quelques heures de joie et de bons souvenirs, je n'ai plus rien. »

Le goût du beau a joué un rôle essentiel tant dans sa vie personnelle que professionnelle puisqu'elle a créé dans les années trente un atelier de modiste. « Je créais des chapeaux pour des femmes qui s'habillaient, des élégantes et des actrices comme Gaby Morlay. Et ce qu'il y a de formidable, c'est que j'ai pu vivre de ce métier de création : grâce à lui, j'ai pu acheter une maison. Mon métier m'a donné l'autonomie complète et la satisfaction des femmes dont je m'occupais. » Le souvenir de son entrée en apprentissage pour exaucer son rêve de jeune fille est encore très présent. Il symbolise son indépendance et sa volonté d'émancipation. À l'époque, il n'existait pas de filière de formation pour ce métier à la fois très technique et délicieusement artistique : « Comme je rêvais de devenir modiste, je suis allée frapper à la porte d'un atelier. C'est un métier qui ne s'apprend pas dans une école mais qu'il faut sentir. C'est un métier qui exige des qualités d'artiste. »

Tout est dit : Germaine Benaud est une artiste de la vie. La musicalité de sa diction, l'élégance de ses tournures de phrases, la clarté de sa pensée témoignent d'une vie orientée vers un idéal de beauté et de maîtrise de soi, que le déclin physique saccage et prive de ses principaux centres d'intérêts et plaisirs. Aussi son constat est-il sans appel : « Je n'ai plus aucune vie. Tout ce que j'aimais a disparu : la lecture, les sorties, les bons repas, etc. Je ne vois plus : je ne peux ni lire un bon roman ni regarder la télévision. Je vis désormais dans le désert. La seule chose qu'il me reste, c'est l'amour de ma fille. »

On touche là au paradoxe même du maintien à domicile. La multiplication des acteurs et des intervenants pour entourer, accompagner et soigner les personnes dépendantes n'empêche pas ces dernières d'éprouver le sentiment de vivre dans un désert moral et affectif. La perte du conjoint, des amis, parfois des enfants ont brisé un à un tous les liens qui les unissaient à leurs contemporains. Et la disparition progressive ou brutale de certaines capacités motrices et sensorielles achève d'enfermer la personne dans sa mémoire qu'elle ne cesse de parcourir. Aussi l'arrivée des aides à domicile est-elle souvent vécue comme un traumatisme. Scarlett, la fille de Germaine, se rappelle qu'au début sa mère « a très mal supporté l'irruption chez elle des trois personnes de cultures différentes qui venaient pour l'aider. Je pense qu'elle a eu l'impression de perdre le contrôle de sa vie et de ne plus pouvoir prendre de décisions. La dépendance est pour elle une torture ». Germaine Benaud ne s'y est toujours pas fait même si elle en a accepté la nécessité pour pouvoir rester chez elle : « Je souffre du contact des aides ménagères tout en reconnaissant que grâce à elles je peux continuer de faire semblant de vivre. Car quand on a perdu les facultés qui permettent d'être en relation avec le monde, que vous reste-t-il ? Pas grand-chose. Je pense qu'il vaut mieux s'en aller. »

Vivant désormais avec elles au quotidien, elle formule clairement son refus de la dépendance et dresse un portrait terrible des aides à domicile : « Je déteste dépendre des femmes qui viennent m'aider. Les trois-quarts d'entre elles sont bêtes et jalouses. Quelques-unes pourraient avoir avec moi une espèce de collaboration, mais non. Je comprends que ces filles travaillent d'abord pour l'argent : elles font ce qu'elles ont à faire en vitesse puis s'en vont. Je leur reproche d'accomplir leur travail sans manière de faire, sans égards. Je déteste tout ce que l'on me fait. » Parmi toutes celles qui sont passées chez elles, une seule a trouvé grâce à ses yeux. Avec Madame Paul dont tout la sépare en apparence, Germaine Benaud a tissé une relation affectueuse, subtile, empreinte de considération réciproque. Une véritable amitié est née entre elles. L'aide à domicile, avec tact, sait se tenir sur plusieurs registres à la fois. « Je n'ai de contacts intéressants qu'avec madame Paul. Nous parlons de sa vie, de littérature... Elle me donne de sa personnalité : elle aime me soigner, ses gestes sont justes et accompagnants. » On comprend sans peine qu'un arrêt maladie de l'aide à domicile aimée prive la personne d'un accompagnement de qualité et lui donne le sentiment d'être renvoyée à la brutalité de la prise en charge anonyme et interchangeable, sans explication. Pourtant, malgré ce constat globalement peu positif, Germaine Benaud s'estime « *favorisée* ». Elle se demande comment les aides à domicile font pour supporter les personnes âgées auprès de qui les services les envoient : « Comment font-elles ? Cela ne doit pas être marrant de s'occuper d'une vieille femme qui radote parce qu'elle n'entend plus ! » Et malgré les désagréments et l'inquiétude que suscite immanquablement la dépendance totale, Germaine Benaud sait que ces femmes qui se relaient auprès d'elles lui « apportent beaucoup : la pratique d'un certain idéal ».

De son côté, comme nombre d'enfants accompagnant leurs parents âgés dépendants, Scarlett consacre toute son énergie à sa mère. À cinquante-neuf ans, elle éprouve le sentiment intense de vivre une

« expérience sans équivalent » : « j'ai peur de la perdre mais elle me fait vivre magnifiquement l'inéluctable ». Et cette peur de la perte du parent aimé est le combustible qui permet de tenir face à des situations relationnelles, techniques ou financières souvent douloureuses et inextricables. Des situations qui mêlent urgence de la solution à trouver et attente. Coordinatrice des soins et de l'accompagnement de sa mère, elle se tient à côté des professionnels : « Je vis au rythme de ma mère et de l'organisation mise en place par l'association de services à domicile. Je coordonne et surveille en permanence l'organisation qui doit lui permettre de rester chez elle. Je contrôle tout mais l'issue de tous ces efforts est inéluctable. Mon rôle est donc d'accompagner chaque jour le déclin de ses capacités. » Est-il facile pour autant de garder la juste distance entre ce rôle de coordination et le rôle de fille ? Scarlett ne cesse d'osciller entre compassion et sentiment de destruction de soi : « Avec de la distance, je compatis et je sais que je serai un jour comme elle, en colère contre la perte d'autonomie. Je détesterai que l'on gère ma vie à ma place et que l'on prenne des décisions à ma place. Lorsque je perds le recul nécessaire à cette analyse, la dépendance est très lourde. M'occuper en permanence de ma mère avec cette intensité et des sentiments contradictoires me prive de vie personnelle. Et cela me fatigue autant moralement que physiquement. » Ce sentiment de destruction de soi, comme l'a souligné Pierre-Marie Charazac[1], tient au caractère spécifique de la relation mère/fille. Scarlett en est très consciente : « La dépendance met en relief la rivalité mère-fille et les relations complexes et conflictuelles qu'elles entretiennent. Ma mère, à la fois réaliste et sentimentale, place très haut la barre de ses exigences. Je dois jouer plusieurs rôles et assumer plusieurs fonctions auprès d'elle, et ce depuis toute petite. Ainsi, il me paraît difficile d'accéder à un statut d'égale et de semblable, d'être reconnue comme une personne à part entière. Et ce d'autant plus qu'elle est entrée désormais dans la phase du souvenir. Enfin, la relation est rendue difficile par des piques et des remarques qui sapent tout désir de bien faire et toute bonne volonté. » Cette prise de recul permet à Scarlett d'analyser la manière dont elle conçoit ses exigences dans le maintien à domicile de sa mère. Elle lui permet de lutter contre son angoisse de la disparition de sa mère : « Je crois que dans la relation avec

1. Entretien avec Pierre-Marie Charazac, p. 133.

une personne dépendante la gestion de l'organisation est un refuge. Je me rends utile pour calmer les angoisses que soulève la situation. Pendant que je cours entre organisation logistique du quotidien et attentions à la personne, j'oublie cette angoisse du déclin inéluctable. »

Si Scarlett attend de sa mère des mots que celle-ci semble lui refuser, Germaine Benaud est consciente des effets de la dépendance dans la vie de sa fille. Elle perçoit la pression que les responsabilités liées au maintien à domicile et à son bien-être exercent sur cette dernière. Mais il semble bien que la dépendance ne puisse déboucher pour la personne âgée que sur un sentiment douloureux de culpabilité. Impossible de peser moins sur sa fille sans être séparée d'elle, ce qui n'est pas concevable : « Ma fille perd ce qui lui reste à vivre en restant ainsi auprès de moi. Elle gâche son temps de vie. C'est aussi pour cela qu'il vaut mieux s'en aller. Qu'est-ce qu'on fait lorsque l'on est dépendant comme je le suis maintenant ? On embête tout le monde. À l'exception de ma fille, tout ce qui m'était joie, m'est désormais refusé. »

L'accompagnement tisse des relations nouvelles entre parents et enfants. L'inversion des fonctions plus que des rôles amplifie et exacerbe les sentiments de toute une vie. Quel bilan tirer de cette présence au quotidien auprès d'une personne qui décline mais aussi peut vivre pleinement chaque instant ? Si les points négatifs sont faciles à identifier (« c'est agaçant, prenant, douloureux, épuisant, de plus en plus lourd et stressant »), il n'en reste pas moins qu'il s'agit pour tous d'un moment exceptionnel de la vie, qui enrichit l'existence de l'un et de l'autre : « Je rencontre beaucoup de monde dans le service d'aide à domicile et à l'hôpital. Je dialogue avec ces personnels qui contribuent à son bien être et à sa sécurité. Les femmes qui interviennent à la maison sont d'une autre culture que celle de ma mère mais ce sont des femmes de cœur, profondément religieuses. Entre elles le dialogue est bon même si de part et d'autre ce n'est ni évident ni si facile. Ma mère le sait qui se sent aidée par ces présences chaleureuses. Elle me dit souvent : "Je suis privilégiée car j'ai autour de moi des gens aimants même s'il y a trop de passages et que cela m'agace". Ces échanges m'enrichissent aussi. Autour de la prise en compte des besoins de ma mère, je sens que l'on parle de la vie réelle, de la vie vraie. Cet accompagnement m'a rapprochée de ma mère. La perspective de l'échéance suprême fait que l'on ne se raconte plus d'histoires. »

# Comment les enfants s'occupent-ils de leurs parents ?

## Pratiques et logiques filiales

Simone Pennec, sociologue

L'importance du soin familial a été mise en évidence dans le cas des hospitalisations à domicile (Bungener, 1988) et en ce qui concerne le travail de santé des parents face à des maladies chroniques lourdes (Cresson, 1995, 2000). On sait ainsi que les personnes en situation de handicap sont « prises en soin » en premier lieu par les membres de leur famille et de leur entourage, auxquels viennent s'ajouter les services d'aide et de soins professionnels. En revanche, c'est plus récemment que le soin des enfants envers leurs ascendants a fait l'objet d'études qui montrent l'ampleur de ce travail de famille. Par ailleurs, les enquêtes statistiques qui délimitent ce travail des membres de la famille ne permettent pas de rendre compte de la complexité de l'exercice de la filiation ainsi éprouvé. Après un état des lieux des activités réalisées par les actrices-acteurs de ces services dans la parenté, notre réflexion propose au lecteur une mise en perspective des différentes manières de réaliser ces activités de soutien filial et de leur donner sens.

## État des lieux : les membres de la famille mobilisés pour le soin envers leurs parents

Notre objet principal porte sur une analyse compréhensive des activités filiales et du sens qui leur est attribué. Mais il est utile de faire appel aux récentes données statistiques pour situer le travail de famille dont il va être question par la suite. Cette présentation sera brève, les trois tableaux retenus donnant à voir les personnes qui soutiennent leurs parents, le type d'activités réalisées selon le sexe et la place familiale et, enfin, l'influence du milieu social sur l'usage des services professionnels.

**Tableau 1 : Les actrices et acteurs familiaux du soutien envers les femmes et les hommes âgés en situation de handicap**

| | Hommes âgés | Femmes âgées |
|---|---|---|
| **Fille** | 34 % | 47 % |
| **Belle-fille** | 6 % | 6 % |
| **Conjointe** | 43 % | |
| **Autre femme** | 3 % | 6 % |
| ***Total femmes*** | ***86 %*** | ***59 %*** |
| **Fils** | 12 % | 23 % |
| **Conjoint** | | 14 % |
| **Autre homme** | 2 % | 4 % |
| ***Total hommes*** | ***14 %*** | ***41 %*** |
| | 100 % | 100 % |

*Source : S. Renaut, LGDJ, 2000.*

**Tableau 2 : Répartition des activités réalisées selon le genre et selon la place de conjoint ou d'enfant**

| Activités | Femmes | Hommes | Conjoint-e-s | Enfants | Filles Belles-filles | Fils Gendres |
|---|---|---|---|---|---|---|
| Soins personnels | 46 % | 26 % | 49 % | 24 % | | |
| Tâches ménagères | 65 % | 45 % | 71 % | 46 % | 55 % | 25 % |
| Défense des droits et intérêts | 50 % | 50 % | 30 % | 50 % | 49 % | 54 % |
| Gestion du budget | 50 % | 50 % | 48 % | 66 % | | |

*Tableau à partir de HID 1999, Insee, DREES, Études et Résultats, n° 142.*

••• LES ACTIVITÉS RÉALISÉES AUPRÈS DE LA PERSONNE AIDÉE

*Dans l'enquête HID, la personne interrogée précisait les activités réalisées par les soutiens familiaux parmi les 10 activités suivantes :*

1. Aider aux soins personnels (toilette, habillage, repas...).
2. Se déplacer dans le logement.
3. Sortir du logement.
4. Défendre des droits et des intérêts.
5. Aller voir le médecin, s'occuper des problèmes de santé.
6. Gérer le budget, s'occuper des papiers et des démarches administratives.
7. Faire les courses, acheter les médicaments.
8. Accomplir les tâches ménagères (faire le ménage, la lessive, le repassage, préparer les repas).
9. Assurer une présence, une compagnie.
10. Autres (lecture pour les aveugles, traduction pour les sourds...).

**Tableau 3 : Répartition des services selon les groupes sociaux des personnes aidées**

| **Catégories socio-professionnelles** | **Proches exclusivement** | **Professionnels exclusivement** | **Proches et professionnels** | **Total proches** | **Total professionnels** |
|---|---|---|---|---|---|
| Cadres/professions intellectuelles supérieures | 30 % | 39 % | 31 % | 61 % | 70 % |
| Professions intermédiaires | 40 % | 29 % | 31 % | 71 % | 60 % |
| Employés | 41 % | 25 % | 34 % | 75 % | 59 % |
| Artisans/commerçants/chefs d'entreprise | 47 % | 23 % | 30 % | 77 % | 53 % |
| Agriculteurs exploitants | 55 % | 11 % | 34 % | 89 % | 45 % |
| Ouvriers | 59 % | 17 % | 24 % | 83 % | 41 % |
| **Total (toutes catégories socioprofessionnelles cofondues)** | 50 % | 21 % | 29 % | 79 % | 50 % |

*Tableau à partir de HID 1999, Insee, DREES, Études et Résultats, n° 142.*

Ces trois tableaux montrent l'importance du travail des filles ainsi que les différences entre les activités exercées par les hommes et par les femmes. Mais ces éléments varient fortement selon les milieux sociaux dans la mesure où les plus aisés ont davantage recours aux interventions des professionnels, ce qui réduit pour leurs « aidants familiaux » la part des activités contraintes.

Mais c'est aussi par les histoires de famille, élaborées à partir des récits de plusieurs membres de la parenté, que nous avons cherché à comprendre la manière dont s'articulaient les activités des différents parents. Malgré les informations tirées des données quantitatives, plusieurs difficultés demeurent lorsqu'il s'agit de rendre compte des positions – activités et sens attribué – qui donnent forme aux relations entre les ascendants et leurs enfants.

Ainsi sont à prendre en considération les rapports hommes-femmes et les rapports de classes, à l'échelle de la société comme au sein d'une même famille, les places respectives dans les lignées, les effets des moments dans le parcours de vie de chacun, la composition des différentes familles et les cumuls de rôles (conjugaux, parentaux, etc.).

De plus, au sein d'une même famille, ce sont tous les membres ou seulement quelques-uns d'entre eux qui peuvent prendre part et entrer en action, soit de manière complémentaire et concertée, soit de manière juxtaposée, voire opposée, leurs attitudes à l'égard des services professionnels pouvant également varier. Parmi les membres de la famille, la « personne de référence » pour un service à domicile n'est pas automatiquement le « tuteur » pour un dossier administratif et pour la gestion des biens, ni systématiquement la « personne de confiance » pour une hospitalisation, etc. Ces personnes peuvent également être différentes de celles qui assurent le suivi de la vie quotidienne et parfois les soins, d'autres encore pouvant s'intéresser plus particulièrement aux sorties et aux visites à organiser avec le parent.

Au sein des configurations familiales, nous avons cherché à mieux comprendre les interactions entre les membres d'une famille lorsque l'un des ascendants vit des situations de handicap et, plus particulièrement, les positions des enfants à travers leurs activités et le sens qu'ils donnent à leur soutien filial[1].

Dans les sous-parties qui suivent, nous préciserons les diverses formes selon lesquelles s'expriment les liens de filiation, d'une part, à partir de l'analyse des activités – présentées dans leur globalité sous le terme de pratiques filiales – et, d'autre part, à travers l'étude du sens donné à ces attitudes et à ces pratiques – proposé ici sous l'expression de logiques filiales. Ces analyses s'appuient sur des entretiens réalisés auprès de filles et de fils, communément étiquetés « aidants familiaux[2] ».

---

1. La recherche s'appuie sur la réalisation de monographies et d'entretiens auprès de personnes âgées en situation de handicap, de leurs conjoints et de leurs enfants. Selon les études réalisées, plusieurs membres des familles ont pu être rencontrés, dans d'autres cas seule la personne considérée comme le soutien le plus présent a été interrogée, parfois en compagnie de l'ascendant. Une part des entretiens repose sur plusieurs rencontres. L'analyse proposée ici a pris en considération une centaine de situations qui ont donné lieu à un traitement secondaire pour préciser le travail de famille des fils, celui des filles et celui des conjoints (seul le travail des fils a fait l'objet d'un rapport, les deux autres études étant en cours).

2. Lorsque l'expression « aidant familial » est utilisée dans ce texte, il s'agit des catégories en usage

C'est l'état de santé des ascendants qui détermine leur entrée dans la carrière de soignant familial, précocement et pour une longue durée, ou plus tardivement, soit pendant la fin de carrière professionnelle, soit après le passage à la retraite.

## Pratiques filiales : la pluralité des formes du travail exercé par les descendants

L'étude de la diversité des configurations familiales met en évidence les formes, elles aussi diversifiées, des activités réalisées par les descendants, qu'ils soient des acteurs principaux ou des acteurs secondaires du soutien à leurs ascendants, ainsi que leurs positions par rapport aux services professionnels. Ces pratiques filiales évoluent au cours du temps.

Quatre types de positionnement donnent à comprendre et à lire la manière dont les enfants réalisent les différentes activités nécessaires au soutien et au soin envers leurs ascendants ; la cinquième catégorie présentée concerne en même temps une position et un processus, celui de retrait. Cette catégorisation distingue ainsi des descendants en position : de « première ligne », de dynamique d'organisation des services, de gestion des affaires, ou de fonction de relais. Il faut souligner dès à présent que ces attitudes, et les activités qui leur sont propres, concernent plus précisément un enfant au sein d'une famille, et ce, à un moment particulier de son parcours. Ce qui impose de prendre en considération les changements susceptibles de se produire dans les façons de faire de cet enfant. Or, les configurations familiales s'avèrent complexes dans la mesure où elles mettent en présence plusieurs lignées et, généralement, plusieurs membres d'une même fratrie. Ces derniers peuvent se placer, dans leurs relations envers leurs ascendants et entre frères et sœurs, sur des pratiques similaires ou différentes, et ce, de manière

---

dans les données et les tableaux cités. Cette expression est utilisée par les professionnels des différents services de soin et d'aide à domicile, par les politiques, et reprise par nombre de chercheurs. Elle nous semble peu pertinente pour rendre compte de la complexité des configurations des acteurs familiaux et professionnels ainsi que de la diversité des pratiques et des enjeux présents dans les interactions. On peut noter que lorsque les ascendants sont placés sous mesure de protection juridique, les descendants sont alors dénommés « enfants tuteurs ».

complémentaire et consensuelle ou conflictuelle. De plus, des différences apparaissent entre les descendants selon leurs statuts matrimoniaux et leurs niveaux de ressources ainsi que selon le genre et le rang dans la fratrie.

L'ensemble de ces éléments contribue à façonner la diversité des attitudes au sein du système global des activités de soutien aux ascendants. La complexité des pratiques filiales ne peut donner lieu qu'à une approche restreinte, qui prend ici la forme d'un classement en cinq positions dont la finalité est de mieux comprendre la pluralité de l'expression de la filiation. Distinguons donc ces pratiques filiales.

**Assurer les activités de soutien en « première ligne »**

Les descendants qui se retrouvent en première ligne dans l'accompagnement au quotidien de leurs parents cumulent les activités d'entretien, de soin, d'organisation des services et de gestion des papiers. Il leur revient également d'assurer le maintien de la sociabilité par l'ouverture de l'espace domestique à autrui et par les sorties éventuelles du parent. C'est principalement dans ce groupe que se recrutent les enfants « employés de leurs parents » dans le cadre de l'APA qui peut indemniser, pour une très faible part, le travail de santé ainsi assuré.

Ces enfants sont principalement des filles, mais aussi quelques fils, les unes et les autres vivant assez fréquemment en cohabitation avec leurs ascendants ou à proximité et assurant dans ce cas une présence au quotidien. Une part de ces enfants est en situation de célibat, de veuvage ou de séparation conjugale. Pour nombre d'entre eux, le fait de « s'occuper des parents », très majoritairement la mère, est présenté comme une occupation valorisée pour soi, tout au moins au début du soutien et tant que les handicaps du parent n'imposent pas une présence de tous les moments ou la survenue de difficultés relationnelles. D'aucuns évoquent également l'aspect financier, l'APA venant constituer un certain équilibre budgétaire entre les ressources du parent et celles de l'enfant, faibles de part et d'autre, par exemple, lorsque ce dernier se retrouve au RMI ou en situation de chômage pour diverses raisons : maladie, handicap, licenciement.

Dans ces situations de première ligne, les enfants qui vivent en couple répartissent parfois leurs activités entre conjoints ou, plus souvent, les conjointes sont secondées par leurs époux en place de gendre ou en place de fils. Enfin, dans quelques situations en particulier en milieu rural, ce sont les belles-filles qui assurent la plus grande part du travail filial de leur conjoint, ce dernier apparaissant comme un simple relais ou remplaçant ponctuel. D'autre part, certains couples se retrouvent aux prises avec le soutien envers les ascendants des deux lignées. Soit le couple répartit les activités entre les deux conjoints, soit les ascendants sont accueillis simultanément à leur domicile, soit encore chacun vit pour un temps au domicile de ses parents. Enfin, certains fils salariés APA sollicitent le transfert de cette affectation à leur conjointe dès lors qu'elle se retrouve elle-même libérée du soutien à ses ascendants. Les motivations évoquées pour ce transfert mettent en avant l'intérêt pour les femmes d'acquérir quelques points supplémentaires de retraite.

Dans ces situations, les risques de huis clos familial et d'enfermement dus au travail de famille sont accrus lorsque l'enfant est rémunéré au titre de l'APA et qu'il cohabite avec son parent – situations qui conduisent également le plus souvent à limiter l'usage des services professionnels. Enfin, les milieux sociaux des ascendants comme des descendants constituent un des éléments déterminants de ce type de pratiques filiales. Comme le montre le tableau 3, les services professionnels sont moins usités dans les milieux modestes, conduisant les enfants les moins dotés à exercer le soin filial (avec une faible indemnisation dans le cadre de l'APA). C'est le cas d'un fils, célibataire, sans activité professionnelle pour cause d'invalidité, qui va accueillir à son domicile sa mère disposant du minimum vieillesse ; du fait de l'indemnisation d'une part de son travail au titre de l'APA attribuée à sa mère, il déclare qu'ils arrivent ainsi « à mieux joindre les deux bouts ». De même, une femme RMiste ainsi que sa fille lycéenne sont venues vivre chez leur mère et grand-mère, de manière à l'aider et à disposer de l'indemnisation APA. Une autre femme, célibataire, vit avec sa mère, un frère et une sœur en appartement. Ses frère et sœur travaillent à l'extérieur tandis qu'elle s'est vu proposer de devenir « employée de sa mère » dans le cadre de l'insertion des attributaires du RMI.

### S'inscrire dans une dynamique d'organisation des services

Pour d'autres enfants, les difficultés de leurs ascendants donnent lieu à la recherche des services et prestations susceptibles de faciliter le travail de famille. Les fils et les filles s'investissent alors dans la coordination des services, ceux de la parenté et ceux des organismes professionnels ou d'emplois de gré à gré. Les activités réalisées par les différents enfants se distinguent assez nettement, les fils et parfois les gendres organisant et s'occupant de l'administration et « des affaires extérieures » tandis que leurs sœurs ou leur conjointe prennent soin des affaires domestiques et de santé. Dans certains cas, les filles et belles-filles sont rémunérées dans le cadre de l'APA après des démarches engagées par un fils ou un beau-fils qui règle les questions administratives liées à l'obtention de l'APA puis à son suivi, voire à son augmentation.

Ces rôles relèvent plus souvent des activités des enfants dont la situation sociale est la plus aisée dans la fratrie tandis que les activités domestiques et de soin sont plus souvent assurées par les membres des catégories les plus modestes. Par ailleurs, les fonctions d'organisation des services ne s'exercent pas de manière semblable lorsqu'elles sont tenues par des filles ou par des fils. Les hommes se limitent plus à ce niveau d'activité, même s'il leur arrive de remplacer un autre enfant en place de soignant, tandis que les femmes organisatrices étendent le périmètre de leurs activités très fréquemment aux fonctions de l'entretien et du soin. Néanmoins, cette position organisationnelle est recherchée, par plusieurs filles et par les fils, comme une façon de se prémunir contre un trop grand « envahissement » du travail filial.

### Effectuer la gestion des papiers et du patrimoine

Les activités de gestion sont présentes lors du soutien aux parents pour le suivi des papiers d'ordre divers – Sécurité sociale, assurances, impôts, banques – et pour les factures régulières concernant le quotidien ainsi que les frais de personnel et le coût des services. Si les femmes disent « s'occuper de la paperasse », c'est aux hommes que reviennent plus souvent les affaires de patrimoine et la gestion des biens des ascendants, et donc des héritages à venir. Les études statistiques signalent clairement cette présence des hommes dans les activités de gestion et de défense des droits de leurs parents, à égalité avec les femmes dans cette fonction, alors qu'ils sont nettement moins présents dans les activités d'entretien et de soin (cf. tableau 2). De même, lorsque les ascendants sont soumis à des mesures de protection de justice, les tutelles ou curatelles sont exercées à équivalence par les fils et par les filles.

Les distinctions sont ici quelque peu semblables à celles présentes chez les organisateurs et organisatrices. D'une part, les enfants gestionnaires se recrutent plutôt dans les catégories moyennes ou plus aisées parmi les membres de la fratrie, et, d'autre part, les filles associent plus souvent à la gestion des activités directes de santé et des préoccupations en ce sens envers les professionnels. Pour autant, par différenciation avec les « organisateurs », les enfants gestionnaires n'investissent pas dans la dynamique de la parenté pour organiser l'ensemble des services ni dans la coordination des services professionnels en vue du maintien du mode de vie de leurs ascendants. C'est la délimitation de leurs activités sur le plan de la bonne tenue des papiers et des comptes qui importe. Dans ces configurations familiales, les pratiques des enfants se juxtaposent plus qu'elles ne font l'objet de concertations entre eux et avec les différents services professionnels.

**Se cantonner à des fonctions de relais ponctuel**

La fonction de relais est celle dans laquelle un enfant, en place seconde par rapport à un autre enfant, répond aux sollicitations pour des activités ponctuelles, parfois spécifiques (bricolage, déplacement) ou de remplacement de courte durée. C'est parfois à l'occasion de l'accroissement des difficultés, rencontrées par l'ascendant mais aussi par l'enfant qui assure la majorité des services, que les autres descendants sont appelés à exercer des fonctions complémentaires ou à partager, par exemple, l'accueil ou le soutien lors des week-ends et des vacances.

Dans quelques situations de cohabitation, le fils peut se présenter en simple exécutant pour des coups de main ; c'est alors la belle-fille qui assure la plus grande part du travail filial en lieu et place de son conjoint. La justification exprimée pour cette répartition des tâches s'appuie sur la nature du travail considéré comme relevant de l'activité féminine. Le travail des fils, ainsi délégué à leur conjointe, se conforme là à une répartition semblable sur l'ensemble des familles, les sœurs étant dispensées d'activité de soutien lorsqu'elles sont elles-mêmes confrontées à la « prise en soin » de leurs beaux-parents. Dans un tel schéma, les filles et belles-filles, parfois les petites-filles, sont souvent en première ligne, les fils étant crédités d'une bonne volonté dès lors qu'ils ne s'opposent pas aux formes de soutien de leurs conjointes et qu'ils les aident ponctuellement – forme privée particulière « d'aide aux aidants » qui renforce la part des femmes dans les assignations[3] du travail domestique et de santé.

**Les processus de retrait**

Quelles que soient les modalités pratiques de la filiation, des processus de retrait peuvent faire suite aux engagements, tout comme d'autres formes de mise à distance peuvent avoir été établies par certains descendants. Plusieurs événements peuvent conduire à se retirer soit pour éviter de se retrouver en première ligne lors de l'accroissement des incapacités des parents, soit pour fuir les positions conflictuelles entre membres de la fratrie, par exemple sur la question de l'entrée en établissement, soit encore pour faire face à ses propres problèmes de santé ou aux sollicitations du conjoint et des générations descendantes. Ces processus de désengagement sont difficiles à négocier, envers le parent comme pour soi. De plus, ils ne sont pas toujours compris et compensés par les services professionnels, pour lesquels l'assurance d'une forte présence familiale est un gage de partage de responsabilité. L'entrée en établissement met aussi à mal le suivi des relations tissées auparavant lorsque les nouveaux accompagnants du parent, à savoir les professionnels, ne paraissent pas disposés à concevoir, ni parfois à entendre, le souci de l'ascendant exprimé par les enfants, pourtant précédents accompagnateurs parfois sur une longue durée. Les recherches précisent par ailleurs que ces retraits varient selon les activités, comme l'indique le retour des hommes aux charges de famille lorsqu'il s'agit de la gestion, en particulier des patrimoines[4].

D'autres enfants retirés des affaires de famille apparaissent aussi dans les propos des autres membres de la parenté. Outre les « perdus de vue » qui informent et s'informent peu quant aux situations

---

3. Le travail familial en matière de santé est considéré comme relevant du savoir-faire des femmes, auxquelles sont attribuées « par nature » les activités et la responsabilité des soins ; cette assignation les place en première ligne pour les tâches et leur organisation, les hommes se situant majoritairement en place seconde de relais ponctuel.

4. Nous renvoyons le lecteur à la recherche menée sur la protection des personnes sous mesure de protection de justice au sein de la parenté (Le Borgne-Uguen, Pennec, 2005).

respectives, certains enfants sont peu sollicités, y compris lors de décisions concernant l'ascendant et leur présence semble peu attendue. Outre les prises de distance de la part de certains enfants, sont aussi à l'œuvre des mises à distance : il est des enfants dont il n'est rien attendu, d'autres dont il est peu attendu et d'autres dont les services éventuels sont déclinés. Les raisons en sont certes les conflits de famille mais aussi les incapacités attribuées à certains enfants au nom de divers handicaps ou de problèmes sociaux. Les services dans la parenté connaissent aussi des indésirables dont les interventions sont craintes et parfois interdites, et les fonctions filiales à tenir s'ajustent alors entre personnes de décision, personnes d'exécution et personnes non consultées.

## Logiques filiales : trois portraits exprimant le vécu des liens de filiation

Au-delà des modalités de mise en œuvre des activités réalisées, confrontés aux besoins de soutien de leurs ascendants et à leur vulnérabilité, les enfants expriment des logiques différentes pour rendre compte de ce qu'ils font et du sens qu'ils donnent aux liens de filiation. L'objet des trois portraits suivants consiste dans la mise en évidence des argumentaires tenus par les enfants, qui distinguent des logiques marquées par les relations entretenues entre descendants et ascendants, de longue date, puis dans les moments où la vulnérabilité des ascendants confronte les autres parents à leurs propres vulnérabilités et à la finitude des uns comme des autres.

Nous verrons en conclusion comment, malgré des argumentaires différents, certains enfants peuvent se retrouver dans des pratiques filiales proches, principalement sous l'influence des conditions socio-économiques.

### Les enfants qui veulent continuer l'accompagnement « comme toujours »

Dans ces situations, les descendants présentent leur accompagnement comme un parcours de longue durée, ayant été « proches » de leurs parents depuis toujours. Le contexte sociodémographique joue, pour partie, dans la construction de cette proximité[5]. Les mères sont veuves parfois de longue date et nombre de filles sont des conjointes de marins ou de militaires, situation qui a déterminé leur place de « femme au foyer » et qui les a laissées généralement seules durant plusieurs périodes. À cette occasion, elles ont souvent poursuivi de fortes fréquentations avec leurs ascendants. Les enfants célibataires, filles et fils, qui vivent à proximité et parfois en cohabitation connaissent également cette forme de compagnonnage au long cours. Par ailleurs, la position en place d'aîné dans la fratrie est fréquente, en particulier celle d'aînée des filles.

Ces dimensions se traduisent souvent par une proximité affective, et ces enfants se présentent soit comme les confidents privilégiés de leurs mères, soit comme ceux qui les ont secondées dans l'organisation de la maisonnée. Mais, ces enfants présentent aussi les bénéfices en retour sur lesquels ils ont pu compter pour eux-mêmes et pour leurs propres enfants, sur le plan du soutien moral, de la présence et de l'entraide, et sur le plan financier selon les ressources de leurs parents. Il leur paraît alors que cette proximité de toujours ne peut pas être prise en défaut au moment où leurs ascendants (les mères généralement, mais aussi les pères lorsqu'ils sont veufs ou qu'ils se trouvent aux prises avec la maladie de leur épouse) rencontrent des difficultés sous diverses formes.

La logique de réciprocité, du « rendu » n'est pas entendue comme une obligation ou une dette. Elle engage néanmoins les descendants dans un processus au long cours dont la rupture est difficilement envisageable au regard des valeurs affirmées. Plusieurs conditions facilitent la concrétisation de ce souci de perpétuation familiale des échanges. Un consensus familial, entre membres de la fratrie et entre conjoints, fonde une dynamique d'entraide et de reconnaissance des compétences de celle ou de celui qui prend soin des ascendants, sous des formes variées d'arrangements familiaux. Le soutien et le soin aux ascendants sont alors des principes partagés même si les pratiques s'avèrent inégales, ou pour le moins différentes, les femmes étant communément désignées et s'autoattribuant des rôles majeurs dans les activités de soutien.

---

5. Les études ont été menées dans la région Bretagne, autant en zone urbaine qu'en secteur rural et dans les communes du littoral. Pour les générations dont il est question, les mères veuves sont pour un bon nombre des « veuves de guerre » et des veuves de « péris en mer ».

Mais d'autres facteurs peuvent contribuer à fragiliser ces engagements. La longueur même d'une telle carrière de soignant profane n'est jamais envisagée au moment de l'entrée dans ces fonctions et la cessation de ces soutiens « naturels » est difficilement anticipée. Pourtant, outre l'évolution des besoins des ascendants, leurs propres soucis de santé et d'autres événements peuvent imposer des tournants de vie aux filles et aux fils, mettant à mal leur présence alors même que tout désengagement remet en question leurs propres principes filiaux d'accompagnement. Les possibles soutiens relèvent alors des autres apparentés et des services professionnels, et l'enjeu d'une nouvelle organisation de soin porte sur la qualité de la conciliation entre les savoirs et les pratiques mis en place par ces soignants familiaux et les pratiques des professionnels.

**Les enfants qui cherchent à renouer une relation de filiation « avant qu'il ne soit trop tard »**

Si, dans le cas de figure précédent, les enfants se présentent d'emblée comme s'étant « toujours très bien entendu » avec l'ascendant au point d'en être « le confident » ou « le plus proche » ou encore « le préféré », d'autres enfants déclarent, dès le début de leur récit, qu'ils n'étaient pas des « élus ». Leurs parents sont ici présentés sous des aspects plus divers et moins valorisés. Les mères ne sont pas prises pour modèle ni présentées telles des « Mère Courage ». Pour autant, l'objectif de ces descendants est de conquérir une place de bon enfant, et parfois celle du meilleur enfant. Estimant « ne pas avoir été désiré », ou bien, « ne s'être jamais beaucoup entendu avec mère et père », ou encore, ne pas avoir éprouvé de sentiments d'affection à leur égard, ces enfants semblent en quête d'une ré-affiliation avant que leur parent ne disparaisse. Ces logiques sont plus fréquemment exprimées à l'égard du dernier ascendant lorsque l'accent est mis sur la dernière étape de sa vie et que, par ailleurs, il est fait état de l'absence d'accompagnement à l'occasion de la fin de vie de l'autre ascendant et des insatisfactions éprouvées par la suite.

Dans ces cas de figure, c'est moins le consensus entre frères et sœurs qui est recherché que la relation directe, en duo, avec l'ascendant, l'enfant désirant montrer à quel point il peut prendre soin de son parent quel qu'ait été leur passé ou à cause de celui-ci. Cette place est parfois à conquérir, par rapport aux autres apparentés, et dans la fratrie en particulier. C'est à une restauration de liens de filiation singuliers, idéaux et idéalisés, que se consacrent alors les enfants, centrés sur la recherche de relations à deux plus que sur le collectif de parenté. Si les services professionnels sont sollicités, c'est à la condition de respecter cette relation intense entre enfant et parent et d'entrer en harmonie avec l'organisation du soutien définie par ces enfants. Dans ces situations, les activités de soutien, bien que plutôt envisagées au départ selon un modèle organisationnel, peuvent s'étendre au soin direct envers le parent.

Ces divers éléments peuvent conduire à donner une dimension plus intime à l'exercice même des activités de soutien, à le personnaliser, voire à le « privatiser » fortement. Dans certaines de ces situations, des formes d'accaparement du parent peuvent se manifester. Elles contribuent alors à en éloigner les autres apparentés, parfois au risque d'un face-à-face entre parent et enfant lorsqu'il y a cohabitation. Cette dernière peut exister depuis toujours ou bien résulter de l'accueil des ascendants au domicile d'un enfant, parfois après une période d'hospitalisation ou d'hébergement collectif mal vécue par ces enfants. Si l'engagement est ici souvent de moins longue durée que dans la logique précédente, il peut aussi s'inscrire de manière précoce, et comporte une intense charge affective et émotionnelle. Tout semble se jouer et se nouer comme s'il s'agissait de réussir à tout prix une étape ultime de l'histoire filiale « avant qu'il ne soit trop tard ».

**Les enfants à la recherche des meilleurs services professionnels**

Pour d'autres enfants, les liens de filiation se traduisent par la recherche des services professionnels considérés comme les plus adéquats et par rapport auxquels sont définis des objectifs précis de qualité en vue du bien-être de l'ascendant. C'est un autre agencement dans les relations intergénérationnelles qui est proposé face aux situations de vulnérabilité. Les obligations intergénérationnelles sont situées sur le plan de l'ensemble de la société tout autant que sur le plan intrafamilial. Au niveau de la famille, tout en citant les souhaits de leurs ascendants quant aux modalités de leur prise en soin, ces descendants font valoir les changements d'époque ainsi que d'autres sollicitations, en provenance de leurs propres descendants. « On a plus de devoirs envers ses enfants qu'envers ses parents », tel est le sens donné aux obligations de famille. S'ils n'opposent pas les rôles, qu'ils tiennent à assurer à l'égard de l'ensemble des générations, ils considèrent que les besoins de leurs ascendants relèvent aussi du registre des services professionnels et, plus globalement, du système collectif de protection sociale.

Dans les contacts avec les services professionnels, leurs récits mettent en avant le souci de préservation de l'identité de leur ascendant et les exigences revendiquées à cet égard. Leur travail filial porte sur la recherche et la sélection des meilleurs services de santé, de personnels à domicile ou en établissement, et sur un ensemble d'activités administratives de suppléance des ascendants. L'ordonnancement familial souhaité met en avant la répartition des activités et des temps de présence entre les enfants, selon un principe d'égalité ou pour le moins d'une plus grande équité, pour le soutien moral, les loisirs et le maintien des sociabilités.

C'est sur le plan de l'ensemble social que sont situées les obligations intergénérationnelles, étant donné que le système de protection sociale et l'organisation des services sociaux et de santé se doivent, à leurs yeux, de prendre soin des personnes malades et vulnérables. Parlant de leurs ascendants, ces enfants utilisent d'ailleurs l'expression « personnes âgées dépendantes », le plus souvent pour dénoncer les insuffisances des services (à domicile et en établissement), les carences du système hospitalier et de la gériatrie, et l'inadéquation des prises en charge financières. Plus globalement, c'est l'État qui est mis en accusation pour l'abandon des vieux, leurs propos récusant le procès fait aux familles à ce sujet. La dette à l'égard des anciens est ainsi renvoyée vers les systèmes collectifs de protection sociale et de santé dont ces enfants considèrent qu'ils sont contributeurs, tout comme les ascendants au nom desquels ils réclament leur dû.

Pour les enfants qui s'inscrivent dans cette logique, le poids de la dette semble moindre à plusieurs titres. À ce transfert de responsabilité vers les instances publiques s'ajoutent fréquemment de plus grandes capacités financières d'accès aux professionnels, renforcées par la marchandisation des services et les mesures de défiscalisation. Les enfants ont ici plus de possibilités pour choisir entre « soins familiaux ou soins professionnels » (Favrot-Laurens, 1995) et pour « faire faire » plutôt que de faire eux-mêmes (cf. tableau 3, p. 108). Néanmoins, c'est toujours au nom de la dette filiale que s'expriment les demandes de collaboration et les exigences envers les services professionnels auxquels est déléguée une part seulement des activités de soutien des ascendants. De plus, si donner des soins directs à son père ou à sa mère est pensé comme « contre nature », le changement entre les pratiques antérieures des ascendants et celles que choisissent ici les enfants ne va pas de soi, tout particulièrement pour les filles qui peinent souvent à trouver leur « juste place » entre ce qu'elles pensent être le souhait de leur ascendant et leur propre désir.

## Pour conclure

Qu'advient-il des relations entre enfants et parents lorsque ceux-ci ne peuvent plus tenir les commandes de la famille, voire de leur propre corps et parfois esprit ? La présentation conjuguée des pratiques et du sens attribué aux liens de filiation permet de mieux le comprendre. Une question mérite d'être approfondie : celle de l'interdépendance entre les activités réalisées et les logiques proposées par les enfants. À première vue, par exemple, nous pourrions penser que les enfants qui considèrent « contre nature et d'une autre époque » le fait de donner des soins à son père ou à sa mère, ont peu de probabilités de se retrouver en « première ligne ». Or, ces situations existent et nous rappellent qu'il n'y a pas toujours correspondance entre la logique de filiation et les pratiques. En effet, ces dernières s'imposent dans certains cas aux enfants, à leur corps défendant, lorsque ces activités leur sont assignées du fait soit de la cohabitation, soit du genre, soit du statut matrimonial et surtout du niveau de ressources. Ainsi, les situations de RMistes, de personnes « en fin de droits », etc., imposent la prise en charge du soin à ses ascendants, avec parfois une indemnisation au titre de l'APA, et ce quelle que soit la logique selon laquelle les descendants définissent leurs liens de filiation. Autre exemple, un enfant dont les caractéristiques sociales pourraient lui permettre de déléguer aux services professionnels et à d'autres membres dans la fratrie, s'il s'inscrit dans une recherche de ré-affiliation, peut être conduit à aller jusqu'aux activités « en première ligne », parfois au risque d'accaparer les places et le pouvoir face à l'ascendant et aux autres parents.

Par ailleurs, l'intérêt de distinguer ainsi les activités des enfants et le sens donné aux positions qu'ils prennent (activités et sens pouvant évoluer au cours de la vie de l'ascendant comme de l'enfant considéré) nous semble résider dans la nécessité pour les politiques et pour les professionnels de tenir compte de cette complexité et, surtout, de « faire avec » la diversité des positions des enfants qui constituent les principales « affaires de famille » des personnes âgées en situation de handicap.

## Références


BUNGENER MARTINE, « L'hospitalisation à domicile : réseaux d'entraide et implication familiale », *Revue française des affaires sociales*, n° 3, 1988, p. 27-37.

CRESSON GENEVIÈVE, *Le Travail domestique de santé, analyse sociologique*, coll. « Logiques sociales », Paris, L'Harmattan, 1995.

CRESSON GENEVIÈVE, *Les Parents d'enfants hospitalisés à domicile. Leur participation aux soins*, coll. « Logiques sociales », Paris, L'Harmattan, 2000.

DUTHEIL NATHALIE, « Les aides et les aidants des personnes âgées », DREES, *Études et Résultats*, n° 142, novembre 2001.

FAVROT-LAURENS GENEVIÈVE, « Soins familiaux ou soins professionnels », dans KAUFMANN JEAN-CLAUDE (dir.), *Faire ou faire faire ? Familles et services*, Rennes, PUR, 1995, p. 231-252.

LE BORGNE-UGUEN FRANÇOISE, PENNEC SIMONE, « L'exercice familial des mesures de protection juridique envers les parents âgés », *Revue française des affaires sociales*, n° 4, 2005, p. 55-80.

PENNEC SIMONE, collaboration de LE BORGNE-UGUEN FRANÇOISE, *Les Fils dans le soutien envers les ascendants*, vol. 2, dans CARADEC VINCENT, PENNEC SIMONE *et al.* (dir.), *Les Réseaux d'aide aux personnes âgées dépendantes et leur dynamique*, Institut de la longévité et du vieillissement, Brest, université de Bretagne occidentale (ARS) et université Lille 3 (GRACC), 2006, 174 p.

RENAUT SYLVIE, « L'aide bénévole auprès des personnes âgées. La place particulière des femmes au cœur du principe de solidarité », dans CHOQUET LUC-HENRY et SAYN ISABELLE, *Obligation alimentaire et solidarités familiales. Entre droit civil, protection sociale et réalités familiales*, coll. « Droit et société », LGDJ, 2000.

## Entretien : Un fils qui aide

*Les filles et belles-filles ne sont plus seules en première ligne pour prendre soin d'un parent âgé. Les hommes doivent assumer le rôle d'aidant auprès de leurs parents âgés. Lorsque Jean-François a choisi de partir en préretraite, il pensait enfin pouvoir réaliser un rêve de toujours : s'occuper de la maison de famille qui est son véritable chez-lui. Mais ce beau rêve s'est heurté à la réalité. C'est à ce moment que sa mère, âgée de 92 ans et qui y vivait toujours, est devenue dépendante. De retour à la maison, sans responsabilité familiale personnelle, tout désignait Jean-François comme l'aidant principal de sa mère. Au moment où nous le rencontrons, la charge de la dépendance s'est encore alourdie et le besoin de prendre du recul se fait sentir.*

*Quelle a été votre première expérience marquante de la vieillesse ?*

J'ai connu mes grands-parents enfant mais leur vieillesse ne m'a pas marqué. En effet, chez nous quatre ou cinq générations se côtoyaient avec une certaine sérénité. À l'époque il n'y avait ni infirmières, ni aides à domicile. La belle-fille effectuait tout le travail. Tout en assumant sa charge de famille, elle devait jouer le rôle d'aide à domicile pour les anciens. D'une certaine manière, c'était une sorte de Cendrillon. Mais je crois que ce qui sauvait la situation c'était le bon esprit terrien de la campagne et les valeurs que tous partageaient : aide à autrui, partage, participation. Il va sans dire que je suis issu d'une famille dans laquelle les personnes étaient très pratiquantes.

En revanche, vers l'âge de 25 ans, j'ai accompagné à plusieurs reprises un de mes oncles qui travaillait dans une maison des Petites Sœurs des pauvres. Ces visites m'ont fortement impressionné. J'y ai vu des pauvres vieux qui n'attendaient plus rien ou qui étaient fous, et découvert la promiscuité dans laquelle la nécessité plongeait ces personnes. Les religieuses se comportaient comme de véritables dragons, mais sans doute était-ce un mal nécessaire pour « encadrer » des personnes qui n'avaient plus leur tête. Ces visions de déclin et d'encadrement quasi militaire me ramenaient brutalement à une réalité que je ne voulais pas voir et qui était très éloignée de ce que je vivais à la maison.

*Vous revenez dans votre maison de famille pour réaliser un projet personnel et vous vous trouvez engagé dans le prendre soin de votre mère. Y a-t-il eu de votre part une part de décision dans cet engagement ?*

Il ne s'agit pas vraiment d'une décision. Après une carrière à Lyon, je voulais profiter de ma préretraite (2003) pour faire des travaux dans notre maison de famille qui est mon chez-moi. À l'époque ma mère pouvait se débrouiller avec l'aide des voisins qui venaient fermer ses volets et s'assurer que tout allait bien. Elle cuisinait encore, faisait sa toilette et s'habillait seule. Puis elle a fait une chute et a eu le bras en écharpe durant un mois.
Arrivant à la maison, j'ai pris le ménage en main. Cela s'est fait de manière naturelle car je m'occupais déjà, depuis la mort de mon père en 1990, des comptes, ma mère me disant chaque fois qu'une lettre de la banque arrivait : « Je n'y comprends rien. » Ma sœur a trouvé cela normal aussi car outre mon choix de revenir vivre dans la maison de famille je suis célibataire, donc disponible. Mais je n'imaginais pas devenir la bouée de secours de ma mère. Elle n'a pas d'exigence, notre relation n'est donc pas difficile. Mais le fait de m'occuper d'elle au quotidien est un poids qui ne cesse de grandir pour moi.

*Vous venez de dire que l'accompagnement d'un parent âgé se trouve dans les détails de la vie et que ce sont eux qui pèsent, dans tous les sens du terme, sur l'aidant le plus proche. Pourquoi ?*

La vieillesse est un déclin dans lequel les détails ont de plus en plus d'importance et de poids : pour la personne âgée et pour son proche. La préparation des remèdes chaque jour, boutonner et déboutonner un corsage, passer ou enlever une jupe prennent énormément de temps et d'énergie. Tout a une ampleur et une importance démesurées. Par ailleurs, il faut sans cesse solliciter et relancer le dialogue avec la personne, expliquer, réexpliquer, etc.

Les temps forts de l'accompagnement sont au nombre de trois comme la mesure de la valse en musique : lever, repas, coucher. Pour ces trois exercices, il faut devenir pédagogue, tel l'enseignant répétant la leçon à l'élève, sans oublier d'enfiler la cuirasse « patience ». Ce qui est plus facile à dire qu'à pratiquer en ce qui me concerne. Mais à force de se trouver dans la situation, je reconnais que cette vertu me vient !

*Quels sentiments ressentez-vous tout au long d'une journée d'accompagnement de votre mère ?*

Des sentiments contradictoires et paradoxaux ! J'éprouve des crispations, des agacements et des énervements parce que je ne tiens pas assez compte de son grand âge et de ses difficultés à vivre normalement, difficultés dont elle doit être consciente. Je fais des comparaisons entre elle et certaines de ses amies qui ont le même âge sans avoir perdu leurs repères, la parole, l'envie de vivre. Ma mère s'est repliée sur elle et je ne crois pas qu'elle sorte jamais de ce repli intérieur dont je ne sais rien. Elle ne lit plus, ne s'intéresse plus à rien. Désormais tout glisse, plus rien n'accroche. Elle se contente de soupirer. Au fond, je refuse que ma mère change, vieillisse. Et tous les soirs, elle me remercie de ce que je fais pour elle.
Je crois que ma mère était une femme moderne qui a été freinée par son mari, un véritable patriarche. Dans sa génération, les femmes ne s'occupaient pas d'argent. Bien que proche de nous, son instinct maternel n'était pas très fort. Elle ne se livrait pas, ne s'occupait pas vraiment de nous. C'était une rêveuse qui ne parlait pas mais savait faire preuve d'un solide bon sens. J'éprouve pour elle un sentiment d'amour et beaucoup de respect.

*Qui êtes-vous aujourd'hui pour votre mère ?*

Je suis devenu le parent de ma mère et elle est maintenant mon enfant. C'est une inversion des rôles qui n'est pas toujours facile à vivre mais qui est dans l'ordre des choses, d'autant que je suis disponible.

*Comment vivez-vous la dépendance qu'induit sa vieillesse ?*

Ma dépendance et la vieillesse de ma mère vont de pair. L'organisation de ma vie quotidienne et de mes projets dépend de ma mère dont je m'occupe et de ma sœur qui prend de temps à autre le relais. Je ne peux m'absenter ou partir en vacances qu'en fonction de sa disponibilité. Je dis souvent que je suis à la fois dépendant de la vieillesse de ma mère (à qui j'apporte de l'aide) et d'une aide pour moi-même. Cette aide pour moi-même ne se limite pas à ma sœur. Elle comprend aussi les infirmières du service infirmier à domicile (Siad), les aides à domicile de l'ADMR et une dame qui s'est occupée d'un frère de ma mère. Cette dame prend le relais quand je m'absente. Mais toutes ces aides qui interviennent tout au long de la journée n'empêchent pas d'être là : il faut sans cesse passer, surveiller, intervenir. Il y a aussi, au plus près, la dépendance vis-à-vis des besoins de ma mère : les prises de remèdes, les repas, ses besoins physiologiques et physiques.

*Quel est l'impact de votre engagement dans l'accompagnement de votre mère dans votre vie personnelle ?*

L'impact de cet accompagnement est très important car aujourd'hui je n'ai plus de vie personnelle. Pour mes moments de liberté ou de repos je dépends de ma sœur et de la dame qui vient prendre le relais. Je ne peux même plus faire ce que je veux, même dans le périmètre restreint de la maison et du jardin. Ma mère m'appelle parfois pour me dire simplement qu'elle s'ennuie. Je rêve de partir seul sur une île déserte ! Heureusement, le poids de la dépendance ne m'atteint pas physiquement. Je dors bien. Le matin, je suis tranquille jusqu'à ce que les aides à domicile arrivent. Le soir après qu'elle ait été couchée. Comme un gamin j'attends le moment où ma mère est couchée ! (*Rires.*) Dans ces cas-là je me sens à la fois parent et enfant.
D'être de tempérament « philosophe » et un peu fataliste est aussi une aide mentale pour moi-même. Ajoutez-y une pratique du yoga dans le mi-temps qui m'est imparti. Finalement « j'assure » et « j'assume » de concert avec la « râlerie » qui me caractérise. Je relativise à retardement.

*Pourquoi n'avez-vous pas choisi avec votre sœur de placer votre mère en maison spécialisée ?*

Mon engagement dans l'accompagnement de ma mère est très lié à la notion de devoir. J'agis ainsi auprès d'elle, je lui donne une part de ma vie, en retour et en remerciement de ce qu'elle a fait pour moi lorsque j'étais enfant. Ma sœur qui n'habite pas dans la même région a formulé des demandes d'inscription dans des maisons de retraite. « Tu dois te préserver », m'a-t-elle dit. Ma sœur a plus facilement que moi le réflexe du placement.

*Cette expérience modifie-t-elle votre perception de la vieillesse et des personnes âgées ?*

Il est clair que cela m'aura ouvert une porte sur la vieillesse et sur la mienne qui va venir. Je sais aujourd'hui qu'il faudrait que je fasse preuve de plus d'indulgence. Je me demande quel est l'intérêt de vivre ce grand âge sans pouvoir profiter pleinement de cette durée supplémentaire ? Si la personne reste vive et passionnée, vieillir est bon. Si ce n'est pas le cas, ce n'est intéressant pour personne.

*Pouvez-vous dire pourquoi il est important d'accompagner un proche ?*

Dès l'enfance nous sommes accompagnés pour notre éducation, pour les choix inhérents à faire dans la vie, pour le premier voyage hors de la cellule familiale. Je pense que le grand âge nous ramène à la ligne du départ avec une vulnérabilité évidente. Il me semble naturel d'accompagner la personne devenue fragile pour se déplacer jusqu'au train qu'elle prendra pour un dernier et grand voyage. Cela dans la mesure des possibilités de tout un chacun. Je suis tout à fait conscient qu'il est des situations où la maison de retraite est le seul recours.
Mais pour cette perspective de l'accompagnement, il faut former un binôme avec un membre de la famille ou avec un professionnel et pouvoir prendre appui sur une personne de confiance. Autrefois, les vieux domestiques restaient dans la famille et accompagnaient les membres les plus vulnérables. Il y avait à la fois de la confiance et de la disponibilité. Aujourd'hui, cela me paraît beaucoup plus difficile.

### Témoignage : Les enjeux du prendre soin dans les familles recomposées

*Au moment de l'entrée en dépendance de leurs parents âgés, les fratries des familles recomposées font face à deux défis fondamentaux. Le premier est celui de la prise en charge réussie de la fin de vie du père et de la mère. Comment se distribuent entre les frères et sœurs issus des différents couples les rôles de l'accompagnement ? Le second défi, et non des moindres tant il résonne des liens tissés dans le passé entre frères et sœurs, est celui de la succession. Comment distribuer équitablement les biens en tenant compte des charges affectives liées à tel ou tel objet, tel ou tel lieu ? Comment donner ou pas leur place aux « pièces rapportées » ?*
*T. a aujourd'hui 45 ans. Ses parents, veufs dans les années 1960, avaient chacun trois enfants lorsqu'ils se sont remariés. Lui et son frère ont grandi dans une grande famille, composée de trois « sous-familles » qui se sont unies au cours de l'accompagnement de leurs parents âgés. T. a eu le souci permanent de maintenir le plus possible l'harmonie entre ses demi-frères et demi-sœurs au prix parfois de compromis et en essayant de faire au mieux ce qu'il y avait à faire. Après le règlement de la succession, ces liens se sont distendus sauf avec son frère.*

*Comment s'est passée l'entrée en dépendance de votre mère ?*

T. : Il y a d'abord eu du désordre, les troubles de la déambulation puis les crises. Lorsque le médecin a été appelé je me trouvais ce jour-là chez mes parents. Il ne nous a pas vraiment dit les choses. Mais j'avais entendu une émission de radio sur la maladie d'Alzheimer. Je lui ai demandé s'il s'agissait de cela. Il a acquiescé. Mon père a pris en main la maison et l'organisation constante des soins dont elle avait besoin avec l'aide d'une femme de ménage. Puis il a été hospitalisé. Et je peux vous dire que les quarante-huit heures de son absence ont été un sacré bazar ! Nous travaillions tous à l'époque et mes sœurs au foyer avaient leurs enfants. Impossible donc de se dégager plus d'une heure ou deux. Imaginez notre panique lorsqu'il a fallu gérer les deux nuits ! Ayant été très actif dans le bénévolat auprès des personnes en situation de précarité, j'ai proposé de faire appel à un organisme de maintien à domicile afin que cette situation nouvelle ne mette pas en péril nos équilibres familiaux et personnels.

*Comment vos frères et sœurs ont-ils pris votre proposition ?*

**T.** : Au sein de la fratrie, ma sœur la plus âgée, issue du premier mariage de mon père, a toujours joué un rôle d'aînée de la famille avec détermination auprès des plus jeunes. Certainement parce qu'elle s'est sentie investie d'un rôle de mère après la disparition de la sienne. Elle a décidé de prendre contact avec un organisme de maintien à domicile. Sa démarche a échoué. De mon côté, mon action bénévole m'avait mis en contact avec des organismes de maintien à domicile. Notre dossier a pu être bouclé en vingt-quatre heures. C'est à ce moment que j'ai compris que toute mon expérience bénévole allait me servir pour anticiper les étapes de l'accompagnement de nos parents et de leur succession. Car si tout est étroitement imbriqué (services à mettre en place, avenir à court terme, sentiments, actions, répartition des biens, etc.), il faut respecter les étapes. Il est inutile de vouloir en sauter une. Tant que les membres d'une famille n'ont pas clos une étape, il est impossible d'aller au-delà. Mes frères et sœurs n'ont ni accepté ni refusé ma proposition : la solution était là. C'était la moins pire de toutes celles qui se proposaient à nous. Ils l'ont simplement prise.

*De quels soutiens avez-vous bénéficié à ce moment-là ?*

**T.** : D'une part les relations que j'avais dans certains organismes pour activer les solutions à mettre en œuvre m'ont été un soutien précieux. Et puis j'ai rencontré la présidente, puis à trois reprises la psychologue de France Alzheimer. À la fin de notre dernier entretien, celle-ci m'a avoué qu'elle ne voyait pas très bien ce qu'elle avait pu m'apporter. Elle ne percevait pas qu'elle m'avait offert exactement ce dont j'avais besoin : être écouté et être entendu. Me sentant entendu et pris en considération, j'ai pu ensuite me débrouiller comme un grand !

*Quelles sont les premières décisions que vous avez prises ?*

**T.** : Je me suis rendu compte que mes frères et sœurs, leurs conjoints et mes neveux et nièces représentaient presque quarante personnes. J'ai eu très vite un double objectif : protéger mes parents et les auxiliaires de vie des avis intempestifs ; limiter les prises de parole et les décisions à mes seuls frères et sœurs. Ainsi je n'ai plus accepté que leurs conjoints et mes neveux et nièces s'adressent aux auxiliaires de vie et aux soignants pour la bonne marche de la maison. Cela a évité également que ces professionnels ne jouent les uns contre les autres comme cela arrive trop souvent.

*Comment vous êtes-vous réparti les responsabilités de l'accompagnement ?*

**T.** : Du côté de mon père, ma sœur la plus âgée est une professionnelle du secteur social. Elle a donc été assez naturellement l'interlocuteur du médecin. Malgré son tempérament directif, elle a vraisemblablement fini par accepter que je prenne la direction des affaires suite à une discussion avec sa sœur qui a pris en main de manière automatique la gestion des impôts. Du côté des enfants de ma mère, la situation a été assez simple. L'aîné, de nature effacée, n'a pas pris d'initiative. Son plus jeune frère qui a pourtant accompli un parcours professionnel plus qu'honorable a d'emblée été dépassé par la situation, ainsi que sa sœur cadette. Peut-être revivaient-ils le deuil qui les avait frappés enfants ? Toujours est-il qu'ils n'ont guère été acteurs dans l'accompagnement proprement dit. En ce qui me concerne, je n'ai pas supporté la maladie d'Alzheimer de ma mère. Je me suis donc occupé de la partie administrative, des comptes et dès sa mort, des questions de succession et des comptes de mon père. Car dans une famille recomposée, les problématiques de succession sont redoublées à chaque fois. Si on veut que les choses se passent au mieux, il faut donc y réfléchir de manière anticipée.

*Quels ont été vos interlocuteurs pour les questions de succession ?*

**T.** : Tout d'abord, la gestion des biens durant l'accompagnement de ses parents âgés et l'organisation de la succession sont étroitement liées. Dans notre cas, celui d'une fratrie nombreuse et aux intérêts parfois antagonistes, nous avons privilégié la mise en place d'un interlocuteur unique avec la banque. J'ai eu la chance d'avoir un bon contact avec le gestionnaire de compte de mes parents. Lorsque j'ai eu la signature, nous avons pris la décision de regrouper les comptes dispersés. Puis lorsqu'il a fallu prendre des décisions pour mon père (la vente de titres par exemple), j'ai toujours pris le temps d'un second avis. Et je me suis

assuré que la banque et moi tenions bien le même discours sur la décision prise vis-à-vis de mes frères et sœurs. Mon objectif n'était pas de trouver une solution idéale, qui n'existe pas, mais la moins mauvaise de toutes les solutions proposées.
Pour la succession proprement dite, les contacts noués dans mon activité bénévole m'ont encore une fois été très utiles. J'ai pu discuter avec un notaire, avec un juriste, etc. Ces différents échanges m'ont permis d'imaginer comment je pouvais proposer à mes frères et sœurs des solutions qui tiennent compte de deux successions inégales. Après le décès de ma mère puis de mon père, je savais ce qu'il fallait faire pour les titres, les meubles et les appartements, sur la base d'un projet communiqué par la banque.

*Les meubles de famille, les objets ayant appartenu au père ou à la mère ont une importance cruciale dans le partage des biens car ils sont porteurs de la symbolique attachée à la place de chacun dans la famille. Comment avez-vous fait pour surmonter les difficultés propres à ce moment de crise ?*

**T.** : Nous avons fait établir des listes des meubles et des objets qui appartenaient à mon père, à ma mère et aux deux. Ces objets ont été évalués et leur valeur fixée. J'ai diffusé ces listes, sans la valeur de chaque objet, à mes frères et sœurs afin qu'ils en valident la pertinence. Ces listes validées, nous avions deux solutions. La première était de faire faire des lots par un commissaire-priseur puis de les tirer au sort, ce qui n'aurait été voulu par personne. La seconde solution, que nous avons retenue, était celle du choix partagé. Pas moins d'une dizaine de réunions ont été organisées pour déterminer qui voulait quoi. Lorsque deux membres de la fratrie voulaient le même objet, la décision était reportée à une réunion spécifique et l'objet tiré au sort.
Puis les choix de chacun ont été valorisés et les régulations se sont faites entre nous par des échanges de chèques. Mais cette solution n'est pas idyllique : elle n'empêche pas les frustrations. J'étais par exemple très attaché à une paire de chaises qui n'avaient pourtant pas leur place chez moi. J'ai mis quarante-huit heures à en faire le deuil. Mais je me suis réveillé guéri de ma frustration et de ma nostalgie.
La grande difficulté concerne les objets appartenant au couple de parents. Dans notre cas, la répartition selon la loi avantageait les enfants

de ce couple : mon frère et moi aurions dû recevoir presque la moitié de la valeur de ces objets, nos six frères et sœurs se partageant le reste. Après avoir beaucoup réfléchi, nous avons opté pour un partage égal qui avait le mérite de sauvegarder la paix au cours de cette période difficile pour chacun. Il faut donc être prêt à faire des concessions et laisser circuler objets et non-dits. Cela s'est passé en bonne intelligence.

*Quinze ans après le décès de vos parents et le règlement de la succession, quels sont vos sentiments et vos relations avec vos frères et sœurs ?*

**T.** : Malgré de nombreux antagonismes, je peux dire qu'au cours de la période qui a précédé et suivi la mort de nos parents, nous avons été tous unis. Mais cette période est aujourd'hui révolue. Il me semble que nous sommes entrés désormais dans une période d'avant avant ! Je veux dire par là que ce qui se joue maintenant est l'histoire des frères et sœurs des familles recomposées. Quelque chose comme le retour violent des traumatismes engendrés par des deuils précoces. Mon père a toujours eu à cœur de traiter de façon égale tous les enfants issus des trois couples. Cela m'a aidé à régler les successions dans un esprit de justice. Il semble que tous mes frères et sœurs aient été soulagés que le maintien à domicile et les successions se soient bien passés. Cette période de notre existence ne laissera pas de traces négatives auprès de mes neveux et nièces. Mais cela n'aura pas été suffisant pour dépasser les problématiques des premières années de la famille recomposée qui sont revenues à la surface. Je garde toutefois un bon souvenir de cette période, même si elle fut difficile et bien que mes relations avec mes demi-frères et demi-sœurs se soient distendues depuis.

# À qui parler ?

## Entretien avec Pierre-Marie Charazac, gérontopsychiatre

*Pierre-Marie Charazac dirige à Lyon un département de gérontopsychiatrie à l'hôpital Saint-Jean-de-Dieu depuis 1999. Ce département, l'un des deux que compte l'établissement, est l'héritier du dispositif créé il y a trente ans par les docteurs Vignat et Ploton, pionniers de cette discipline. Il se compose d'une unité d'hospitalisation et d'un centre de soins ambulatoires disposant d'une consultation de la mémoire, animés chacun par une équipe pluridisciplinaire associant psychiatre, gériatre, psychologue, infirmières, ergothérapeute et assistante sociale. Si dans les suivis mis en place, les thérapies de famille ou de couple restent minoritaires, du fait des compétences et du temps qu'elles requièrent, bien rares sont les consultations et les hospitalisations qui ne comportent pas une dimension conjugale ou familiale.*

*Quelle est pour vous la première difficulté que rencontrent aujourd'hui les personnes âgées et leurs proches lorsque surgit une situation de crise, par exemple une chute ou une hospitalisation ?*

**Pierre-Marie Charazac :** Je serais tenté de répondre que c'est de se donner les moyens de penser ce qui leur arrive, mais la crise a justement ceci de particulier qu'elle retourne et balaye les cadres d'action et de pensée habituels des personnes et des groupes. Lorsqu'il s'agit d'une crise dans la prise en charge d'un parent dépendant, la famille a l'impression de ne plus rien y comprendre, que plus rien ne marche, et elle est tentée de « passer la main » à une personne ou à une équipe qui décidera à sa place. Le rôle du soignant est alors d'offrir aux membres de la famille les images et les mots qui leur font momentanément défaut, afin qu'ils puissent faire de cette crise autre chose que la recherche éperdue d'une solution. Mais derrière cette difficulté il y en a une deuxième, je dirai plus structurale, tenant à ce que les adultes d'aujourd'hui manquent de représentations leur permettant d'aborder les difficultés du grand âge, à savoir ce qui concerne la dépendance (le manque, la confiance ou l'insécurité), la dépression (la perte, le sentiment d'insuffisance, d'incapacité, voire du vide) et la mort. Ils sont d'autant plus dans l'attente d'une solution coupant court à toute angoisse, à la manière du bouton de la télécommande sur lequel il suffit d'appuyer pour escamoter la difficulté.

*Pourtant, jamais les personnes âgées et les familles n'ont été aussi entourées et accompagnées de professionnels ?*

**P.-M. C.** : Effectivement les moyens sont là, les bonnes volontés aussi, à défaut souvent d'une authentique formation, et pourtant cela ne marche pas. Je viens de dire que lorsqu'une famille est en crise – et c'est parfois tout le groupe des aidants à domicile qui entre en crise avec elle ! –, ni les dispositifs ni les modes d'emploi ne comptent plus. Il faut reconnaître que, même en dehors d'une telle extrémité, la tâche des professionnels n'est pas facile car ils n'ont pas seulement à assurer des prestations et à diffuser des informations. C'est un véritable projet de vie qu'il leur est demandé de construire avec le parent âgé et sa famille, et ils n'y sont pas toujours prêts. Chacun y va de sa compétence et de son engagement, sans prendre toujours la mesure de la portée psychique de telle ou telle décision, par exemple pour le conjoint. De leur côté, les enfants sont placés devant des responsabilités qu'ils n'ont pas anticipées. Et voilà comment une famille se retrouve vite à comparer les listes d'attente et les mensualités sans bien savoir quel chemin elle a pris pour en arriver là – rarement un chemin psychologique – et avec un parent qui le sait encore moins qu'elle !

*Comment expliquez-vous ce manque d'anticipation des générations montantes face à cette responsabilité ?*

**P.-M. C.** : Voyez, pour commencer, ce qui rapproche cette situation d'une autre qui nous est plus familière, je veux parler des jeunes de certaines banlieues dont les passages à l'acte font demander : « Que font les parents ? » Votre question pourrait aussi se formuler de la manière suivante : « Que font les enfants ? » À ceci près que les vieux n'incendient pas encore de voitures et que, de manière corrélative, l'image de jeunes descendant dans la rue « casser des vieux » relève de la fiction...

Aujourd'hui, ces deux situations ont en commun que la génération censée pourvoir à la dépendance de l'autre a perdu la capacité de s'identifier à cette dernière, au sens de la comprendre non pas intellectuellement, avec les explications qu'on peut lui apporter, mais avec les émotions que ce rapprochement fait naître en elle. Pour moi, s'identifier à un parent âgé, ce n'est pas nécessairement se mettre à sa place – qui peut dire qu'il l'accepterait ? – mais c'est être capable d'écouter et de supporter sans le renier le bouleversement qu'il provoque en nous. Un bouleversement qui n'a rien d'abstrait puisqu'il touche directement nos repères affectifs symboliques lorsque le parent ne nous reconnaît plus ou quand il faut affronter sa mauvaise odeur, sa nudité, autant de choses que nous avons mises à distance depuis notre petite enfance.
On valorise le désir d'enfant et l'on parle du temps qu'il faut à un homme et à une femme pour devenir père et mère. Mais nous ne savons rien du travail psychique nécessaire à un enfant pour percevoir et assumer la dépendance d'un parent. À première vue, ce changement a tout d'une contrainte imposée de l'extérieur, lorsque le médecin de famille ou l'assistante sociale dit que la dépendance du parent fait désormais de son conjoint ou de son enfant un « aidant familial ». Heureusement qu'interviennent alors des facteurs affectifs et notamment des identifications nouvelles facilitant cette transformation. Pour revenir à votre question, je me demande s'il est possible d'anticiper ces responsabilités mieux qu'on ne le peut, par exemple, face à un enfant entrant dans la crise d'adolescence. Sans avoir conscience de nous préparer à quoi que ce soit, c'est l'ensemble des crises passées de notre existence qui fait que nous sommes alors capables de surmonter celle-là.

*Lorsque les rôles s'inversent, les relations parents/enfants peuvent devenir difficiles et douloureuses. Comment aidez-vous les proches d'un parent âgé ?*

**P.-M. C.** : Il est essentiel d'aider les enfants à verbaliser leurs peurs, leurs contradictions et leur culpabilité, en commençant par distinguer la réalité et les fantasmes. Je m'appuie beaucoup pour cela sur la recherche du consentement du parent aux décisions devant être prises pour lui, surtout celles touchant à l'aménagement du maintien à domicile ou au passage en maison de retraite. Ce n'est pas seulement un point de déontologie ou d'éthique, c'est ce qui permet aux aidants familiaux de vérifier qu'en dépit de leur ambivalence intérieure, ils sont capables de faire quelque chose de bon pour leur parent ou leur conjoint. Vous savez qu'il n'est pas toujours possible d'obtenir le consentement de l'intéressé et que cela provoque parfois de graves conflits. Je prends toujours le temps de demander à l'intéressé s'il a confiance en ses enfants. C'est une manière de lui permettre de dire que, malgré son opposition ou sa colère, il les voit encore comme capables de lui donner leur soutien. Cette confirmation leur permet d'endosser plus facilement l'autorité attendue d'eux en pareille circonstance.

*Les femmes (quel que soit leur statut dans la famille : fille, belle-fille, nièce) sont souvent désignées pour prendre soin des parents âgés. Pourtant votre expérience vous a montré que la relation fils/père, fils/mère était souvent plus simple. Pourquoi ?*

**P.-M. C. :** Il me semble en effet qu'en ce qui concerne les décisions touchant au projet de vie du parent, le fils est dans un rapport symbolique lui permettant d'assumer plus facilement l'autorité dont je viens de parler, tandis que la fille tend à se retrouver vis-à-vis du parent dépendant dans une relation oscillant entre la fusion et l'emprise. Ceci ressort particulièrement lorsqu'elle est confrontée à l'évolution démentielle de sa mère. Nous, soignants, passons souvent à côté de l'effondrement silencieux de ces filles qui voient petit à petit sombrer l'image maternelle sur laquelle elles comptaient s'appuyer pour affronter leur propre vieillesse. Peut-être que, chez le fils, une certaine façon de vivre la fonction paternelle comme la transmission d'un manque, donc en un sens une faiblesse, constitue-t-elle un point d'appui intérieur en situation de crise.

*Quels sont les différents aspects du prendre soin d'un parent âgé auxquels les proches doivent être attentifs ?*

**P.-M. C. :** Votre question m'amène à remarquer au préalable que ces soins ne sont pas tous délibérés et conscients. Longtemps l'entourage s'adapte aux déficits ou à la dépendance du parent âgé sans avoir conscience de le faire. Puis s'ouvre effectivement cette étape où l'adaptation mobilise de plus en plus d'attention et d'énergie. Elle conduit à plus ou moins brève échéance à des décisions qui vont s'inscrire sur

trois niveaux où le parent, sa famille et ses soignants sont supposés se rejoindre : celui de la réalité, celui du symbolique et celui de l'éthique. La réalité désigne la situation actuelle du parent, du point de vue de son autonomie physique comme de ses ressources financières.
Je place au niveau symbolique la reconnaissance par chacun de ces trois acteurs de la légitimité et des compétences à décider des deux autres. Quant à l'éthique, c'est la conception que chacun a du bien du parent, au sens de ce qui serait bon ou mauvais pour lui. L'idéal serait que le patient âgé, ses proches et les professionnels s'accordent sur ces trois dimensions mais en pratique, l'essentiel de notre travail consiste à repérer les conflits qui surgissent sur ces trois scènes et à comprendre leur origine.
Mais attention ! Cela, ce sont les choses telles qu'elles nous apparaissent de l'extérieur, du point de vue, dirais-je, du moi qui décide ou qui consent en connaissance de cause. Or nous savons bien qu'il n'y a pas de décision qui ne s'accompagne d'un arrière-plan imaginaire animé de satisfactions ou d'attentes inconscientes. Il ne nous est pas souvent donné de repérer ces éléments et encore moins de les exposer à la lumière. En revanche il est beaucoup plus fréquent que l'étouffement, au sens de la répression défensive ou du déni de cet imaginaire, prive la famille de la capacité de décider.

*Les seniors sont aujourd'hui dans une situation paradoxale. En forme physiquement, disposant de temps et de moyens financiers et matériels qui repoussent l'échéance de la vieillesse, ils sont pourtant en crise. Pourquoi ?*

**P.-M. C. :** Les seniors dont vous parlez constituent une génération en crise qui, de quelque côté qu'elle se tourne, affronte d'autres générations en crise, que ce soit celle du grand âge de leurs propres parents ou celle de leurs enfants. Le modèle de l'inversion des générations qui a prévalu jusqu'ici ne fonctionne plus. Au fond, ce prétendu renversement était bien rassurant puisqu'il affirmait la conservation d'un ordre, lui-même garant d'une sécurité dans la dépendance : le parent âgé allait retrouver à travers son enfant devenu adulte une certaine image rassurante de ses propres parents. Or ce postulat s'effondre à partir du moment où se perdent les repères symboliques qui l'avaient jusqu'ici soutenu. Pour qu'une génération fasse signe à une autre, il faut plus qu'un simple rapport de filiation. Il faut que les signes en question soient relayés par tout un ensemble de signes culturels qui nous font justement de plus en plus défaut. Je crains que le paradoxe dont vous parlez n'aille en s'accentuant pour les générations montantes qui se donnent souvent l'illusion de sortir des crises de l'existence en vérifiant leur capacité d'agir, tandis que leur développement s'enlise dans un emboîtement de crises jamais affrontées ni résolues.

*Quelle est, dans ce contexte du prendre soin d'un parent âgé, votre définition du soin ?*

**P.-M. C.** : Dans ce contexte précisément, c'est toujours plus que ce que l'on peut en dire ou en penser. Pour avoir souvent entendu en psychothérapie des patients âgés ayant eux-mêmes soigné autrefois un parent ou un beau-parent âgé, je peux vous assurer que prendre soin d'un parent âgé laisse toujours des traces déterminantes pour le reste de l'existence. Pour moi, qu'elle prenne la forme du maternage ou qu'elle s'appuie sur la médiation de tiers professionnels, cette prise en charge prend la qualité du soin lorsqu'elle s'accompagne d'un travail intérieur fabriquant des liens entre des émotions, des images et des mots. En ce sens, le soignant est toujours appelé à prendre soin de sa propre personne en s'intéressant à ce que la relation suscite en lui de satisfactions ou de frustrations mais aussi, de manière parfois plus radicale, d'envie de vivre, de survivre au parent ou de passer avec lui du côté de la mort, ce qui ne signifie pas forcément se laisser mourir avec lui mais peut aboutir, par exemple, à la tentation de la maltraitance. C'est pourquoi il est si périlleux pour un aidant familial d'assumer la grande dépendance en solitaire, sans le secours de l'écoute d'un tiers.

## Référence

CHARAZAC PIERRE-MARIE, *Introduction aux soins gérontopsychiatriques*, Dunod, 2001 ; *Psychothérapie du patient âgé et de sa famille*, Dunod, 2e éd., 2005 ; *Comprendre la crise de la vieillesse*, Dunod, 2005.

# 4 Maintien à domicile ou institution ?

# Où vivre dans son grand âge ?

Bernard Ennuyer

Répondre pour soi-même à cette question n'est pas simple car cela suppose de se projeter dans sa vieillesse, une tâche quasi impossible. Aussi, avant d'envisager les lieux de vie possibles pour notre « grand âge », lequel ?, voyons d'abord aujourd'hui l'état des lieux, c'est le cas de le dire, pour les autres, c'est-à-dire pour ceux que l'on considère aujourd'hui statistiquement comme « vieux », les plus de 60 ans, même si cet âge ne nous paraît pas du tout pertinent.

## Où vivent les gens de plus de 60 ans aujourd'hui ?

La réponse est relativement simple. En majorité écrasante les plus de 60 ans vivent aujourd'hui à domicile. En effet, en 2003, sur environ 12,5 millions de personnes de 60 ans et plus, seules 642 000 personnes vivaient hors d'un domicile ordinaire[1]. Parmi ces dernières, nous

1. TUGORES F., « La clientèle des établissements d'hébergement pour personnes âgées. Situation au 31 décembre 2003 », *Études et Résultats*, n° 485, DREES, 2006.

estimons que les 150 000 personnes qui vivent en logements-foyers, quel que soit leur état de santé, vivent à domicile.

En définitive ne vivent véritablement en institution d'hébergement que 492 000 personnes environ, soit 4 % des personnes de 60 ans et plus. Ce chiffre se décompose de la manière suivante :

– 415 000 personnes en maison de retraite (environ 3 établissements sur 4 ont maintenant un statut d'établissement d'EHPAD, hébergement pour personnes âgées dépendantes) ;

– 77 000 en unités de soins de longue durée (USLD).

À l'évidence donc, les personnes qui vieillissent, en France, ont choisi de rester à leur domicile, et ceci jusqu'à la fin de leur vie, pour autant que leurs moyens, financiers entre autres, leur permettent ce choix. Nous allons revenir sur les conditions de ce choix, un peu plus loin dans ce chapitre, notamment sur les interrogations qu'il suscite souvent chez les enfants de ces personnes qui vieillissent chez elles.

Dans un premier temps, il est intéressant de revenir sur deux idées reçues à propos de l'entrée en hébergement, fausses toutes les deux.

Première idée fausse : on serait d'abord à domicile quand cela va bien, puis on « basculerait » en long séjour quand cela va mal. Cette idée est largement invalidée par les âges d'entrée en hébergement et en maintien à domicile. En effet, si telle était la situation, les âges moyens d'entrée dans les services d'aide à domicile seraient moins élevés que les âges moyens d'entrée en institution d'hébergement. Or, *grosso modo*, ces âges sont les mêmes : on sollicite le soutien des services d'aide à domicile autour de 83-84 ans, alors qu'on entre en hébergement autour de 84 ans. Cela veut dire que le schéma de la fin de vie correspond plutôt à celui-ci :

Personnes ayant des difficultés de vie à domicile (période 80-85 ans)

↙ ↘

Choix du maintien à domicile — Choix d'entrée en établissement

↙ ↘

Maintien à domicile jusqu'au bout de la vie — Impossibilité de maintenir ce choix jusqu'au bout → entrée en établissement imposée

Deuxième idée fausse, corollaire de la première : toutes les personnes âgées qui vont mal, qui deviennent « dépendantes », c'est-à-dire atteintes d'incapacités importantes, seraient obligées d'entrer en établissement d'hébergement. Or cette assertion est fausse, comme le montrent les chiffres officiels.

De fait, les chiffres de l'enquête « Handicaps, incapacités, dépendance » (HID) nous confirment que parmi les 800 000 personnes classées comme « dépendantes » dans le jargon médical (groupe iso-ressources 1 à 4), c'est-à-dire ayant besoin d'une aide plus ou moins importante pour effectuer les actes essentiels de la vie quotidienne, environ 2 sur 3 sont à domicile[2]. Pour les personnes désorientées, les chiffres récents de la fondation Médéric Alzheimer[3] nous apprennent qu'environ 250 000 personnes atteintes de troubles cognitifs sont hébergées en EHPAD ou en USLD, soit environ une personne sur deux.

De plus l'enquête HID citée plus haut nous apprend qu'environ 200 000 personnes hébergées en établissement pour personnes âgées relèvent des groupes iso-ressources 5 et 6. Elles sont donc relativement valides. Même en unité de soins de longue durée, structure médicalisée réservée en principe aux personnes atteintes des incapacités les plus lourdes, seules 50 % des personnes hébergées relevaient des groupes iso-ressources 1 et 2 (c'est-à-dire un niveau d'incapacités physique et psychique important) alors qu'*a contrario* 14 % de ces mêmes résidants étaient classés dans les groupes iso-ressources 5 et 6, c'est-à-dire un niveau d'incapacité faible ou nul[4]...

On peut affirmer aujourd'hui que la majorité (83 %) des personnes de plus de 80 ans vit à domicile et plutôt sans incapacités majeures.

## Quelques questions à se poser quant au choix de son lieu de vie dans le grand âge

Même si la majorité des personnes de plus de 80 ans vit à domicile, selon ses désirs, comme on vient de le voir, il n'est pas pour autant toujours simple de décider où vivre et mourir dans son grand âge !

---

2. Colin C., « Le nombre de personnes âgées dépendantes d'après l'enquête Handicaps-incapacités-dépendance », *Études et Résultats* n° 94, décembre 2000.
3. Fondation Médéric Alzheimer, *Résultats de l'enquête 2006 sur l'hébergement pour personnes âgées atteintes de la maladie d'Alzheimer ou de maladies apparentées*, 2006.
4. Saint Jean O., Somme D., « Éléments d'approche de la médicalisation des établissements d'accueil pour personnes âgées », *Dossiers Solidarité et Santé*, n° 1, janvier-mars 2003, p. 51.

Cette question se pose souvent autour de 60-65 ans, au moment de la retraite, quand les gens doivent faire le choix de leur lieu de vie. Or à cet âge-là, dans l'ensemble, les gens vont bien et ont une espérance de vie importante, de 21 ans pour les hommes et de 26 ans pour les femmes. Comment se projeter vingt ans plus tard et envisager la survenue éventuelle d'incapacités plus ou moins lourdes, ce qui par ailleurs n'a rien d'inéluctable ?

Faut-il malgré tout anticiper ces éventuelles limitations dans les activités de la vie quotidienne en pensant qu'autour de 80-85 ans on ne pourra plus conduire, donc éviter un lieu de résidence principale trop isolé (hameau rural, village sans commerçants) car on aura besoin de trouver à proximité des acteurs médicaux (médecins, pharmaciens, infirmières), des structures sanitaires (hôpital, clinique, centre de soins, etc.) et d'aide (services d'aide à domicile) ?

Faut-il alors aussi se rapprocher de ses enfants ? Est-il judicieux après 70 ans de partir dans une région accueillante ou considérée comme telle – Méditerranée, Sud-Ouest, Côte atlantique –, alors qu'on n'y connaît personne ?

Les réponses à ces questions dépendent de la sociabilité de tout un chacun et de sa capacité à nouer de nouvelles attaches et de nouvelles amitiés.

On doit aussi, si on envisage de vieillir dans le logement qu'on occupe aujourd'hui, se poser la question de l'aménagement de son habitat pour faire face à certaines difficultés de la vie quotidienne : aménagement des sanitaires et de la salle de bains, accessibilité des escaliers et des perrons pour certaines constructions. On verra dans Cahier pratique I, p. 225, que l'aménagement de son logement de même que l'installation et l'utilisation d'aides techniques judicieusement choisies sont très importants et qu'elles sont encore très méconnues en France et très mal financées.

Les couples doivent se poser la question de la disparition de l'un des deux dès à présent, celle des hommes étant susceptible de survenir avant celle des femmes, si l'on tient compte de l'espérance de vie actuelle et des âges relatifs des personnes qui vivent ensemble aujourd'hui : les hommes étant en général plus âgés que leurs compagnes, la probabilité pour ces dernières de finir leur vie seules est encore accrue.

En matière de ressources financières les couples mariés et, plus encore, les couples non mariés ont intérêt à se poser la question de la situation financière de la personne survivante en cas de disparition de son (sa) compagnon (compagne), pour éviter des catastrophes financières ou des problèmes de maintien dans les lieux pour le conjoint ou concubin survivant, même si des progrès ont été faits dans les mesures juridiques récentes concernant les successions et pour les couples âgés mariés sous le régime de la communauté universelle.

On peut souvent apporter diverses réponses à chacune de ces questions. Toutes sont bonnes à se poser lors du départ à la retraite, en tout état de cause autour des 60-65 ans. Il faut surtout essayer d'envisager plusieurs scénarios possibles sans forcément donner le plus de poids au scénario le plus défavorable.

N'oublions pas que la vie est profondément imprévisible et qu'à vouloir réduire et contrôler absolument tous les risques, on risque surtout... de ne plus vivre du tout !

Puisque ce livre est centré sur les familles et sur les façons dont elles accompagnent leurs parents dans leur avancée en âge, il est opportun d'évoquer les attitudes des familles par rapport au choix de leurs parents – rester à domicile ou entrer en établissement d'hébergement –, et notamment le respect de ce choix.

### Les familles face au choix exprimé par leurs parents de rester à domicile

*A priori* ce choix ne pose pas trop de questions tant que les personnes vieillissantes se débrouillent à peu près toutes seules. Les questions se posent lors de l'apparition d'incapacités importantes.

Il faut rappeler, encore une fois, tant le discours moralisant contre les familles qui ne feraient pas « leur travail » ou leur devoir d'enfant envers les parents est prégnant et injustifié, que la plupart des maintiens à domicile des personnes âgées en incapacité importante impliquent les familles, soit seules, soit avec des professionnels. Il faut rappeler aussi qu'il n'est jamais simple pour une famille ou pour un conjoint d'accompagner une personne vieillissante, quand on assiste à sa diminution et à l'apparition des incapacités. Ce sentiment difficile est très largement partagé, que la personne vieillissante soit à domicile ou en hébergement.

Très peu de familles savent se situer devant le vieillissement d'un de leurs membres, conjoint ou parents, et, s'il y a une aide à apporter aux aidants, c'est d'abord sur ce point. En effet les « aidants » familiaux sont trop proches ou trop distants, trop maternants ou trop rejetants, trop culpabilisés ou trop détachés (apparemment). Souvent, ils ne savent pas trouver la juste place, leur place. Et cela se joue à la fois sur le registre individuel et psychologique des personnes, aidantes et aidées, et sur le registre collectif des représentations de la vieillesse, de l'aide due aux parents âgés et de celle qui devrait être apportée par la collectivité.

Les familles qui « s'occupent » de leurs parents, qui les « prennent en charge », qui les « accompagnent » ont souvent l'impression qu'elles ne font pas ce qu'il faudrait faire, ou bien que ce qu'elles font n'est pas fait « comme il faut ». On est bien dans le registre du devoir ; on parle du devoir familial, comme on parle du devoir parental – « je dois, il faut ». Comme le dit le sociologue québécois Jean-Pierre Lavoie, « constatant la présence massive de l'aide informelle, certains y voient une démonstration du caractère massif, on pourrait dire d'"obligation" de la prise en charge des personnes âgées dépendantes par les proches, essentiellement les proches du genre féminin. [...] il reste à savoir si la prise en charge s'inscrit d'abord dans une dynamique normative d'obligation ou une dynamique élective, c'est-à-dire des choix fondés sur l'affection[5] ».

Nous pouvons constater deux types de limites au maintien à domicile possiblement induites par les familles.

### Un engagement trop important de certaines familles et une usure provoquant à terme un arrêt brutal de l'aide familiale

Nous avons trop souvent rencontré un engagement « inconsidéré » de certains conjoints, de certaines familles ou de certains de leurs membres, notamment des filles, qui amène, tôt ou tard, l'épuisement de l'aidant familial, entraînant une rupture du dispositif d'aide et un « placement », souvent en catastrophe, de la personne âgée en hébergement.

---

5. Lavoie J.-P., *Familles et soutien aux parents âgés dépendants*, Paris, L'Harmattan, 2000, p. 119 sq.

Cela a été le cas, par exemple, pour cette femme, jeune retraitée d'une soixantaine d'années, célibataire sans enfants qui décide de prendre chez elle, à son domicile, ses deux parents handicapés. Malgré l'intervention d'une aide à domicile, 90 heures par mois, soit 3 heures par jour, cette fille décrivait des journées de travail éreintantes, de 7 heures du matin à 11 heures du soir, de la toilette de ses parents, l'habillage, et les soins personnels, à la prise des repas et au reste du travail et de l'attention que peuvent nécessiter deux personnes atteintes d'incapacités très importantes, l'une et l'autre. De plus, cette fille, comme cela arrive souvent, se faisait une véritable obligation de cette prise en charge, et tout en se plaignant amèrement de ne pas y arriver, n'acceptait pas, non plus, de se faire aider correctement par l'aide à domicile. Au bout de deux ans de ce labeur ininterrompu, devant une situation qui s'alourdissait de jour en jour, la fille a fini par craquer physiquement, est tombée elle-même malade et ses parents ont dû entrer en hébergement.

Nous avons aussi connu cette situation d'épuisement de l'aidant familial, toujours avec des filles, à propos de deux personnes atteintes de la maladie d'Alzheimer. Dans les deux situations, les deux filles, relativement jeunes, travaillaient encore, n'avaient pas de conjoint, ni d'enfants à charge, et leur emploi du temps consistait à travailler la journée entre 9 heures et 18 heures et le reste du temps, week-ends compris, elles « prenaient en charge » (on peut penser que dans cette situation, c'est le mot qui convient) leur mère. L'aide à domicile, en concentrant ses heures dans la journée, permettait une certaine continuité de la présence auprès de la dame âgée. Vu le peu d'heures accordées par les caisses de retraite, il va sans dire que, dans les deux cas, les filles devaient payer des heures d'aide à domicile en plus, au plein tarif...

Au bout de deux ans de cette situation impossible à vivre, les deux filles ont décidé, chacune, de faire une demande d'hébergement pour leur mère, ce que nous leur avions conseillé, car ce genre de situation d'aide est impossible à maintenir si effectivement il n'y a pas de moyens d'aides supplémentaires. De telles situations de soutien familial indiquent la grave carence de l'aide publique et la limite de la fameuse « aide aux aidants » chère aux politiques, très présente dans leurs discours, mais quasiment absente des financements publics !

## L'ambivalence et l'insécurité de certaines familles face au maintien à domicile de leurs parents

Une autre forme de limitation au maintien à domicile induite par les familles est l'insécurité et l'ambivalence de certains enfants, qui, à la fois, veulent respecter le désir de leurs parents, mais sont eux-mêmes en permanence inquiets de ce qui va se passer et, par leurs atermoiements, provoquent souvent la rupture du dispositif d'aide.

Ainsi, Mme U. perdait « gentiment » la tête depuis plusieurs années, mais cela se passait relativement bien. Elle ne fuguait pas et ne faisait pas de tapage nocturne alors qu'elle était seule la nuit. Elle était accompagnée depuis trois ans par notre service d'aide à domicile et par le service de soins. Cette dame avait deux filles, dont une qui ne se souciait absolument pas d'elle. Quant à l'autre, elle ne nous cachait pas qu'elle ne supportait absolument pas de voir la dégradation de sa mère. Alors que le médecin généraliste de Mme U. ne voyait pas l'opportunité de déclencher une entrée en hébergement, cette fille alla consulter un médecin gériatre spécialiste qui diagnostiqua une maladie d'Alzheimer... Ce diagnostic – sans doute exact – ne modifiait en rien le comportement de Mme U., qui ne se dégradait pas davantage, comme le confirmait son aide à domicile habituelle, mais il avait modifié le regard de la fille sur sa mère. La réaction qu'elle manifestait face à la dégradation de sa mère est fréquente, mais une fois le diagnostic établi, elle ne pouvait plus l'ignorer.

Après deux années d'atermoiements et de discussions entre la fille et le service d'aide à domicile, et alors que la situation à domicile était satisfaisante, sans aucun incident particulier, la fille décida, un beau jour, de faire entrer sa mère en hébergement de long séjour... Cette situation nous renvoie à la question, souvent débattue dans le cas des démences, du bien-fondé de l'annonce du diagnostic et encore plus de son accompagnement, auprès des proches de la personne « étiquetée démente ».

Cela pose à nouveau la question de l'aide aux aidants et des limites au maintien à domicile induites par les professionnels du domicile et les professionnels du champ médical. Dans la situation ci-dessus, le médecin gériatre avait largement conforté la fille – nous a-t-elle dit – dans son désir de « placer » sa mère.

## La difficulté des familles qui doivent faire le choix pour leur parent d'une entrée en établissement d'hébergement

Plus difficile est le choix que doivent faire certains enfants de « placer » leur parent alors que celui-ci n'est pas en mesure de donner son avis sur cette question pourtant cruciale pour son devenir. C'est plus souvent le cas quand ce parent se retrouve seul, ce qui est, comme nous l'avons dit plus haut, le « privilège » des femmes. Il faut donc littéralement trouver une place à son parent pour qu'il puisse y finir ses jours, alors qu'à l'évidence il n'a plus son autonomie, c'est-à-dire sa capacité à décider pour lui-même. Cette situation est très angoissante pour des enfants qui doivent prendre une décision impliquant le devenir de leur parent, indépendamment de questions non négligeables comme de savoir où trouver un endroit « convenable », accessible géographiquement et... financièrement.

Dans ce cas les enfants ont tout intérêt à poser à des tiers et à des professionnels spécialisés leurs questions pour se faire conseiller et essayer de prendre sereinement une décision aussi déterminante pour l'avenir de leurs parents que pour le leur !

## Les familles face à un choix d'entrée en hébergement exprimé par leurs parents

Même s'il est un peu plus facile pour la famille, le choix d'une entrée en établissement d'hébergement formulée explicitement par un parent âgé renvoie toute une série de questions à sa famille : Est-ce que c'est un reproche déguisé de ne pas nous en être suffisamment occupé ? Est-ce pour nous ménager ? Est-ce que, est-ce que... Et comme souvent, ce genre de questions reste sans réponse, car la seule réponse est : c'est comme cela et pas autrement.

Tout comme le choix de rester à son domicile, celui de certaines personnes d'entrer en hébergement doit être accepté et respecté par les enfants, quelle que soit leur difficulté devant une décision qu'ils ne peuvent pas forcément comprendre tout simplement parce qu'ils ne sont pas à la place de leurs parents...

Ajoutons, sur ce registre global de l'entrée en institution, que nous invitons le lecteur à se reporter au texte de Jean-Marc Talpin, « Le parent âgé, la famille et l'institution », p. 150.

On peut penser, en conclusion de cette interrogation sur la « place » où vieillir dans notre grand âge, que cette question est d'autant plus importante et éventuellement angoissante qu'elle nous renvoie, inconsciemment ou pas, à la place que nous avons occupée jusqu'à ce jour dans notre environnement et... dans notre vie !

# Le parent âgé, la famille et l'institution

Jean-Marc Talpin, psychologue

« Finir sa vie en institution » est, dans cette formule si souvent entendue, un enjeu réel et imaginaire important pour chaque sujet âgé comme pour chaque famille. Cet enjeu est à la croisée de nombreuses questions. Nous retiendrons ici, pour situer le problème, deux grands axes.

« Finir sa vie en institution » est vécu le plus souvent comme une fatalité liée au vieillissement et surtout au grand vieillissement. Or il est bon de rappeler que les âgés en institution, chez les plus de 80 ans, représentent environ 20 % de cette population, ce qui est certes beaucoup, mais néanmoins beaucoup moins que ce que l'on imagine généralement. Il n'en demeure pas moins que pour les âgés comme pour les plus jeunes, l'institution apparaît comme une fatalité du grand âge. Or cette fatalité est prise entre deux logiques qui s'opposent et qui provoquent des conflits psychiques, et bien souvent de la honte ou de la culpabilité.

En effet, pour les âgés comme pour leurs enfants le modèle idéal est celui du rester à domicile ou celui de l'accueil de l'âgé, lorsqu'il devient dépendant, par sa famille. Cependant bien des familles ne sont pas, pour différentes raisons (matérielles, psychologiques...), prêtes à prendre leur parent âgé sous leur toit. De plus, bien des âgés disent préférer entrer en maison de retraite plutôt que d'imposer leur présence à leur famille. Il convient bien entendu d'entendre ce que cette affirmation comporte de défensif, dans la mesure où elle constitue une protection contre le risque de déception au cas où la famille ne proposerait pas de « prendre » son parent sous son toit.

« Finir sa vie en institution », par sa formulation même, dit combien l'institution est finalement associée à la mort, alors que les établissements gériatriques ont fait, dans les vingt dernières années, un très gros travail afin de se penser comme de véritables lieux de vie et pas seulement de fin de vie. En effet si, pour différentes raisons, la mortalité est plus forte que celle des personnes du même groupe d'âge durant la première année de vie en institution, ensuite la vie peut y durer de longues années, même si cette affirmation est à relativiser du fait de l'entrée de plus en plus tardive en institution gériatrique : l'âge moyen d'entrée se situe actuellement autour de 82 ans.

Ainsi, pour les familles comme pour les âgés, le modèle idéal est celui du vivre et du mourir chez soi. Or cela n'est pas toujours possible dès lors qu'apparaissent des pathologies (somatiques, neurologiques, psychiques) aux effets trop handicapants. L'institution semble alors s'imposer, en particulier quand les dispositifs de soutien à domicile ne suffisent plus.

## L'institution gériatrique

L'institution gériatrique[1], terme qui recouvre bien des réalités différentes tant sur le plan statutaire que sur celui de l'institution concrète dans son organisation, fait l'objet d'une profonde ambivalence pour tout un chacun. Cette ambivalence nous aidera à comprendre les fréquentes difficultés constatées dans la rencontre entre l'âgé, sa famille et l'établissement gériatrique.

1. Nous désignons par institution gériatrique ou établissement gériatrique : accueil temporaire, accueil de jour, centre d'activités naturelles tirées d'occupations utiles (Cantou), centre local d'information et de conseil (Clic), foyer-logement, hôpital de jour, maison de retraite, maison de retraite médicalisée, maison d'accueil pour personnes âgées dépendantes (Mapad), service de soins de suite et de réadaptation (anciennement « moyen séjour »), service de soins de longue durée (« long séjour »).

L'ambivalence est un mécanisme qui voit s'affronter deux forces contraires. Leur présence est source de difficultés qui, lorsque la personne ne parvient pas à les formuler, peuvent se traduire par des passages à l'acte, par exemple une altercation avec des soignants pour des motifs irrationnels. Les deux termes opposés dans l'ambivalence vis-à-vis de l'institution sont la représentation négative et les attentes magiques qui lui sont attachées.

Les institutions gériatriques sont encore facilement associées à l'hospice, terme qui a pourtant disparu du vocabulaire officiel depuis une décennie, voire au mouroir, terme qui focalise négativement tout l'imaginaire relatif à la fin de vie. Ces représentations s'opposent à celles, idéalisées, des unités de soins palliatifs qui concernent pourtant fort peu les vieillards. Bien que ces images soient loin de la réalité de la grande majorité des établissements actuels, l'entrée en institution est particulièrement redoutée. Pendant longtemps les hospices ne furent-ils pas réservés aux indigents, aux pauvres, aux sans-famille ?

Mais lorsque l'âgé devient dépendant et que la famille, même aidée par les professionnels du maintien à domicile, ne parvient plus à le maintenir chez lui, cette même institution devient le remède à tous les maux. Il est alors difficilement compréhensible qu'elle ne réponde pas immédiatement et que de surcroît, sur le fond, la réponse ne soit pas celle du « tout, tout de suite ». De plus, lorsque l'âgé est en institution, bien des familles en attendent en quelque sorte des miracles, niant ainsi les difficultés (physiques, psychologiques, cognitives) qui ont justement motivé l'entrée en institution.

Dans une société qui compte de plus en plus de vieux vivant de plus en plus longtemps (mais aussi de plus en plus longtemps en bonne santé), l'institution gériatrique est une des réponses, avec l'aide à domicile, apportées à l'apparition de la dépendance et surtout de la grande dépendance. En effet, et il convient d'en mesurer les incidences, les dispositifs de soutien à domicile se sont beaucoup développés depuis vingt à trente ans. Ils offrent l'immense avantage de permettre aux personnes âgées de vieillir longtemps chez elles, conformément à ce que souhaite la majorité d'entre elles. Mais ils repoussent d'autant l'entrée en institution des plus dépendants, ce qui entraîne deux conséquences peu positives. D'une part, la représentation négative de l'institution est confortée puisqu'elle est bien ce à quoi il convient d'échapper le plus longtemps possible. D'autre part, l'entrée en institution est vécue comme un véritable échec qui occulte tout ce que la vie en collectivité peut apporter.

Si la vie en institution comporte des difficultés, elle possède aussi, pour l'âgé et sa famille, des avantages, une fois dépassées les difficultés initiales. Nous comprendrons ces dernières à partir de l'écart entre les représentations des familles et celles des professionnels, et en fonction des inquiétudes et des angoisses mobilisées. Si les inquiétudes sont fondées sur des éléments de la réalité observée, les angoisses relèvent du fait qu'une situation réveille chez le sujet des mouvements anciens en lui. Ainsi le fait d'entrer en institution et de vivre avec des inconnus peut-il faire resurgir un sentiment d'insécurité très ancien, lié à la petite enfance.

**Le jeu des représentations, des attentes et des angoisses**

Nous ne rencontrons jamais la réalité en tant que telle parce que nous l'appréhendons d'emblée à travers le filtre plus ou moins déformant de nos représentations préalables, en partie sociales (c'est-à-dire construites dans notre culture d'appartenance), en partie personnelles (selon nos expériences mais aussi nos inquiétudes personnelles). Or ces représentations préalables ne peuvent qu'influencer la manière dont nous percevons l'objet ainsi représenté. Par exemple, si nous allons rencontrer le responsable d'une maison de retraite avec l'idée que les lieux gériatriques sont des mouroirs, il est fort probable que nous confirmions notre représentation parce que nous ne verrons que ce qui correspond à notre conception. Et que nous entrions en relation avec ce responsable sur un mode teinté d'agressivité. Ainsi, comme nous nous y attendions, la prise de contact ne se passe effectivement pas bien.

De même, si des professionnels qui ont eu des expériences malheureuses à cet égard pensent que les familles sont pénibles, récriminatrices, ils accueilleront celles-ci avec une méfiance qui risque d'entraîner une spirale relationnelle négative ou agressive.

En outre, nos représentations sont largement influencées par nos propres angoisses. Ainsi telle personne, qui jusque-là ne trouvait rien à redire aux maisons de retraite, devient-elle particulièrement critique dès lors qu'il s'agit pour elle d'y faire entrer un parent ou un conjoint. Car chacun a tendance à projeter en dehors de lui ses angoisses, ses inquiétudes, et donc à les attribuer à un objet extérieur. Il est fréquent qu'une famille, se sentant coupable au regard de ses propres valeurs de ne pas prendre chez elle un parent âgé, reproche à l'institution de ne pas bien s'en occuper. Elle lui formule en fait ce qu'elle se reproche à elle-même : ne pas avoir su ou pu s'occuper de ce parent. De plus, le reproche prend souvent une forme très mal vécue par les professionnels dans la mesure où il s'exprime sur un registre marchand : « Avec ce qu'on paye... » À cet égard, les professionnels craignent les réunions avec les familles car elles deviennent facilement le lieu de plaintes amplifiées par l'effet du groupe. Tel conjoint se plaint de ce que sa femme n'est pas assez sortie de sa chambre. Telle fille de ce que sa mère n'ait pas assez à manger ou ne soit pas changée régulièrement. Or dans bon nombre de cas ces critiques ne sont fondées que sur une impression subjective qui renseigne moins sur la réalité que sur la relation du visiteur à son parent. Pour chaque conjoint ou enfant son parent est unique, il est en quelque sorte d'autant plus le centre de son monde qu'en fait il vit ailleurs (en institution), alors que pour les professionnels, aussi attentifs soient-ils, chaque âgé est certes unique, mais unique parmi d'autres uniques. Il leur faut veiller et à la rivalité entre âgés et à la façon dont les familles peuvent relayer, voire s'approprier, cette rivalité.

**Les circonstances de la rencontre**

La rencontre âgé-famille-institution dépend donc pour partie des représentations préalables des différents protagonistes. Mais elle est aussi largement déterminée par les circonstances dans lesquelles l'âgé et/ou sa famille ont été amenés à prendre la décision d'entrée en institution et par la manière dont l'institution reçoit et accueille cette demande.

**La difficile anticipation de l'entrée en institution**

Il est bien rare que les demandes d'entrée en institution gériatrique relèvent de l'anticipation tant chacun espère, quoi qu'il en dise par ailleurs, y échapper. Dès lors les demandes se font quand la nécessité s'en fait urgemment sentir. Auparavant, même si l'hypothèse en avait été envisagée, elle avait été, le plus souvent d'un commun accord implicite entre l'âgé et sa famille, repoussée à plus tard, pour ne pas dire à jamais. Famille et âgé, alors qu'ils savent par quel bout prendre le problème, ne se décident à faire des démarches que lorsque l'entrée en institution (si souvent appelée placement, terme lourdement connoté négativement tant il exclut l'âgé de la décision qui le concerne) paraît inéluctable. Il n'est d'ailleurs pas rare que les démarches entreprises soient abandonnées lorsque les choses évoluent plus favorablement que prévu et que l'étau de l'urgence se desserre. Heureusement il est aussi des familles qui savent entendre ce dont une première alerte peut être porteuse. De plus, le développement de nombre de structures d'accompagnement social, au premier rang desquelles les CLIC et les coordinations gérontologiques, permet de soutenir les familles et les âgés et de les aider à se repérer dans l'ensemble des structures, droits, aides et autres éléments liés aux âgés.

**La décision prise dans l'urgence**

Les demandes faites dans l'urgence sont celles qui entraînent le plus de difficultés dans la mesure où les familles sont acculées et privées de solutions alternatives, et où les institutions se sentent assaillies et non prises en compte dans leurs réalités et difficultés propres. Leurs logiques d'organisation sont à ce moment souvent vécues par les familles comme arbitraires. Cela est d'autant plus vrai lorsque la demande, directement faite par l'âgé ou sa famille, n'est pas médiatisée par une autre institution, en particulier hospitalière.

Pour une famille, face à une situation le plus souvent traumatique, il y a confusion entre demande et accueil. La situation est souvent traumatique en ce sens qu'elle présente généralement un élément déclenchant : chute, épisode somatique aigu, troubles du comportement majeurs (agressivité, incontinence importante, déambulation en particulier nocturne...). La famille doit non seulement intégrer le changement vécu comme brutal de son parent et l'inquiétude qui en résulte, mais encore faire face à ses incidences sur la réalité. Dès lors, il lui semble souvent qu'elle seule existe, que son parent est un cas particulier (ce qui est vrai) qui devrait donc être traité en toute priorité (ce qui l'est moins). On voit là combien il peut y avoir entre famille et institution un écart majeur de point de vue : la famille ne voit que sa situation, l'institution voit toutes celles pour lesquelles elle est sollicitée et ce que cela signifie pour son propre fonctionnement.

Dans les meilleurs des cas (et sans doute aussi des institutions), la demande peut être travaillée dans une rencontre préalable qui réunit l'âgé, sa famille et un ou des membres de l'institution. Cette rencontre permet aussi de visiter l'établissement, condition nécessaire à un véritable choix. Or dans les faits ce choix est rare, l'établissement retenu étant plutôt le premier qui offre une place libre, ce qui peut être à l'origine de bien des amertumes, ne serait-ce que pour des raisons géographiques (déplacements trop longs, difficiles...).

**Préparer l'accueil de la personne âgée dans l'établissement**

Il faut aussi compter avec l'organisation de l'accueil lorsque le vieillard arrive effectivement dans l'établissement. Une source de difficulté préalable pour les familles et l'âgé est que, quelle que soit l'urgence (et d'autant plus que le délai de réponse de l'institution a été bref, la famille n'ayant pas pu imaginer de solution de repli), l'institution peut, elle aussi, être très pressée. Il est fréquent que, pour des raisons économiques, les établissements ne laissent à l'âgé, entre l'annonce de la place et son arrivée effective, qu'un délai maximal de deux jours. Ce délai ne tient pas compte non plus du temps de deuil que peuvent avoir à faire les professionnels au moment du décès d'une personne de l'établissement.

Depuis quelques années l'accueil de l'âgé et de sa famille fait l'objet d'une réflexion et d'un soin plus particuliers. C'est d'autant plus important que bien des choses peuvent facilement heurter un âgé et une famille fragilisés par un tel changement. La situation est encore plus difficile lorsque l'âgé n'accepte pas l'idée d'entrer en institution, ou encore lorsqu'il souffre d'une pathologie démentielle qui lui permet difficilement de comprendre ce qui se passe pour lui et d'enregistrer les nombreuses informations qui sont alors généralement communiquées. De plus cet accueil demande qu'il y ait dans le personnel quelqu'un de suffisamment disponible pour l'effectuer.

**Une rencontre profondément dissymétrique**

La rencontre entre l'âgé et sa famille et l'institution repose sur une dissymétrie fondamentale. Les premiers ont généralement plus besoin de la seconde que le contraire, du moins dans l'urgence de leur situation. Ils peinent aussi à se retrouver dans la dimension complexe de l'institution. Mais cela ne doit pas occulter que la famille, elle aussi, peut être complexe : les institutions n'en prennent véritablement la mesure que lorsqu'elles y sont directement et alors le plus souvent conflictuellement confrontées. Face à la complexité de l'institution, à la multiplicité de ses intervenants, bien des familles peuvent se sentir perdues, voire agressées, et dès lors répondre dans le même registre. Nombre de difficultés ne relèvent pas de la malveillance (supposée) des uns ou des autres mais de la difficulté de chacun, pris dans sa propre logique, dans ses propres préoccupations, à se mettre à la place d'autrui. Ainsi les professionnels n'expliquent-ils pas certaines choses qui leur paraissent aller de soi (tant ils les vivent au quotidien) alors qu'elles sont déroutantes pour les familles.

Retrouvons, à titre d'illustration, cette famille à laquelle avait été dit lors de l'accueil de son parent âgé qu'elle pouvait venir manger avec lui quand elle le voulait. Deux jours après le fils et la belle-fille vinrent pour déjeuner mais furent renvoyés car ils n'avaient pas averti l'institution de leur venue selon le délai fixé, soit deux jours. La famille se sentit rejetée et eut le sentiment que l'institution ne tenait pas parole. Les professionnels pensèrent qu'ils avaient affaire à une famille sans gêne qui croyait avoir tous les droits.

Nous avons ici évoqué les situations dans lesquelles l'entrée se fait dans l'urgence, même s'il s'agit d'une urgence différée du fait d'un délai d'attente long. Il existe aussi des situations dans lesquelles on échappe à cette logique du tout ou rien parce que l'âgé a pu fréquenter de manière partielle l'institution. Pensons plus particulièrement aux hébergements temporaires qui peuvent accueillir l'âgé sur quelques semaines afin de permettre à la famille de souffler, ou encore à l'accueil de jour, voire aux temps de repas, qui peuvent être proposés à l'âgé par l'établissement même où il sera ensuite hébergé à temps plein. Ces propositions complémentaires au maintien à domicile sont l'occasion d'une réelle familiarisation de l'âgé avec l'institution. Elles contribuent à la dédramatisation du passage à un hébergement à temps plein.

Dans la mesure où se condense autour de l'entrée, dans un contexte vécu comme plus ou moins dramatique, toute une partie des relations familiales et des relations famille-institution, il sera important de laisser les choses se redéployer dans le temps. Faute de quoi le risque est grand de voir les conflits se cristalliser et se transformer en guerre de tranchées qui fait souffrir chacun, à commencer par le patient âgé qui peut y être pris en otage, ainsi que nous le verrons plus loin.

### La décision de l'entrée en institution

Cette décision, lorsqu'elle est prise par la famille, crée généralement de la culpabilité. Celle-ci peut être renforcée par les professionnels dont l'attitude paradoxale est d'accueillir des âgés en établissement et de condamner les familles qui y ont recours comme mauvaises. Ce paradoxe peut donc rapidement devenir une source de tension dont la motivation est rarement explicitée clairement entre famille et professionnels.

Or la gamme entière des modes de décision d'entrée en établissement gériatrique, souvent complexes, se déploie entre deux termes que tout oppose. À l'une des extrémités nous rencontrons la personne âgée qui décide seule d'entrer en institution, parfois contre l'avis de sa famille. Ce choix est le plus souvent motivé par la solitude, l'isolement et la peur de la maladie, de la chute ou de l'agression. À l'autre extrémité, nous trouvons la personne placée par une famille qui ne lui en a préalablement rien dit et qui peut même, le cas échéant, lui mentir. Ces familles ne cherchent pas ou ne parviennent pas à parler de cette question avec l'âgé, persuadées qu'il ne comprendra pas ou n'acceptera pas. Elles font dès lors toutes les démarches sans lui et peuvent vouloir lui faire croire qu'il s'agit d'une solution temporaire. Il est évident qu'il en va de l'éthique de l'établissement de rester vigilant dans de telles situations, sachant que, de toute manière, c'est l'équipe ainsi que l'âgé qui en subiront les conséquences. Si de telles situations ont pu exister voici deux ou trois décennies, il semble qu'elles sont devenues rares. Les seuls cas où la question persiste régulièrement concernent les âgés déments qui ont été informés mais ont oublié l'avoir été, et qui vivent l'entrée en institution sur un mode persécutoire, comme un mauvais tour et une trahison de la famille dont les professionnels seraient les complices.

Entre ces deux situations extrêmes il existe toute une palette de nuances dans lesquelles il ne s'agit plus de la décision de l'un ou des autres mais bien d'un système de décision collective. Je pense en particulier à des situations dans lesquelles l'âgé, conscient du problème, délègue à la famille, à laquelle l'unit alors une véritable relation de confiance, le soin de prendre pour lui la bonne décision, c'est-à-dire une décision qu'il connaît mais qu'il ne parvient pas pour autant à prendre lui-même. Ainsi d'un monsieur de 90 ans environ qui avait été hospitalisé suite à une dépression, dont le projet exprimé était de retourner vivre dans la maison où il avait vécu avec sa femme, morte depuis bien des années, et dans laquelle il était maintenant isolé, ayant perdu tous ses amis. Très vite il se déchargea explicitement sur son fils à qui il revint de décider pour lui et accepta tranquillement l'idée de partir vivre dans un foyer-logement proche du domicile de ce fils, lui-même âgé de 70 ans.

Cette dimension du mode de décision, partagée et déléguée, est importante à prendre en compte tant du côté des familles, car elle aide à comprendre en partie comment celles-ci se positionnent vis-à-vis de l'âgé et de l'institution, que du côté de cette dernière afin d'éviter des jugements rapides et agressifs.

**Qui est chez soi dans l'institution : territoires et alliances**

Lorsqu'un professionnel intervient chez une personne âgée, il est chez elle et se soumet, bon gré, mal gré, aux règles de celle-ci. Lorsque ce professionnel intervient en institution, le jeu se renverse. En effet, même s'il est dit à l'âgé que l'institution est son nouveau domicile, qu'il y est « chez lui », force est de constater que ce n'est jamais aussi simple dans la mesure où il y a forcément des règles institutionnelles plus limitatives que celles qui peuvent exister au domicile d'un particulier. Ceci ressort encore plus dès lors qu'il s'agit de « gérer » ces tiers à l'institution que sont les familles. La logique de l'espace et du territoire (développée en particulier par E. T. Hall) sera ici fort utile. En bref, dans l'institution les professionnels se sentent chez eux, sur leur propre territoire, et ils ne supportent pas toujours bien la présence des familles qui leur semblent empiéter facilement sur les règles établies, voire les remettre en cause.

Prenons l'exemple des horaires de visites. Le plus souvent le choix de ces horaires répond à des questions d'organisation institutionnelle. Mais il arrive que ces horaires ne correspondent pas au mode de vie (en particulier professionnel) des familles. Dès lors soit l'institution vit la demande de dérogation comme un privilège qu'un familier souhaite obtenir, ou (et ce n'est pas exclusif) comme un non-respect des règles et des impératifs institutionnels, et il y a alors de forts risques d'évolution conflictuelle. Soit cette même institution motive ses choix et prend en compte ceux du familier afin d'arriver à une solution de compromis. L'absence d'effort de compréhension de la logique et des raisons de l'autre complique alors souvent les choses.

Lorsque l'âgé vit en institution, les relations peuvent être représentées sous la forme d'un triangle : à chacun de ses sommets se tient un des protagonistes. Chacun est donc en relation avec les deux autres dans une tension dynamique. Le risque est qu'à certains moments un protagoniste fasse alliance avec un autre contre le troisième, sachant que dans ce type de situation les alliances peuvent brusquement se renverser.

André, en maison de retraite médicalisée du fait de problèmes somatiques lourds et d'une perte de la motricité de ses jambes, se plaignait souvent auprès des soignants de sa fille qui ne venait jamais le voir ou jamais assez longtemps, qui était égoïste et peu attentive alors qu'il avait tant fait pour elle... Un tel discours, qui comporte l'énoncé implicite : « Heureusement que vous êtes là, vous », est bien entendu gratifiant pour les soignants. Mais le même André, lorsque sa fille était là, se plaignait beaucoup des soignants qui ne s'occupaient pas de lui, le négligeaient au profit des autres... ce qui entraînait naturellement de l'inquiétude chez sa fille, qui en parla au cadre infirmier. Celui-ci proposa à la fille un temps de rencontre avec l'infirmière référente. Cette rencontre permit de mieux comprendre le fonctionnement d'André et de ne pas se laisser prendre dans un jeu d'alliance exclusive qui aurait entraîné un conflit entre la fille et l'équipe.

Comme le montre cet exemple, il est possible de sortir de ces situations en remettant en relation les trois sommets du triangle pour essayer de comprendre ce qui se joue plutôt que d'adhérer sans recul à un point de vue, du fait de sa détresse et de son impuissance. Pour revenir à notre exemple, l'équipe apprit par sa fille qu'André avait toujours été un homme très dynamique et qu'il supportait très mal son immobilité forcée ainsi que sa dépendance à autrui, situation qui évolua dès lors que sa fille programma plus précisément ses visites et que l'équipe le sollicita pour des services qui ne nécessitaient pas le recours à la motricité.

Il existe un autre mode de triangulation dans l'institution, une triangulation qui, pour ce qui concerne la relation parent-enfant-institution, passe par les autres familles. En effet, lorsque l'effet « groupe de revendications » évoqué au début de ce texte est dépassé, les autres familles peuvent apporter un regard différent qui aide autant la famille que l'âgé, dans une dynamique sociale qui redevient ouverte.

Pour conclure, il importe de souligner une dernière dimension. Nous avons ici choisi, pour aller vite, de parler de « la famille ». Or les enjeux ne sont pas les mêmes selon qu'il s'agit d'un conjoint ou d'un descendant. De plus, au sein d'une fratrie tous les enfants n'occupent pas vis-à-vis du parent en institution la même place, la même fonction. Il importe donc d'être vigilant au fait que le plus souvent c'est l'enfant le plus présent (c'est-à-dire souvent celui qui habite le plus près, mais aussi celui qui est le plus lié au parent) qui est le plus sollicité, ce qui peut être pour lui une source de souffrance s'il ne se sent pas à même d'assumer cette charge. Pour les décisions importantes il faut, là encore, laisser place à ce tiers absent, et souvent soutenant, qu'est le reste de la fratrie.

## Références

CHARAZAC PIERRE-MARIE, *Psychothérapie du patient âgé et de sa famille*, Paris, Dunod, 1998.

HALL EDWARD TWITCHELL, *La Dimension cachée*, coll. « Point », Paris, Le Seuil, 1971.

LEGER JEAN-MARIE, CLÉMENT JEAN-PIERRE, WERTHEIMER JEAN, *Psychiatrie du sujet âgé*, Paris, Flammarion, 1999.

PLOTON LOUIS, *La Personne Âgée, son accompagnement médical et psychologique et la question de la démence*, Lyon, Chronique sociale, 1990.

TALPIN JEAN-MARC, « Mais vous êtes chez vous ici », dans *Actes des 14es Journées de l'association Rhône-Alpes de gérontologie psychanalytique*, 1999.

TALPIN JEAN-MARC, « Parole du sujet, parole du groupe, éthique et décision », in PANCRAZI MARIE-PIERRE et METAIS PATRICK (dir.), *Éthique et Démence*, Paris, Masson-Acanthe, 2004.

TALPIN JEAN-MARC, « L'âge en institution, ses droits et l'inconscient », dans *Gérontologie et Société* n° 115, 2005.

## Entretien avec Claude Touzet, notaire

*Une visite chez le notaire avec ses parents qui vieillissent peut être angoissante. Les questions de la fin de vie, des moyens dont ils pourront effectivement disposer et des biens qu'ils souhaitent transmettre, ainsi que le spectre de la dépendance et de la souffrance forment l'arrière-plan des discussions entre la famille et un professionnel que l'on ne rencontre que dans les grandes occasions : mariage, acquisition et vente de biens, et bien sûr décès. Pourtant le bon déroulement d'une succession tient moins à ses modalités techniques qu'à la manière dont les principaux acteurs ont pu en parler auparavant et partager les responsabilités entre les différentes générations en présence. Le notaire de Balzac a bien vécu : les évolutions de la loi et des mentalités en font un interlocuteur précieux qui accompagne les familles et les personnes sur des registres concrets et symboliques.*

*La définition de la vieillesse dans votre profession est étroitement liée à la validité et à la protection juridique des actes signés à l'office. Comment garantissez-vous aux personnes âgées et à leurs familles cette protection ?*

**Claude Touzet :** Nous sommes responsables d'une certaine forme de dépistage des incapacités de nos clients. Ce qui n'est guère facile car nous ne sommes pas formés à cela dans le cours de nos études. Le notaire rencontre, dans son activité, autant de personnes âgées ayant toutes leurs capacités pour prendre des décisions patrimoniales que le contraire.

*Comment décelez-vous qu'une personne ne possède plus ses capacités ?*

**C. T. :** Chaque notaire développe sa grille d'analyse et possède ses propres critères de vigilance. En ce qui me concerne, le premier critère est celui de l'âge. Je me méfie plus d'une personne de 90 ans que d'une personne de 60 ans. Il y a aussi le critère de la cohérence des propos. Je vérifie au cours de nos différents entretiens comment la personne

maintient ou pas son projet sous le feu des questions. Enfin, il y a la présence de proches qui veulent que les documents soient signés au plus vite. Ce dernier point est important : un grand nombre de personnes âgées sont sous influence et risquent d'être manipulées. Dans certains cas, il m'arrive de demander une attestation de santé mentale au médecin de la personne pour affermir ma décision.
Lorsque nous dépistons une incapacité chez un client, nous refusons de faire l'acte et faisons un signalement au procureur de la République. Il s'agit d'une décision qui ne peut pas être prise à la légère car son impact est très important pour la personne et pour ses proches, qui souvent n'ont pas vu venir les choses. Trois types de mesures peuvent ensuite être prises, de la plus légère à la plus contraignante : la sauvegarde de justice, la curatelle et la tutelle[2].

*Le décès d'un conjoint place souvent la personne survivante dans une situation de dépendance économique et sociale. Quel est le rôle du notaire dans cette phase délicate ?*

**C. T.** : À la suite du premier décès dans le couple des parents, les proches et la personne survivante ont à mettre en place une organisation familiale nouvelle. Ce décès est une cassure profonde après plusieurs décennies de vie commune. Le notaire a la charge d'aider la famille à la surmonter en proposant une nouvelle organisation patrimoniale à partir des relations familiales dont il fait le constat. Avec un objectif clair : permettre au conjoint survivant de rester chez lui. Pour cela, il nous faut souvent apaiser les velléités de partage des enfants. Car le partage brutal après le décès du premier conjoint possède une signification forte : « Je prends ma part et ne veux plus avoir de relations avec vous ». Mon rôle est de permettre aux parents et aux enfants de construire un projet commun dans une situation nouvelle.

2. Voir l'entretien avec Fabienne Pagès, juge des tutelles à Lyon, p. 70. La loi n° 2007-308 du 5 mars 2007 qui réforme la protection des majeurs vulnérables distingue désormais : les mesures de protection civile (qui comprennent les mesures judiciaires : sauvegarde de justice, curatelle, tutelle ; et une mesure conventionnelle : le mandat de protection future ou MPF) et les mesures de protection sociale (mesures administratives et mesure d'accompagnement judiciaire ou MAJ). Cette distinction doit permettre de répondre aux réalités nouvelles pour lesquelles la loi de 1968 était insuffisante ou inadaptée.

*Quelles inquiétudes percevez-vous chez les personnes qui entrent dans le grand âge ?*

**C. T. :** Les générations qui arrivent au grand âge ont été marquées par la Seconde Guerre mondiale et ont beaucoup économisé. Elles sont riches. Elles s'inquiètent de la pertinence de leurs placements. Combien vont-ils leur rapporter ? Le revenu de ces placements pourra-t-il compléter leur retraite pour permettre de payer l'institution spécialisée s'ils en ont un jour besoin ? Le notaire ne propose ni ne vend aucun service d'assurance ou de banque. Il n'est pas prescripteur. Mais force est de constater que les banquiers ne remplissent plus aujourd'hui le rôle qui devrait être le leur. Ils ne conseillent plus leurs clients. Ils leur vendent des produits que bien souvent ils ne connaissent même pas. Les clients sollicitent donc leur notaire pour plus de discernement. Combien de personnes à qui ont été vendues des assurances vie se privent pour la régler chaque mois plutôt que de profiter de leur argent. Nous devons expliquer à nos clients que leur stratégie financière n'est pas toujours la mieux adaptée à leurs besoins. En sachant que parfois on ne peut plus rien changer.

*Quelles sont les attentes des personnes vieillissantes et celles des familles ?*

**C. T. :** Le premier aspect de ces attentes concerne la transmission du patrimoine et ses impacts financiers. Le second, le logement : 99 % des personnes que je rencontre souhaitent rester dans leur logement après le décès de leur conjoint. La réforme de la loi sur les successions de 2001 va dans ce sens : elle accorde au conjoint survivant la jouissance de son logement. Les héritiers ne peuvent plus déloger la personne de chez elle.

Notre métier, en phase avec les évolutions sociales, évolue considérablement. Je traite désormais chaque semaine trois à quatre changements de régimes matrimoniaux. La notion d'usufruit accordé au conjoint survivant dans le cadre de la communauté réduite aux acquêts disparaît au profit de celle de communauté universelle. Dans ce cadre nouveau, les deux conjoints sont tous deux pleinement propriétaires de leur logement. Les personnes manifestent ainsi leur désir de ne pas avoir à discuter avec leurs enfants au moment du premier décès. Même si l'entente est bonne. En filigrane, il y a la crainte de dépendre de ses enfants ou de ne pas pouvoir accéder à un lieu de vie correct si l'institutionnalisation devient nécessaire. Les personnes savent bien que seules elles deviennent très vulnérables.

*Comment, en fonction de cette étape, pensez-vous que les personnes et les familles appréhendent ce moment spécifique de la vie ?*

**C. T.** : Les différents membres de la famille ont peur de l'avenir mais ne se le disent pas forcément. Les parents ont très peur de la dépendance. De dépendre de leurs enfants d'abord. Puis de la dépendance physique qui signifie une orientation en maison spécialisée. Comment être certain que l'on aura les moyens de s'offrir une maison de retraite correcte pour finir ses jours décemment ?
Les enfants sont dans une situation tout autre. Ils ne voient pas leurs parents vieillir. Jusqu'à l'accident de santé ils vivent dans l'illusion qu'ils ont toujours 30 ou 40 ans, qu'ils resteront éternellement leur papa et leur maman. La cassure dont j'ai parlé plus haut révèle l'effondrement de la fonction de *pater familias*.
Pour les garçons, le passage de l'autre côté de la barrière, dans le camp des vieux est terrible. Ils se disent : « C'est à mon tour de supporter toute la famille sur mon dos. » Et ils ne sont pas prêts à cette responsabilité. Quant aux filles, à 40 ou 50 ans, elles terminent d'élever leurs enfants. Alors qu'elles s'apprêtent à goûter une certaine liberté, elles tombent à nouveau dans le prendre soin de leurs parents âgés. Cette perspective les inquiète beaucoup. À cette étape de la vie, le couple qui va s'occuper de ses parents âgés doit être très fort. Sinon, il peut se briser sur cette situation nouvelle. De plus en plus de personnes se « démarient » autour de 65 ans.

*Vous insistez sur la notion de pater familias qui doit s'incarner dans toute famille pour permettre la transmission des biens symboliques et réels. Quel conseil donneriez-vous aujourd'hui à une personne qui entre dans la vieillesse ?*

**C. T.** : Il est simple : organiser son patrimoine et sa fin de vie. Pour cela, il ne faut pas avoir peur d'en parler. Notre rôle est de faire comprendre aux plus âgés qu'ils ne seront pas toujours infaillibles et aux plus jeunes qu'ils vont avoir à assumer une fonction de *pater familias*. Nous parlons essentiellement de transmission entre les générations, aussi bien à un niveau très concret que plus symbolique, ces deux niveaux étant étroitement imbriqués l'un dans l'autre.

Expliquer les enjeux de la transmission du patrimoine et des fonctions qui lui sont attachées exige souvent plusieurs rendez-vous. À partir d'une situation donnée et de l'analyse des personnes, nous définissons avec elles et leur famille les objectifs d'une transmission de patrimoine, puis la stratégie qui respectera au maximum les intérêts et les besoins de toutes les personnes concernées.

# 5 | En conclusion : ce que veut dire « accompagner »

# Le poids infini des mille détails du quotidien

Pascal Dreyer

*À la mémoire de mes grands-parents et des mères de Jean-François et de Scarlett*

La plupart des personnes âgées vivent chez elles avec ou sans l'aide de leurs familles[1]. Lorsqu'elles sont présentes, ces dernières assurent l'essentiel de l'accompagnement soit sous la forme d'aides directes à la personne, soit en assumant le rôle de coordination des services et des professionnels qui interviennent dans le maintien à domicile. Mais ce que décrivent les chercheurs[2], comment les familles le vivent-elles réellement ? Comment font-elles face au poids grandissant des milliers de « détails[3] » d'une vie ordinaire, détails auxquels il leur faut sans cesse apporter une réponse ? Comment les professionnels apprécient-ils les rôles que fille et fils remplissent (ou pas) auprès d'une personne âgée ?

---

1. En effet, 95 % des personnes âgées vivent à domicile et 5 % d'entre elles en institution. Le placement ne concerne que les personnes les plus lourdement dépendantes ou isolées familialement et socialement. Les enjeux du maintien à domicile et les modalités pratiques et financières de sa mise en œuvre touchent ou vont toucher une majorité des familles aujourd'hui.
2. Sur ces deux aspects, voir les articles d'Agnès Gramain, page 49, et de Simone Pennec, page 105.
3. Nous empruntons ce terme à Jean-François, témoin dans l'article, p. 123.

L'accompagnement est une notion à la mode. Des personnes handicapées aux chômeurs de longue durée en passant par les cadres en emploi, toute personne traversant une crise naturelle de la vie ou subissant une rupture personnelle, sociale ou professionnelle se doit d'être accompagnée. Mais l'accompagnement profondément implicant de ses parents âgés est-il comparable à ces formes d'accompagnement professionnelles ? Certainement que non. Aussi, nous proposons un parcours ouvert autour de trois grands thèmes, profondément liés entre eux, qui constituent la matière même de l'accompagnement : nos représentations de la vieillesse, les étapes relationnelles de l'accompagnement et le lien intergénérationnel[4].

Notre représentation personnelle de la vieillesse[5] et celle plus globale que véhicule notre société définissent les formes et les contours de notre accompagnement. Mais quelles qu'elles soient, elles sont le plus souvent négatives. Elles insistent davantage sur les pertes que sur les gains de ce moment particulier de la vie : les pertes des personnes âgées ; mais aussi les pertes des aidants. En effet, dans un monde centré sur l'affirmation illusionnée de la souveraineté de l'individu sur les liens de dépendance envers autrui et envers la société, la découverte de ces liens de dépendance est inquiétante, douloureuse, voire révoltante. Pourtant, l'accompagnement ne se réduit pas à un emploi du temps dévoré par les soins, le *nursing* d'une personne lourdement dépendante. Il peut être envisagé de manière plus riche, avec sa part d'ombre, souvent grandissante, mais aussi sa part de lumière qui, à terme, infléchit sans que nous nous en rendions compte notre future qualité de vie, une vie irrémédiablement « sans eux ». Enfin, le lien intergénérationnel est au cœur d'une présence à l'autre qui s'inscrit dans la disparition annoncée du proche âgé.

---

4. Cet article est le fruit de l'enquête que nous avons réalisée en 2006 pour la préparation de ce livre. Ont contribué à l'élaboration de cet article : Scarlett et Jean-François qui accompagnaient leurs mamans au moment de nos rencontres, Annie qui accompagne ses parents, Gilbert Ageron, responsable régional de l'action sociale, Ionis, Georges Fanget, directeur de Asstra, association tutélaire, Lyon, Graziella Marion, psychologue pour la Croix-Rouge, Lyon, Nathalie Tatinclaux, directrice d'un CCAS dans la région parisienne. Qu'ils soient ici remerciés pour avoir accepté de livrer leurs conceptions personnelles et professionnelles de la vieillesse et de la dépendance ainsi que pour leur disponibilité et la qualité de nos échanges.

5. Cette représentation individuelle est façonnée par la culture du milieu social et de la famille, par les héritages assumés ou refusés, par le poids des dettes entre générations.

## Nos représentations du vieillissement

### Les représentations des professionnels

Dans une société exaltant la jeunesse et la performance, le refus de vieillir n'est plus le fait de quelques privilégiés. Illusoire ou réel, il est devenu la norme à laquelle nous sacrifions tous peu ou prou. Ainsi, à partir d'un certain âge, il devient plus difficile de dire que l'on est fatigué ou que l'on éprouve moins de désirs pour telle ou telle activité. Il faut rester actif, « surbooké ». L'allongement spectaculaire de la durée de la vie fait du passage à la retraite l'entrée dans une vie qui serait déchargée de ses obligations « traditionnelles » : grandir, assumer des responsabilités, avoir des enfants, les élever. Mais c'est à ce moment que le grand âge de ses propres parents vient soudain rappeler à celui qui s'est bercé de cette illusion que, aussi longue que soit cette dernière partie de la vie, elle est malgré tout la dernière[6].

L'ambivalence des Occidentaux en bonne santé face au dernier tiers de la vie nourrit leurs représentations inquiètes. Directrice d'un centre communal d'action sociale dans la région parisienne, Nathalie Tatinclaux constate que pour ses interlocuteurs « vieillir est une catastrophe ; mal vieillir est une fatalité. L'inconscient collectif a intégré comme normal le fait que d'être vieux c'était perdre la tête ». Cet inconscient collectif a sélectionné dans les images disponibles de la vieillesse, celles qui lui paraissaient correspondre le mieux à son idéal. Mais, ayant ainsi oublié volontairement le processus qui voue toute créature vivante à la disparition, cet inconscient collectif ne peut plus percevoir la richesse de la vieillesse. Au point que des professionnels comme Georges Fanget, directeur d'un service de tutelles, ne savent plus quelles sont les représentations de cette période de la vie. Il ne peut que constater que lorsque le grand âge arrive, familles et personnes âgées « éprouvent des sentiments de souffrance et l'impression de traverser une épreuve ».

---

6. Nathalie Tatinclaux souligne les effets de ce paradoxe : « Dans notre compréhension du vieillissement, nous nous situons toujours dans l'écart qu'il y a entre notre apparence physique et notre ressenti intérieur. Si le corps porte les stigmates du vieillissement, le sujet lui est sans âge : il acquiert de la maturité grâce à l'expérience de la vie écoulée. Mais nous prenons difficilement conscience de cet écart et surtout de ses effets. »

Mais alors qu'est-ce qu'être vieux aujourd'hui ? Rejoignant les analyses des épidémiologues, être vieux pour Georges Fanget ce n'est pas être à la retraite, c'est être dépendant. Les personnes les plus âgées de son entourage, ses parents et beaux-parents, sont autonomes, voyagent et n'ont pas besoin d'aide. « Cette expérience personnelle influence nécessairement ma vision de la personne dépendante. Pour moi, il s'agit d'une personne de plus de 80 ans et qui ne peut plus agir seule. » Mais la vieillesse ne se résume pas à l'incapacité à réaliser seul(e) tout ou en partie des actes de la vie quotidienne. « La vieillesse est aussi un état d'esprit car j'ai rencontré des personnes de plus de 80 ans, dépendantes certes, mais qui ont une ouverture d'esprit extraordinaire. »

Graziella Marion, psychologue dans un service accueillant des personnes âgées atteintes de la maladie d'Alzheimer, apporte à la vieillesse son autre dimension, souvent passée sous silence. Vieillir, « c'est la conscience de la maturité que donne l'expérience de la vie. Mais c'est aussi avancer vers la mort, sa propre mort qui dit que son propre temps va bientôt s'arrêter. C'est donc une prise de conscience aiguë et bouleversante du réel et du temps comme confrontation à qui l'on est vraiment, à travers un corps que l'on découvre de plus en plus dans ses limites ». Cette conscience de la mort est aujourd'hui souvent niée par les proches comme par certains professionnels, alors que cette question est centrale autant pour les personnes accompagnées que pour ceux qui les accompagnent. Contrairement à bien des idées reçues, ce questionnement n'est pas nécessairement dramatique ou violent. Il cherche à se dire mais ne trouve ni formes ni lieux. Les auxiliaires de vie témoignent régulièrement de cette demande constamment frustrée. Elles relayent une demande de reconnaissance et de reconquête de cette échéance pour pouvoir la vivre avec la personne. Et après sa disparition.

### Les représentations des proches

Si l'on considère que les professionnels ont malgré tout à leur disposition des outils et des expériences professionnelles leur permettant de nourrir et de faire évoluer leurs propres représentations de la vieillesse, qu'en est-il des proches confrontés au vieillissement de leurs parents ?

Jean-François[7] a pris soin de sa mère au moment où il décidait de partir à la retraite pour accomplir enfin son rêve : habiter et restaurer la maison de famille. Ses représentations étaient alors moins celles de la vieillesse de ses grands-parents, qui l'avaient peu marqué, que le souvenir de visites, à l'âge de 25 ans, dans un mouroir où l'un de ses oncles travaillait : « Ce dont je me souviens le plus nettement c'est mon ressenti de la situation d'abandon dans laquelle se trouvaient les vieilles personnes et le comique involontaire de leur retour en enfance. » Ces souvenirs ont fortement infléchi l'accompagnement que Jean-François a mis en place pour sa maman, un accompagnement qui a opposé, de manière délibérée, la présence à l'abandon et la répétition patiente à la coercition.

Annie est dans une situation très différente de celle de Jean-François. Il y a plusieurs années, elle a accompagné les grands-parents de son mari pour des raisons purement affectives. Aujourd'hui, elle s'engage dans l'accompagnement de ses parents. Son expérience du vieillissement est celle de ses proches et des problèmes qu'il pose. Mais elle refuse assez rapidement ce terme : « D'ailleurs plutôt que des problèmes je devrais plutôt dire des réponses qu'il faut chercher à chaque nouvelle difficulté. Ce qui caractérise le vieillissement c'est une évolution constante, imprévisible et rapide de la situation des personnes. Un jour tout va bien. Le lendemain, il faut repenser toute l'organisation de la vie pratique de la personne car elle a perdu un peu plus de son autonomie. » Sa représentation du vieillissement, plus que de la vieillesse, est celle d'une courbe tantôt douce tantôt forte. Cette représentation, très intériorisée, fait retour sur sa propre vie : « Le vieillissement c'est aussi ce que cela signifie pour soi et comment on peut (ou non) s'y adapter ; comment on ressent son propre vieillissement en vivant celui de ses proches. » Cette courbe que dessine en elle l'accompagnement de ses parents n'est pas celle de leur perte d'autonomie mais celle de l'inversion de rôles fondamentaux : « La première chose dont on doit tenir compte c'est l'inversion des rôles entre parents et enfants. Les enfants prennent progressivement en charge ceux qu'ils ont toujours connus autonomes et indépendants et sur lesquels ils ont toujours compté. Ce n'est pas toujours facile. »

---

7. Voir l'entretien complet avec Jean-François, p. 123.

**Devenir un fils ou fille suffisamment bon(ne) ?**

Comment alors, en écoutant Annie, ne pas penser à D. W. Winnicott et à son concept de « mère suffisamment bonne[8] » ? Au seuil de la vieillesse de nos parents, de leurs pertes progressives d'autonomie, de leur besoin de sécurité et d'amour sous une forme nouvelle, n'avons-nous pas à devenir « des fils et des filles suffisamment bons » ? Des fils et des filles qui sauront respecter l'autonomie et l'indépendance manifestes mais qui sauront aussi combler progressivement les manques, les déficits par toujours plus de présence et de capacité de réponse ? La complexité de ce devenir des enfants vis-à-vis de leurs parents, ou de tout proche âgé avec qui une relation d'interdépendance est tissée, tient au fait que ce prendre soin n'est pas naturel mais culturel. Pour Winnicott l'adaptation de la mère suffisamment bonne à son enfant est comme une maladie dont elle guérit lorsque son enfant n'en a plus besoin. Il entre dans sa conception une dimension génétique (physiologique) que des parents auraient pour leurs enfants mais que les fils et les filles n'ont pas vis-à-vis de leurs parents. Comment construire un rôle de fils ou de filles suffisamment bons, en rapport avec les relations que les enfants et les parents auront eues dans le passé ? La relecture des articles de Winnicott sur le thème de la mère suffisamment bonne peut ouvrir des pistes de réflexion fructueuses.

## Accompagner un proche

**Qu'est-ce que la dépendance ?**

C'est la perte d'autonomie progressive ou brutale d'un proche qui déclenche notre engagement dans son accompagnement. Il peut s'agir d'une chute dont les suites compromettent le retour à la maison. Ou d'une maladie qui s'installe. La perte d'autonomie signifie pour la personne sa dépendance partielle ou totale d'autrui ou d'aides techniques pour accomplir les actes ordinaires de la vie quotidienne. Toutefois, la dépendance n'est pas une situation simple à observer et à comprendre. Et il est encore plus difficile d'y répondre de manière appropriée.

---

8. Winnicott D.W., *La Mère suffisamment bonne*, Petite bibliothèque Payot, n° 595, 2006.

L'aide apportée dans un premier mouvement peut ignorer la volonté de la personne, sa détermination. L'importance de la dépendance n'est pas toujours équivalente à la perte d'autonomie qui lui correspondrait. Pour Gilbert Ageron, responsable régional de l'action sociale pour Ionis : « La dépendance caractérise les personnes, handicapées ou âgées, qui n'arrivent plus à assumer les actes de la vie quotidienne. Mais on ne peut définir la dépendance par rapport à un niveau objectif d'incapacité. Certaines personnes très lourdement handicapées se débrouillent seules par volonté et par choix. D'autres qui le sont de manière égale ou moindre, n'y parviennent pas. La dépendance s'exprime par la perception de sa propre incapacité et par son besoin de recourir à une tierce personne, au quotidien. Il y a donc, dans l'appréciation d'une situation de dépendance, une part subjective. Nous ne souffrons pas tous de la même manière de la perte d'une capacité. Il faut être attentif à cette dimension très personnelle du vécu du handicap et de ce qu'il génère. »

**Une dépendance réciproque**

Les familles connaissent intimement et d'expérience l'interaction étroite qui existe entre la personne, son environnement et ses proches, interaction dont l'analyse permet seule d'évaluer le mieux la situation de dépendance. Tout comme la situation de handicap, celle de dépendance est multifactorielle. Et parmi tous les facteurs, l'exigence des proches, des fils et des filles qui ne supportent pas de voir leurs parents « renoncer » est l'un des plus importants. Annie en témoigne alors que ses parents vont encore bien et qu'elle leur apporte surtout un soutien qui risquerait peut-être de devenir envahissant si elle lui laissait la bride sur le cou : « En regardant mes parents s'enraciner dans la vieillesse, je me rends compte qu'ils ont envie de profiter des instants présents sans faire d'efforts. Faut-il les pousser à garder les acquis de toute une vie ? Pour les aider à ne pas tomber dans la facilité et le repli sur soi, il faut être à côté d'eux souvent. Même si la demande n'est pas formulée, ils ont aujourd'hui besoin de mon aide. » En quelques mots tout est dit du refus de la situation et du questionnement qui surgit malgré tout : permettre à ses parents de garder les atouts de toute une vie est-il l'enjeu de ce temps de la vie ?

Jean-François, quant à lui, se sent étroitement dépendant de sa mère dont la préoccupation a envahi toute sa vie. Si sa mère est dépendante de lui, lui est dépendant d'elle à chaque minute dans un autre sens. Son engagement dans l'accompagnement et les responsabilités qu'il a accepté de porter l'ont privé de toute liberté de décision dans l'instant. Sa vie personnelle dépend de la réponse, qui sera apportée par des tiers, à la question : « À qui confierai-je le souci que j'ai d'elle ? » « Ma dépendance et la vieillesse de ma mère vont de pair. L'organisation de ma vie quotidienne et de mes projets dépend de ma mère dont je m'occupe et de ma sœur qui prend de temps à autre le relais. Je dis souvent que je suis à la fois dépendant de la vieillesse de ma mère (à qui j'apporte de l'aide) et d'une aide pour moi-même. » Et il lui semble aujourd'hui que, plus que de sa mère, il est dépendant de la vieillesse même.

**Quand est-ce que cela a commencé ?**

Les « bons » professionnels, les « bons » parents, les « bons » enfants seraient ceux dont la capacité d'anticiper toute situation ne serait jamais prise en défaut. Ceux qui n'ont pas encore envisagé le vieillissement de leurs parents et en découvrent soudain la perspective, demandent alors très inquiets : Peut-on anticiper les situations de dépendance ? Peut-on décider d'accompagner ses parents et à partir de quels signes ? Nous ne sommes pas égaux dans le processus du vieillissement. Aussi semble-t-il difficile de prévenir la dépendance à venir (ou non) d'un proche. La chute qui marque souvent l'entrée dans la vieillesse des parents âgés n'est que la conséquence lointaine de microdégradations dont personne n'a pris conscience. Le chez-soi protecteur, les habitudes familiales et la proximité affective sont les masques efficaces derrière lesquels la vieillesse avance dissimulée. Annie, nous l'avons vu, a accompagné les grands-parents de son mari, ce qui lui donne une expérience certaine. Mais pour autant, peut-elle véritablement anticiper la situation de dépendance de ses parents ? « Je ne crois pas qu'il soit possible d'anticiper une situation d'accompagnement. Ce sont les personnes âgées qui sont les acteurs. On ne fait que suivre. Le facteur déclenchant pour soi est souvent la maladie ou l'accident. Mais on se rend compte que l'installation dans la dépendance s'est faite de manière progressive. » Au fond on peut dire que l'on entre dans l'accompagnement d'un proche âgé presque sans s'en rendre compte, le premier épisode traumatique renvoyant à une période déjà passée, et que l'on avance au jour le jour, à tâtons, ensemble, l'accompagné et l'accompagnant, l'aidé et l'aidant. L'aidant en sort brutalement et chamboulé. Changé à jamais. L'accompagnement d'un parent est une expérience indicible et intime qui se termine dans le silence.

••• VIEILLESSE ET VIEILLISSEMENT

Graziella Marion, psychologue, distingue le processus de vieillissement et l'état de vieillesse : « L'état de vieillesse n'a pas nécessairement de rapport avec l'âge de la personne. On peut se "sentir vieux" en étant jeune ! Dans mon travail, j'accueille des résidants (qui sont des personnes âgées) que je dois situer dans leur processus de vieillissement. Je m'appuie pour cela sur le ressenti de ce processus. Chacun fait un parcours différent. Certains résidants ne réalisent leur état de vieillesse qu'en entrant en long séjour. D'autres se sont inscrits dans leur vieillissement sans conflits majeurs. » Elle ajoute également : « Au sein du processus de vieillissement proprement dit l'approche psychologique distingue encore ce qui relève du vieillissement physique contre lequel nous ne pouvons rien (notre corps enregistre le passage du temps et en conserve les traces) de trois formes de vieillissement plus globales : le vieillissement normal, réussi ou pathologique. Le vieillissement réussi est celui d'une personne qui continue de s'épanouir dans le cours du temps, qui ressent le vieillissement et qui est capable de le traduire dans sa vie de manière créative. C'est évidemment une notion très personnelle : aucun vieillissement réussi ne ressemble à un autre. Le vieillissement normal est un vieillissement sans signes pathologiques selon les critères médicaux mais aussi sociaux que l'Occident a développé et affirmé. Enfin, les formes de démence liées au grand âge définissent le vieillissement pathologique. Mais elles font voler en éclats les critères psychanalytiques, scientifiques et cognitifs de cette conception. »

## L'accompagnement proprement dit

### Décision et implication

Même si l'entrée dans l'accompagnement n'est pas discernable, elle suppose que celui qui va se trouver dans la situation de l'aidant en accepte le rôle[9]. De nombreux éléments concourent à son acceptation : la situation sociale et économique de l'aidant, ses convictions

9. Voir l'article de Simone Pennec sur les rôles tenus, les degrés d'acceptation et les motivations formulées ou subies des aidants familiaux, p. 105.

religieuses, et, plus intimes, les pactes passés avec la personne aidée ou parfois le conjoint. C'était le cas d'Annie lorsqu'elle a accepté de s'occuper des grands-parents de son mari alors qu'ils avaient une fille susceptible de remplir logiquement ce rôle. Pour Annie, cette fille n'était pas en mesure d'assurer ce rôle : « Il y a des personnes qui rencontrent plus de difficultés que d'autres à faire cet accompagnement. Chacun a ses freins. Je ne crois pas que la fille des grands-parents de mon mari pouvait accompagner ses parents alors qu'ils étaient encore chez eux. Et entre mon mari et moi il s'agissait d'un accord tacite lié à son histoire. Cela m'a paru naturel. Je n'ai pas vraiment décidé de les aider. Il y a peut-être eu un autre facteur : la maladie psychique. La famille s'est trouvée dépourvue face à l'irruption de la maladie d'Alzheimer. Pour moi, c'était plus facile, n'ayant pas le même lien. » Un double jeu affectif a rendu possible cet accompagnement de personnes qui n'étaient pas proches d'Annie : l'amour pour son mari et la distance affective d'avec les enjeux familiaux lui ont permis d'accepter la maladie psychique sans en être trop affectée.

Si ce premier accompagnement n'a pas eu de grand retentissement dans la vie personnelle d'Annie (au sens où il l'aurait bouleversée au point de toucher à des relations essentielles de sa vie de couple ou de famille), il n'en va pas de même dans la relation avec ses parents. Directement impliquée, se projetant elle-même dans son propre vieillissement, son entrée dans cet accompagnement lui a fait dire à son fils : « "Quand je perdrai la tête, tu me mettras dans une maison, sans me demander mon avis." Mais les choses ne se passent pas comme cela, ni pour la personne âgée ni pour son entourage. Heureusement ! Au moment où je lui ai dit cela, j'éprouvais un sentiment d'impuissance et de fatigue très grand. » Et ce sentiment d'impuissance qui semblait tourné vers la situation de ses parents était en fait l'aveu de sa propre impuissance devant la mort inéluctable et le poids de la vieillesse sur les plus jeunes.

### Une relation inédite

Pour vivre pleinement un accompagnement qui peut durer plusieurs mois ou plusieurs années, peut-être faut-il parvenir à l'envisager comme la création d'une relation à nulle autre pareille. Car accompagner ses parents est pour un fils ou une fille une expérience inédite. Aucune des relations humaines vécues auparavant par la personne ne peut servir de modèle, qu'elle soit amicale, amoureuse, ou même filiale. L'accompagnement crée une relation qui ne possède pas de références. C'est ce que souligne Annie qui insiste immédiatement sur le retentissement de cette relation neuve sur les autres relations déjà établies : « Accompagner ses parents âgés est une expérience différente des relations de couple ou de famille dont nous avons l'habitude. Cette expérience met à jour les relations avec ses parents et leurs failles. Elle sert aussi par ricochet à éclaircir la relation avec ses propres enfants. Et de manière radicale, c'est une expérience qui renvoie à soi et à son avenir : où et comment vivre ? »

Pour Jean-François, le caractère inédit de cette relation tient à une inversion des rôles à laquelle nous ne sommes pas préparés. Jusque récemment encore, les parents décédaient avant que leurs enfants n'aient atteint un âge qui pose la question de la mort de manière aiguë. Perdre ses parents à l'âge de 40 ans n'a pas la même signification qu'accompagner ses parents de 95 ans en ayant soi-même 65 ans. L'inscription dans la génération et la transmission résonneront différemment. Ainsi Jean-François dit-il être devenu « le parent de [sa] mère et elle est maintenant [son] enfant. C'est une inversion des rôles qui n'est pas toujours facile à vivre mais qui est dans l'ordre des choses, d'autant qu'[il est] disponible. » Et si Jean-François souligne qu'il est dans l'ordre des choses pour lui d'assumer pleinement ce rôle, c'est grâce à des valeurs et des croyances qui n'ôtent rien au caractère nouveau de ce rôle. Dans une formulation traditionnelle et comme allant de soi se glisse une expérience inédite pour lui comme pour bon nombre de fils et de filles et qui n'a pas encore trouvé ses mots propres[10].

### La nécessaire confiance du proche âgé

Le caractère inédit de cette relation d'accompagnement tient aussi à la manière dont les ingrédients de toute relation s'équilibrent entre eux. Le plus important de ces éléments est la confiance que doivent éprouver les plus âgés envers ceux qui les accompagnent. C'est elle seule qui assure la réussite de l'accompagnement pour les personnes aidées et les aidants.

---

10. Sur ces questions de formulation et de style de pensée, voir Mary Douglas, *Comment pensent les institutions*, coll. « Sciences humaines et sociales », La Découverte/Poche, n° 175, 2004.

Annie estime ainsi le rôle de la confiance dans le dévoilement d'une intimité des parents jusque-là soigneusement tenue à l'écart des enfants : « Lorsque l'on commence à s'occuper des affaires de ses parents, on découvre assez vite qu'ils ne voient pas les choses comme nous, qu'ils ne les vivent pas comme nous. Sans confiance, rien n'est possible. Ma mère s'est toujours occupée des affaires de banque. Je l'aide aujourd'hui à tenir ses comptes. Je sers de lien entre mon frère et eux pour la gestion quotidienne de leur budget à l'aide de l'informatique. Nous avons tous les deux une procuration, mais c'est lui qui supervise. » La confiance qui s'établit à ce moment-là peut avoir un soutien rationnel : la compétence professionnelle ou relationnelle de l'un des enfants, son habitude de la gestion de tel ou tel aspect de la vie quotidienne. Mais la confiance envers l'autre peut avoir des racines moins objectives : l'amour pour un enfant ou un petit-fils en particulier. L'élection par les parents de celui ou celle qui va les aider possède de nombreuses sources, parfois contradictoires pour celui qui est ainsi désigné [11].

Une somme de détails qui se multiplie à l'infini

Le titre de cet article est emprunté à Jean-François qui, à la question « Qu'est-ce que l'accompagnement ? », nous répondit : « le poids d'un nombre infini de *détails* ». Ces détails sont ceux d'une vie quotidienne dans laquelle l'aidant intervient de plus en plus, soucieux à la fois du bien-être, du confort et de la sécurité de la personne accompagnée. Mais aussi la répercussion de la moindre négligence dans la vie de la personne et dans la sienne. Jean-François décrit ainsi la nécessité d'une vigilance jamais prise en défaut : « Ce poids est celui d'un quotidien qui finit par se réduire à la gestion harassante d'un nombre infini de détails, d'explications à donner et à répéter sans fin. La moindre inattention provoque des réactions en chaîne. Il y a peu, ma mère a ôté son appareil dentaire du bas. Je travaillais auprès d'elle et l'ai bien vue le poser sur sa jupe. Je me suis absenté et lorsque je suis revenu, le chien avait joué avec et l'avait mordillé et abîmé. Je me suis énervé. Puis finalement j'ai dit à ma mère : "Il y a ceux qui donnent leur langue au chat, vous, vous

---

11. Voir l'article de Simone Pennec, p. 105. La personne âgée peut aussi choisir d'accorder sa confiance à une personne extérieure à la famille.

avez donné vos dents au chien." Cela nous a fait rire. Mais derrière ce "détail", il y a maintenant sa difficulté à se nourrir en attendant le nouvel appareil, les rendez-vous à prendre, etc. »

La crainte de l'erreur dont les effets sont sans commune mesure avec la négligence elle-même peut entraîner certains accompagnants à devenir plus directifs, parfois coercitifs. La maltraitance dont sont parfois victimes les personnes âgées n'a pas toujours comme motivation la malveillance. Bien au contraire, le désir de bien faire, de trop bien faire pour l'autre peut se transformer en violences exercées contre lui à son corps défendant. L'enjeu est donc de toujours mesurer l'importance de la négligence et de la replacer non pas dans le contexte de l'aide apportée mais dans celui de la vie de la personne. Mais le poids de la culpabilité et de la fatigue peut empêcher de manière insidieuse toute analyse de la situation. L'exemple de Jean-François montre bien l'impact de la perte du dentier de sa mère dans sa vie à elle et dans la sienne. Mais il dit aussi que la solide relation qui les unit lui permet de surmonter et d'accepter les perspectives que cet épisode entraîne : des rendez-vous à prendre avec l'orthodontiste, des sorties à organiser, le trouble généré à apaiser, les nouvelles habitudes à prendre...

Ces « détails » s'inscrivent dans le temps dilaté de l'accompagnement. Un temps dilaté car tout y prend une place très importante. Les moindres gestes et actes réalisés avec l'autre ou pour l'autre demandent de l'attention et de la patience qui deviennent des modalités propres au temps de l'accompagnement. Les professionnels qui interviennent dans un temps mesuré et compté sous-estiment en général l'impact de ce temps gonflé et lourd d'attentes pour les aidants. La vieillesse de sa maman est pour Jean-François « un déclin dans lequel les détails ont de plus en plus d'importance et de poids : pour la personne âgée et pour son proche. Tout a une ampleur et une importance démesurées ».

### Les sentiments violents et contradictoires de l'accompagnant

L'accompagnement idéal n'existe pas. L'accompagnant idéal non plus. Il n'y a que des accompagnements en situation et des personnes liées entre elles. Le livre de Marie de Hennezel[12] sur l'accompagnement

---

12. Hennezel M. de, *La Mort intime, ceux qui vont mourir nous apprennent à vivre*, Robert Laffont, 1995.

dans les unités de soins palliatifs ne dit qu'une partie de la vérité de l'accompagnement d'une personne très âgée. Et il a largement contribué (sans le vouloir) à dessiner une image inatteignable de ce que doit être un accompagnement réussi de la fin de vie et à dévaluer aux yeux de ses lecteurs des accompagnements individuels différents et pourtant réussis. Pour porter le poids du quotidien, pour affronter les questions existentielles que ne manque pas de soulever la question de l'échéance de la vie de l'aidé, et trouver toujours du sens à leur engagement, les proches doivent reconnaître et admettre les sentiments qui les animent. Pour Jean-François, ses sentiments prennent leur source dans l'image intérieure qu'il garde de sa mère : « Les sentiments que j'éprouve dans cet accompagnement sont contradictoires, paradoxaux. »

Mais cette image est mise en danger par le refus de voir le vieillissement de la personne, sa vulnérabilité mais aussi son repli, la distance douce qui s'installe entre elle et le monde des bien-portants. Jean-François, comme chacun d'entre nous, se raccroche à l'image idéale et radieuse de sa mère que le quotidien vient saper. La patience s'émousse parce que l'angoisse, au détour d'un moment partagé, surgit sans crier gare. Jean-François : « J'éprouve des crispations, des agacements et des énervements parce que je ne tiens pas assez compte de son grand âge et de ses difficultés à vivre normalement, difficultés dont elle doit être consciente. »

Comment alors concilier l'image idéale et le quotidien ? Jean-François réunit les deux images si dissemblables de sa maman dans leur relation teintée d'humour. Le vieillissement n'a pas entamé leur belle complicité : « Mon amour et mon respect pour elle ne m'empêchent pas de réagir vivement lorsqu'elle fait une bêtise avec son dentier ou qu'elle ne m'écoute pas. Je m'emporte, je crie un peu puis la situation un peu absurde me fait rire. Nous rions ainsi ensemble. »

### Les frères et sœurs

Les frères et sœurs donc, lorsqu'il y en a. Comme le montre Simone Pennec, au sein de la fratrie, les uns et les autres rejouent la partition de l'enfance, parfois amplifiée encore par les conflits de l'âge adulte. L'engagement de l'aidant principal auprès de ses parents est alors passé sous silence ou ignoré. La fratrie se dédouane de son engagement sur celui qui a le temps ou les compétences pour assumer ce rôle et ces tâches. Aînée de sa fratrie, Annie est toute désignée pour prendre en charge progressivement les besoins de ses parents. Elle ne refuse pas cette fonction au sein de la famille. Mais elle souhaiterait un partage plus équitable de la responsabilité pour une meilleure dynamique de l'accompagnement lui-même : « Je souhaiterais un soutien familial plus grand, une plus grande cohésion entre les enfants, mais ça, ça ne se décrète pas. Je pense que l'accompagnement devrait être celui de la fratrie tout entière pour qu'il devienne moins lourd et plus dynamique. Lorsque cet accompagnement de l'ensemble de la fratrie se met pas en place, il est le fruit des frères et sœurs eux-mêmes. Il est plutôt le fruit des relations établies par les parents avec chacun des enfants et avec la fratrie dès l'enfance. »

La sœur de Jean-François n'habite pas la même région que sa mère et lui. Elle a une charge de famille et ne peut guère s'absenter. Bien qu'ayant établi d'autres priorités que son frère, elle a le souci de sa santé : « Ma sœur a formulé des demandes d'inscription dans des maisons de retraite. "Tu dois te préserver", m'a-t-elle dit. Ma sœur a plus facilement que moi le réflexe du placement. » La sœur de Jean-François n'éprouve pas moins de sentiments à l'égard de sa mère. Mais l'éloignement et une vie de famille favorisent la prise de distance et le choix de solutions tournées vers l'intervention des professionnels, voire autorisent plus facilement le choix de la maison de retraite. Ce à quoi Jean-François ne peut se résoudre. Il estime que sa bonne santé morale et physique l'aide à tenir le coup. Bien que seul à être présent auprès de sa mère et à coordonner l'intervention des professionnels, « le poids de la dépendance ne m'atteint pas physiquement ».

### Le poids du contexte financier et matériel de l'accompagnement

Les difficultés de l'accompagnement ne doivent pas être réduites à des problématiques relationnelles ou affectives aussi fondamentales soient-elles. Les conditions de vie de la personne âgée et celles de l'aidant interagissent les unes avec les autres. Pour les enfants qui prennent en charge la vie de leurs parents, les moyens financiers et matériels conditionnent la qualité de vie de leurs parents âgés. Et la leur ! Annie sait désormais que « la question la plus cruciale du grand âge est celle des moyens dont les personnes disposent. Je peux voir la différence entre les grands-parents de mon mari qui avaient des moyens financiers et mes parents qui n'en ont pas. La réponse à cette question est essentielle pour le projet de vie des personnes. Et elle a une incidence directe sur le poids de la dépendance exercée sur les enfants. » En effet, de la même façon que l'engagement dans l'accompagnement a des effets sur la manière dont on envisage les relations avec ses propres enfants, dans le cas d'une fratrie, la question du partage des moyens financiers est sensible et... révélatrice des liens initiés dans le passé : « Les contributions des enfants ne se décident pas toujours de manière objective. Il y a les enfants qui ne souhaitent pas engager des frais pour leurs parents. Mais il y a aussi les parents qui n'imaginent pas que certains de leurs enfants puissent les aider. La question financière et les choix qu'elle entraîne font ressortir toutes les tensions relationnelles qui se sont installées dès l'enfance au sein de la fratrie. »

L'impact de l'accompagnement dans la vie de l'accompagnant

L'accompagnement de l'un de ses parents âgés n'est jamais neutre. Il faut en accepter la contrainte de temps et renoncer à tout ou partie de ce qui était sa vie avant, même si les services d'aide à domicile apportent aujourd'hui une aide non négligeable. Jean-François n'a plus de vie personnelle sans l'aide d'autrui.

De son côté, Annie a inscrit son goût de l'accompagnement d'autrui dans un cheminement personnel. Plus qu'une parenthèse, il relève d'un choix de vie dans lequel elle se reconnaît et est reconnue par ses proches. Annie : « Dans mon cheminement de vie, l'accompagnement des proches âgés de notre famille revêt une grande importance. J'y éprouve au plus près le sentiment de la vie. Je peux m'y affirmer de manière personnelle, à travers le rôle que je joue pour eux. Accompagner un proche n'est jamais neutre. Si s'occuper des autres, c'est aussi prendre soin de soi, s'occuper d'un proche c'est prendre soin de ses propres origines. On peut choisir d'évacuer ce souci de l'origine de sa vie et de son histoire pour de nombreuses raisons. Mais si on le prend en compte, il donne le courage de s'affirmer avec une assurance nouvelle. » Ainsi, comme nous le suggérions plus haut, la part lumineuse de l'accompagnement comprend, outre l'affection partagée et la reconnaissance de ses parents, des bénéfices plus personnels comme la reconnaissance de compétences ignorées jusqu'alors par la fratrie, la restauration d'une meilleure estime de soi ou la découverte de la joie des relations approfondies et privilégiées avec une personne dont on hérite de l'expérience ou dont on devient dépositaire de la vie[13]. L'accompagnement peut alors être un formidable instrument de libération et de liberté personnelle qu'ont en général envie de partager avec générosité ceux qui l'ont éprouvé.

Pour Jean-François, l'accompagnement de sa maman a changé ses représentations de la vieillesse : « Je sais aujourd'hui qu'il faudrait que je fasse preuve de plus d'indulgence car je n'imaginais pas ce que pouvait être le grand âge. » Mais surtout, il aura ouvert une fenêtre sur son propre vieillissement : « Je me demande aujourd'hui quel est l'intérêt de vivre ce grand âge sans pouvoir profiter pleinement de cette durée supplémentaire ? Si la personne reste vive et passionnée, vieillir est bon. Si ce n'est pas le cas, ce n'est intéressant pour personne. »

### Le regard des professionnels

Une situation à laquelle personne ne s'attendait

À quel moment les professionnels qui agissent au cœur des dispositifs d'aide et de soutien destinés aux personnes âgées et à leurs proches rencontrent-ils les familles ? Trop tard, répond l'équipe du CCAS que dirige Nathalie Tatinclaux : « Les personnes et les familles essayent de se débrouiller le plus longtemps possible. Leurs demandes nous arrivent donc très tard : quand elles ne sont plus en mesure de se faire à manger ou pour des demandes de prise en charge par un établissement. Ce moment de la vie est donc vécu comme une catastrophe à laquelle, il n'est pas inutile de le rappeler, personne ne s'attendait ! » En effet, comme nous l'avons vu plus haut, la progression silencieuse de la perte d'autonomie, le confort des repères partagés, les vies éloignées des enfants ne permettent pas toujours une bonne analyse de la situation. Les parents jaloux de leur autonomie et de leur liberté gomment à l'intention de leurs enfants les difficultés qu'ils rencontrent. Et ces derniers tiennent à leur image idéale de parents toujours jeunes, autonomes et indépendants. La difficulté des professionnels est alors d'expliquer aux enfants le décalage qu'il y a entre leur demande qui n'est déjà plus adaptée aux besoins de la personne et la réponse qui va leur paraître stigmatisante et dégradante. La

---

13. T., dont on peut lire l'entretien p. 128, fait le même constat.

question de la vieillesse, taboue dans notre société, ne permet pas aux différents acteurs de jouer leur rôle.

Les familles sont perdues

Affrontant la situation dégradée d'un proche, les enfants ont aussi à faire face aux maquis des dispositifs de l'aide sociale, qu'elle relève de l'action publique ou des couvertures sociales privées souscrites par la personne âgée elle-même. La détresse n'est pas le meilleur moment pour entendre et comprendre ce que les professionnels ont à dire et à proposer. Gilbert Ageron rappelle ainsi que « les personnes sont égarées dans le maquis des services, des structures et des administrations. Si nous les informons sur les dispositifs d'aide et leur financement, elles nous demandent souvent de valider les informations transmises par les administrations, les collectivités et les services entre lesquels elles sont "ballottées"[14]. »

Nathalie Tatinclaux renchérit de son côté : « La principale demande est celle d'une information claire et simple car les gens sont perdus : il y a beaucoup trop de structures, de financements, d'interlocuteurs. Et ces structures ne s'inscrivent pas dans la proximité. » Là se trouve certainement la principale difficulté des professionnels et des familles. Alors que la situation de la personne engage chaque acteur dans la compréhension fine et approfondie de l'histoire d'une vie, les réponses apportées sont trop exclusivement administratives et médicales. Et souvent, ces personnes et ces familles n'ont jamais bénéficié au cours de leur vie de l'aide sociale. La demander et la percevoir n'est ni simple ni anodin pour elles. Certaines personnes âgées la refusent ou ne voient pas l'intérêt de la demander car elles ne se sentent « ni handicapées, ni âgées, ni pauvres ».

Le rôle de coordination de la famille, difficilement perçu par les professionnels

Les familles doivent donc s'organiser, apprendre à gérer les informations parfois contradictoires reçues de la part des administrations et des

---

14. Pour une présentation « accessible » des dispositifs de prise en charge existant actuellement, voir « Cahier pratique II », p. 301.

acteurs de terrain. Elles sont placées du jour au lendemain dans un rôle de coordination à la fois des demandes de financement et des intervenants au domicile de la personne âgée. Comme évoqué en introduction, ce rôle de « fils et fille suffisamment bons » pour des parents qui deviennent dépendants d'une aide extérieure n'est pas inné. Il s'apprend sur le tas. Les professionnels formés à intervenir sur une partie seulement du continuum de la vie de la personne âgée, soumis eux aussi à des impératifs puissants (rentabilité, efficacité, coûts en diminution), ont du mal à percevoir ce que ce rôle a de nouveau. Nathalie Tatinclaux note que l'écoute partielle des professionnels les prive d'une vision globale et valorisée du rôle des familles : « En ce qui concerne le maintien à domicile, le rôle de coordination est essentiellement assumé par les familles. Les services d'aide à domicile et les associations ne perçoivent pas assez l'importance et le poids de ce rôle pour les enfants. Ils n'entendent que la plainte, les réclamations et les refus de comprendre. C'est dommage car l'un ne va pas sans l'autre. De la même façon, ces services d'aide à domicile ne prennent pas assez en compte la souffrance (morale, psychique, physique) des personnes âgées : ils concentrent leur intervention sur la couverture et la prise en compte des risques vitaux. »

### Proches/professionnels, une relation complémentaire

Les familles ont un jugement beaucoup plus positif des professionnels malgré les inévitables anicroches qui ne manquent pas de survenir dans le temps intense de l'accompagnement. Les professionnels ont d'abord un rôle précieux de lecture et d'analyse de la situation. Leur relation « désaffectivée » à la personne âgée permet aux enfants de mieux comprendre et de mieux agir : « Durant l'accompagnement des grands-parents de mon mari, l'infirmière à domicile comptait beaucoup pour nous. Elle venait pour les soins et la toilette. Son avis était précieux car elle se rendait compte de ce qui arrivait. Je l'appelais et la rencontrais régulièrement », se rappelle Annie. Qui ajoute que selon le degré de dépendance, ce n'est pas le même professionnel qui intervient. « Pour mes parents, la personne qui a compté le plus jusqu'à présent, vu leur faible dépendance actuelle, c'est l'assistante sociale. Elle nous a permis d'obtenir des aides. » Lorsque plusieurs professionnels de services et d'institutions différents interviennent au domicile, il peut y avoir rivalité ou compétition pour imposer telle ou telle solution. Les proches sont garants du fait que le projet retenu associe la personne âgée elle-même et respecte bien ses volontés.

L'arrivée de l'aide à domicile change en général la compréhension que les proches ont de la situation de la personne âgée. La famille entre alors de plain-pied dans la vieillesse proprement dite. La première intervention se fait souvent en urgence, soit que la personne âgée traverse une crise grave, soit que sa famille se trouve dans l'impossibilité de répondre présent. Là encore, il faut aux proches apprendre et apprendre vite, le secteur de l'aide à domicile étant vivement concurrentiel entre acteurs associatifs, publics et privés. Pour Annie, « quand on est novice dans la situation, on a tendance à utiliser les services qui répondent toujours présent. Mais souvent leur personnel n'est pas très sérieux et on ne peut pas vraiment leur faire confiance. Ensuite, en acquérant de l'expérience, on sélectionne mieux les services et les personnes. L'aide à domicile représente une intrusion pour les personnes âgées. Il faut donc qu'elle soit sérieuse et acceptée pour que le cap du rejet soit surmonté. »

Tout comme Annie, Jean-François affirme le rôle complémentaire des aides apportées par les professionnels. Mais il va encore plus loin. Les aides qu'il a reçues l'ont véritablement initié et formé à son rôle de « fils suffisamment bon », même s'il a éprouvé le manque de lieu de parole : « Les aides les plus utiles pour moi sont celles que je reçois des aides à domicile, de la femme de ménage et des infirmières. Elles n'apportent pas qu'un soutien matériel ou relationnel à ma mère. Elles m'aident aussi beaucoup à travers nos échanges. Elles voient notre situation, m'ouvrent les yeux et me remettent au niveau de la situation concrète. Grâce à elles, je peux améliorer la vie pratique de ma mère. Elles sont de bon conseil et de bonne écoute. D'une certaine manière, elles me forment à mon rôle d'accompagnant. » Face à cette formation complémentaire à ses propres apprentissages, Jean-François peut affirmer que « si ces personnes n'étaient pas là, ma mère ne serait plus chez elle. Dans notre situation, ce sont les infirmières qui nous ont dit qu'elle pourrait bénéficier du service infirmier à domicile. Je ne voyais pas qu'elle déclinait donc je ne pouvais pas anticiper. J'ai été éclairé sur notre situation et j'en suis content car l'aide apportée m'a soulagé. »

Une question d'abord relationnelle

Les professionnels eux aussi insistent sur le fait que tout accompagnement se fonde sur un désir de relation à l'autre. Les crises de démence incompréhensibles, le parcours du combattant, souvent vécu de manière brutale pour obtenir un diagnostic, le diagnostic de la maladie lui-même et enfin l'entrée en institution peuvent être des temps de rupture de la relation et de la communication entre la personne âgée et ses proches. L'incompréhension de la première, les sentiments d'abandon et de culpabilité des seconds peuvent affecter durablement la relation établie auparavant. Pourtant il semble bien que si les proches surmontent, avec ou sans l'aide de professionnels, leur souffrance, une nouvelle relation peut s'établir. Cette nouvelle relation tiendra compte de la maladie psychique et de l'institution spécialisée. Elle leur donnera du sens. Le choix de l'institution peut même être l'occasion de la conquête d'une relation apaisée et sereine car débarrassée de la gestion des mille « détails » qui alourdissaient le quotidien. Cette relation peut passer alors par la simple présence et le contact physique. Graziella Marion constate que « lorsque le langage se perd, on en revient à des dimensions archaïques de la relation comme le toucher. La personne démente demande que l'on plonge sans réticence dans la relation et que l'on efface la distance par le toucher. Toucher le corps d'autrui c'est atteindre des profondeurs insoupçonnées. La démence est une maladie fantastique (dans toutes les acceptions du terme) car elle a tous les symptômes. Elle est déroutante, mystérieuse pour le soignant qui doit veiller à ne pas noyer la personne dans la nosographie de la démence. » Cet effort des soignants, les familles, conjoints et enfants, ont à le faire aussi. Afin de toujours respecter la personne et de l'accompagner dans ce chemin où malgré les pertes, la relation se poursuit, ténue, tenace, et enrichissante[15].

## Le lien intergénérationnel en question

La disparition du lien intergénérationnel et des solidarités familiales est un leitmotiv des discours et des déclarations sur la famille. Certainement parce que, comme le constate Nathalie Tatinclaux, pour les élus

---

15. Voir les entretiens d'André V., p. 77, et de Raymond et Valérie, p. 95.

locaux, « les vieux c'est les autres », et que leurs conceptions de la vieillesse et de la solidarité datent toujours des « années cinquante » et d'un âge d'or de la solidarité qui n'a certainement jamais existé. Il suffit de lire ou de relire *Eugénie Grandet* de Balzac ou, plus proche de nous, *Toute passion abolie*, de l'anglaise Vita Sackville-West[16], pour constater que le lien intergénérationnel a toujours été problématique, difficile, conflictuel. Et même s'il est aujourd'hui mis à mal par une société mouvante, inquiète et consumériste, il reste le pivot de la vie des familles. L'État ne se prive pas de s'appuyer sans le dire sur ces solidarités qui permettent, souvent seules, le maintien à domicile des personnes les plus dépendantes.

### Un lien intergénérationnel qui a changé de nature

Gilbert Ageron constate en effet que « contrairement à tout ce qui est dit, ce lien est vivant ». Simplement il a changé de nature. Au lieu de s'inscrire dans le respect pour les anciens et la transmission du patrimoine au décès des plus âgés vers les plus jeunes, il parcourt toutes les générations en présence dans une famille. Et parfois jusqu'à cinq ! Au cœur de ce lien intergénérationnel, la désormais célèbre génération pivot des 55-65 ans joue un rôle essentiel de soutien aux plus âgés et de relais aux plus jeunes : « Les jeunes retraités d'aujourd'hui aident leurs enfants divorcés, achètent une première voiture à leurs petits-enfants et accompagnent autant qu'ils le peuvent leurs parents âgés. »

### Un lien intergénérationnel qui modifie en profondeur les liens de l'enfant avec ses parents

Ne s'inscrivant plus dans un ordre social aux frontières et aux normes de réciprocité nettement établies, le lien intergénérationnel se joue tout d'abord au plus près dans la relation parents/enfants lorsque le besoin de l'autre s'inverse. Nous avons vu combien l'inversion des rôles est troublante pour les parents comme pour les enfants[17]. Bien que ses parents soient

---

16. BALZAC H. de, *Eugénie Grandet*, Folio, 1999, SACKVILLE-WEST V., *Toute passion abolie*, Paris, Autrement, 2005.

17. Alain-Pierre Juppet et Huguette Foy-Marchis-Mourens, p. 42, médecins généralistes, constatent dans leur médecine quotidienne la difficulté des parents à s'inscrire dans de nouvelles relations avec leurs enfants et celle des enfants à prendre un nouveau rôle. Claude Touzet (p. 162) fait le même constat en invoquant la fonction de *pater familias* dont les fils se saisissent avec prudence et difficulté.

encore indépendants, le simple fait qu'ils aient besoin d'elle pour certains aspects de la vie quotidienne a changé la relation qu'Annie avait à eux. « L'aide apportée ne change pas seulement l'aidant. Elle modifie en profondeur la relation aidé(s)/aidant. Je suis une adulte en relation avec deux adultes. » Approfondissant sa compréhension de l'inversion des rôles, Annie constate qu'il s'agit non pas de parents et d'enfants en face à face mais d'adultes qui s'engagent dans des rôles et des responsabilités nouvelles. Mais comment devient-on adulte dans la relation avec ses propres parents dont on reste pourtant l'enfant à jamais ? « Au regard de ce que vivent certains amis, je me rends compte qu'il faut avoir dépassé le stade des griefs et des reproches faits à ses parents pour être dans cette relation parents/enfants dans laquelle nous sommes tous adultes. » S'inscrivant dans une relation de reconnaissance mutuelle et de partage, Annie peut énoncer la première des grandes règles de l'accompagnement : « Je n'attends rien de l'accompagnement de mes parents, si ce n'est la confiance partagée. »

### La difficulté de discerner entre amour et intérêt

Ne rien attendre n'est pas si simple. Amour, reconnaissance jamais donnée enfin accordée, argent, souvenirs, biens... l'accompagnement d'un parent âgé brasse tous les attachements matériels et symboliques d'une vie partagée. Et, faut-il le rappeler, c'est au cœur de l'accompagnement que se joue la qualité de la succession à venir. Comme le souligne Mary Douglas, « il n'y a pas de don gratuit[18] », quelles que soient les personnes en présence et leurs liens. L'intérêt guide l'individu, que cet intérêt soit tourné vers lui ou vers autrui. Lorsque l'accompagnement prend la forme d'une mesure de protection, les juges des tutelles et les associations tutélaires se trouvent au cœur des enjeux et des conflits familiaux. Pour Georges Fanget « le lien intergénérationnel existe, il se traduit par une attention à la personne, motivée par l'intérêt ou par l'amour ». Mais il ajoute immédiatement : « Pour nous il est très difficile de discerner ce qui relève de l'intérêt ou de l'amour. » Comme chacun de nous il aimerait être certain que les proches (ou les moins proches) de la personne âgée témoignent d'une attention désintéressée en accompagnant sa fin de vie. Mais son expérience lui fait avouer que,

---

18. Douglas M., « Il n'y a pas de don gratuit », in *Comment pensent les institutions*, *op. cit.*, p. 201.

même si c'est une généralité qui connaît des exceptions, « lorsqu'il y a un peu d'argent les membres de la famille sont présents. Et s'il n'y a pas d'argent, souvent il n'y a pas de famille. Cette situation est-elle le fait de la personne âgée et de la nature des relations qu'elle a tissées avec ses proches tout au long de sa vie ? Nous ne pouvons pas le savoir. »

**Un lien qui est modifié par l'entrée en institution**

Ce lien est touché une dernière fois lorsque la personne est placée dans une institution en raison des soins exigés par sa santé ou parce que ses proches ne peuvent pas assumer la charge du maintien à domicile. Face à ce changement radical qui modifie jusqu'à la perception que la personne âgée et ses proches ont d'eux-mêmes, Graziella Marion constate également qu'il n'y a pas de règle : « L'entrée en institution d'un parent réunit, désunit, recompose parfois les familles. » Certains enfants, effrayés par la maladie, le cadre hospitalier et les autres personnes âgées qui vivent dans l'institution, vont raréfier leurs visites ou les limiter dans le temps. D'autres, au contraire, vont s'investir massivement, visitant régulièrement la personne, s'impliquant dans la vie du service ou de l'établissement, participant activement aux conseils d'usagers. Parfois ce sont les petits-enfants qui supporteront le mieux la situation, profitant soudain de la complète disponibilité de l'aïeul(e) pour se confier à lui et s'inscrire dans une transmission qui saute une génération[19]. Bref, toutes les situations sont possibles et aucune n'est meilleure qu'une autre. C'est ce que vit Graziella Marion avec les familles des patients accueillis dans son service : « Certains conjoints, enfants, ou proches sauront se saisir de l'irruption de la maladie, de la progression de la dépendance et du changement pour créer un lien particulier mêlé d'une multitude de sentiments. Je dirai que le lien intergénérationnel dépend tout simplement du lien lui-même entre les personnes. »

**Le chantier des familles recomposées**

Les professionnels s'attendent à une nouvelle mutation de ce lien avec la recomposition des familles autour de plusieurs foyers parentaux

19. On trouvera un très bel exemple, magnifiquement écrit et décrit, de la connivence qui unit les très âgés et les très jeunes à la fin du roman de SACKVILLE-WEST V., *op. cit.*

et de plusieurs fratries. S'ils ne remettent pas en cause sa « ténacité », ils sont nombreux à estimer avec Gilbert Ageron qu'il faudra tenir compte « des douleurs et des souffrances liées aux parcours des différentes parties de la famille recomposée ». Nathalie Tatinclaux fait même de cette question le prochain chantier du vieillissement, en raison du bouleversement des rôles traditionnels qui vont se distribuer en dehors du cadre légal de la famille réduite au noyau parental classique : « Les belles-filles sont traditionnellement dans une situation d'aide compliquée. La famille recomposée ne va pas la simplifier. Quels seront les liens d'affection et d'obligation morale envers les plus âgés qui caractériseront la famille recomposée ? Quels seront les sentiments de culpabilité que les membres de ces familles auront à affronter dans la prise en charge de leurs parents génétiques et adoptifs au sens large ? » On mesure encore sur ce point le retard de la réflexion du politique pour des situations où l'innovation est déjà le fait des personnes concernées et des professionnels de terrain.

## Conclusion

L'accompagnement d'un proche âgé nécessite du temps disponible, de l'organisation, des moyens financiers et la conscience de ce que peut être pour la personne accompagnée et pour soi ce moment spécifique de la vie. Les professionnels font de l'événement traumatique qui fait entrer la personne âgée dans la dépendance le début d'un accompagnement par les proches, soudain mobilisés de manière urgente et importante. Mais ces derniers constatent souvent de manière rétrospective que l'accompagnement de leurs parents a déjà commencé quelques mois ou quelques années plus tôt. L'entrée en accompagnement se fait de manière douce, presque imperceptible, parce que nous vieillissons tous un peu chaque jour, sans que cela soit dramatique.

Pouvant nécessiter de véritables compétences techniques généralement apprises au contact des professionnels qui interviennent au domicile, un accompagnement exige surtout de la présence, de la disponibilité et de l'amour. C'est ce que rappelle Graziella Marion : « L'enfant a besoin d'amour pour se construire, l'adulte a besoin d'amour pour continuer, le vieux a besoin de tous les amours pour bien mourir. »

Et de continuer : « J'affirme que c'est tous les jours qu'on prépare sa vieillesse ! Le sens de notre existence prend forme tous les jours. »

Mais qu'est-ce que cela peut bien vouloir dire, « préparer sa vieillesse tous les jours » ? La réponse de Graziella Marion est simple mais sa mise en œuvre, pour exaltante qu'elle soit, ne l'est pas, surtout dans la relation si riche d'affects que celle qui nous lie à nos parents : « Mon conseil est, tout simplement, d'exprimer ses sentiments et ne pas rester dans la solitude, de dire à ceux qu'on aime qu'on les aime, de profiter des moments présents aussi furtifs qu'ils puissent être, de ne pas attendre que l'autre change mais d'accepter l'autre et de s'accepter dans la réalité. Même dans cette période extrême de la vie, il y a des choses à découvrir sur soi et sur ses proches. Je vois tous les jours des personnes qui se découvrent des ressources insoupçonnées. »

••• DES CONSEILS AUX ACCOMPAGNANTS

**Avec la personne âgée**

– Prenez soin de la personne et essayez de faire ce qui est le mieux pour elle, à condition de prendre le temps de l'écouter même si son discours est contradictoire.

– Lorsqu'une décision va être prise, prenez le temps de demander à la personne âgée de reformuler ce qu'elle a compris et ce qu'elle souhaite. Le temps de cette écoute partagée va lui permettre d'intégrer les changements à venir.

– Apprenez le langage du grand âge : soupirs, regards interrogatifs, bruits de chaise qui remue, etc.

– Réorganisez avec la personne elle-même, par petites touches, son espace de vie afin de le rendre le plus fonctionnel et le plus rationnel possible.

– Pensez que vous aurez de très nombreux pas à faire dans une journée.

– Rappelez-vous qu'être présent c'est : regarder, écouter, et agir.

**Libérez votre parole**

– Soyez libre dans votre parole et dans votre ressenti pour bien comprendre ce qui se passe et bien intervenir (avec la personne mais aussi avec des personnes partageant la même situation) : c'est le seul moyen de prendre du recul.

– Ne vous isolez pas avec vos peurs, vos questions face à la prise en charge d'un proche dépendant.

**Nouez une relation complémentaire avec les professionnels**

– Ne croyez pas que vous trouverez seul(e) toutes les solutions : partagez vos questionnements avec les professionnels et d'autres proches engagés.

– Rappelez-vous que les accompagnements les plus réussis sont ceux dans lesquels la famille et les professionnels interviennent de manière complémentaire.

– Profitez de la présence des professionnels de l'aide à domicile pour vous faire accompagner dans vos doutes et questions.

**Interrogez-vous sur les motivations de votre accompagnement et sa signification**

– Interrogez-vous sur le sens de votre engagement par rapport aux autres membres de la famille.

– Essayez de percevoir vos limites face à la personne aidée et acceptez-les sans en ressentir de la culpabilité, même si cela n'est pas facile.

– Soyez curieux de ce qui va vous arriver aussi, afin de surmonter la peur que procure toute réflexion sur son propre devenir et sur sa « finitude ».

**Informez-vous**

– Recherchez, en amont des situations de crise, les informations dont vous avez besoin, en fonction de vos enjeux, de vos attentes, de vos besoins.

**Sachez vous préserver**

– Gardez pour vous-même une certaine marge d'autonomie, une certaine distance par rapport à la personne aidée.
– Apprenez la patience.
– Et comme le dit en riant Jean-François : « Méfiez-vous ! »

••• LES TEMPS DE L'ACCOMPAGNEMENT D'UN PARENT ÂGÉ

Nos interlocuteurs ont identifié cinq temps dans l'accompagnement d'un proche âgé. Chacune de ces périodes comporte ses difficultés mais aussi ses possibles. Les connaître doit vous permettre de mieux les vivre et de ne pas exiger de la personne âgée comme de vous-même l'impossible auquel nul n'est tenu !

**La perte de mobilité ou le premier accident**. Vos parents âgés sont autonomes et indépendants. Mais ils sortent moins souvent de chez eux que par le passé. Il vous faut commencer à être présent pour des questions matérielles et d'intendance.
Scarlett : « Je suis entrée en accompagnement par plus de vigilance à son quotidien et plus de présence affective qu'elle réclamait. »

**La période des chutes**. C'est le temps de l'installation de la dépendance légère. Le signe en est la décision d'avoir une aide à domicile quelques heures par semaine. Pour les enfants, il y a de nouvelles questions à régler et l'obligation d'être encore un peu plus présents, notamment pour le réaménagement de la maison ou de l'appartement.
Scarlett : « Sur les quinze dernières années, la dégradation la plus significative est celle de la vision. Ma mère a été opérée plusieurs fois. Mais en 2001, elle n'a plus pu lire ni regarder la télévision. Pour une personne visuelle comme elle, cela a été un grand drame. À la même époque, elle a moins bien marché, a commencé à utiliser une canne et a réduit ses déplacements, voyages et sorties. Même si nous avons continué de sortir pour des expositions, j'ai bien compris qu'autour d'elle l'espace s'était resserré. Les premières chutes datent de cette période. Et si elle a remonté à chaque fois la pente, chaque chute a été un traumatisme. C'est au cours de cette même période que j'ai supprimé le gaz pour la cuisson, que j'ai commencé à venir dormir chez elle. Mon degré de vigilance s'est brutalement élevé rapidement. Ses angoisses et

exigences aussi. En 2003, elle a fait un accident vasculaire cérébral dont elle s'est bien remise seule même s'il lui reste des séquelles. »

**La demande de soutien et de repos de l'aidant.** La dépendance s'est alourdie, exigeant la présence régulière et importante de l'aide à domicile. Votre propre vigilance doit être renforcée, car il y a sans cesse des points à régler avec les intervenants à domicile. Vous êtes quotidiennement chez vos parents et vous pouvez être appelé à tout moment pour une intervention ou un soutien. Vous devez veiller à ne pas vous essouffler.

**L'entrée en institution, les alternances de séjours médicalisés et de retours au domicile, ou l'hospitalisation à domicile.** C'est la décision subie ou décidée de l'entrée de la personne âgée dans une institution quelle qu'elle soit : maison de retraite mais aussi hôpital à l'occasion d'un accident ou d'une maladie. Cette période peut être brève ou s'allonger dans le temps. Si vous êtes moins sollicité pour la gestion du quotidien, vous restez le référent de l'institution qui accueille la personne âgée et vous devez apprendre à veiller à son confort de manière nouvelle.
Scarlett : « De septembre 2005 à avril 2006, je l'ai physiquement et moralement portée avec son aide ménagère principale. Elle a fait un petit accident cérébro-vasculaire dont elle s'est remise seule même s'il lui reste quelques séquelles. Je pense que nous sommes entrées dans une période d'alternance rapide de séjours à la maison et d'hospitalisations. Les problèmes s'aggravent, les espaces de mieux-être diminuent. Rester en alerte et ne pas baisser les bras me demandent beaucoup. »

**La période de l'après.** « Je ne sais pas comment je vais réagir à la disparition de mes propres parents. C'est l'inconnu. Et y penser n'est pas facile. Car envisager la disparition de ses parents, c'est inévitablement réfléchir à la sienne. L'accompagnement de mes parents âgés m'a permis de réfléchir sur l'importance de la fin de la vie et sur la mort, des périodes occultées dans notre société », confie Annie.

# L'accompagnement par les familles : un rôle complexe mais irremplaçable

## Entre travail matériel, relation d'aide et lien affectif

Bernard Ennuyer

Nous avons donc constaté, après beaucoup d'autres, que les familles sont très présentes dans l'accompagnement de leurs parents, que ce soit à domicile ou en hébergement. Mais il faut reconnaître que leur positionnement dans ce qui est à la fois un travail matériel et moral et une relation personnelle et affective[1] est souvent très difficile.

Il y a, en France, une tradition familiale de prise en charge de la vieillesse, attestée par la réponse à la question posée par le CREDOC : « À votre avis, qui doit s'occuper principalement des parents âgés dans le besoin[2] ? » Entre 1985 et 1995, les réponses des Français n'ont quasiment pas varié : 73 à 75 % des Français répondent « les enfants » et 25 à 27 % répondent « les pouvoirs publics ». Plus récemment, dans un sondage de 2005 de l'institut BVA, à la question : « Dans le cadre de maladies invalidantes, estimez-vous que la famille joue un rôle important dans

---

1. Brault M.-M., « Mères et filles au bout de la vie. Les relations filiales entre le troisième et le quatrième âge », *Recherches et Prévisions*, n° 71, 2003, p. 77-80.
2. Dufour A., Kowalski A.D. (sous la direction de Hatchuel G.), *Les Personnes Âgées dépendantes*, Paris, CREDOC, Rapport n° 166, 1995, p. 70-71.

la prise en charge des personnes dépendantes ? », 95 % des personnes interrogées répondaient oui[3].

Contrairement à ce que dit souvent le monde politique, cette solidarité intergénérationnelle perdure dans la forme actuelle de la société, comme en témoigne la dernière enquête du CREDOC pour la fondation Caisses d'épargne pour la solidarité[4]. De façon très concrète, le travail de Simone Pennec, à l'université de Bretagne occidentale[5], le met en évidence. Elle montre bien que la solidarité familiale est exercée massivement par les femmes, les filles et belles-filles, avec, notamment, toute l'ambiguïté que peuvent provoquer les nouvelles prestations PSD et APA, quand elles permettent de salarier les enfants pour faire ce travail d'accompagnement, auparavant non rémunéré. Il y a, d'une part, une grosse ambivalence pour la personne « dépendante » aidée qui acquiert un statut d'employeur dépendant de l'aide de son employé(e)[6]. Il y a d'autre part, du côté des filles, puisque les employés sont massivement des femmes, beaucoup d'ambivalence dans ce choix qui n'en est pas véritablement un. En effet, soit ces femmes sont en situation de chômage et elles n'ont donc pas vraiment le choix de refuser ce salariat même modeste, soit, et cela revient au même, l'entrée du parent en hébergement n'est pas souhaitée et ce salariat vient en quelque sorte remplacer, en partie, le travail gratuit assumé déjà auparavant par ces femmes qui, de ce fait, ne sont plus vraiment des aidants familiaux bénévoles, mais n'en acquièrent pas pour autant un statut d'aidant professionnel.

Cet exemple ne représente ni la majorité de l'aide familiale qui reste « bénévole » dans le cadre des relations familiales, ni l'idée que se font les filles et les belles-filles de leur « devoir » envers leurs parents, mais il montre bien toute la difficulté d'être l'« aidant principal » de ses parents.

On peut rappeler, comme le montre Jean-Pierre Lavoie, que ces mots d'« aide » et d'« aidant », qui se sont imposés pour désigner ce que font les membres d'une famille pour un parent âgé et ces membres de

---

3. « L'opinion des Français sur la solidarité familiale », *La Lettre de la proximologie*, n° 31, juin 2005, p. 6-7.

4. « La France, pays des solidarités intergénérationnelles », www.seniorscopie.com du 21 février 2007.

5. Pennec S., « La politique envers les personnes âgées dites dépendantes : providence des femmes et assignation à domicile », *Lien social et Politiques – RIAC*, n° 47, 2002, p. 129-142.

6. Pennec S., *op. cit.*, p. 141.

la famille engagés auprès de leur parent, sont du jargon professionnel, dans lequel souvent les familles ne se reconnaissent pas[7].

Avant d'être des « aidants familiaux », terme utilisé par les professionnels, les conjoints et les enfants restent d'abord des conjoints et des enfants, fils et filles... Il faut le répéter.

C'est pourquoi il nous paraît déplacé de vouloir professionnaliser les aidants et de vouloir leur donner un statut[8] dont ils n'ont pas besoin... puisqu'ils en ont un qui est le plus beau qu'il leur soit donné : conjoint ou fils ou fille ou neveu de madame ou monsieur Untel. Cette professionnalisation des aidants est vue par les pouvoirs publics comme une occasion de plus de diminuer les crédits de la politique vieillesse, sous couvert d'une idéologie familialiste désuète : tout ce que feront les familles ne sera pas à financer par des professionnels. Ainsi en témoigne le discours de Philippe Bas, ministre délégué aux personnes âgées, à propos de la « reconnaissance des aidants familiaux » : « Nous devons prendre en compte la nécessité de les aider à tenir le coup, car de toute façon, le jour où ils ne parviennent plus à assurer cette charge, c'est la solidarité nationale qui doit prendre le relais[9]. » Il est d'ailleurs tout à fait significatif que dans les mesures proposées lors de la dixième conférence de la famille qui était consacrée, en juillet 2006[10], aux « aidants familiaux », Dominique de Villepin ait annoncé la création d'un congé de soutien familial qui permet aux « aidants familiaux » d'interrompre leur activité professionnelle pour s'occuper de parents dépendants. Ce congé, d'une durée de trois mois renouvelable dans la limite d'un an, ne sera ni indemnisé ni rémunéré, mais permettra seulement de conserver ses droits à la retraite et à la maladie... Rappelons simplement que le droit au congé parental pour élever un enfant peut durer jusqu'à trois ans et qu'il est rémunéré !

L'aide familiale s'inscrit, d'une façon générale, dans les relations de réciprocité et d'échanges familiaux, ce qui la différencie sur ce point le

7. Membrado M., Vezina J., Andrieu S., Goulet V., « Définitions de l'aide : des experts aux "profanes" », in Clément S. et Lavoie J.-P. (dir.), *Prendre soin d'un proche âgé*, Ramonville Saint-Agne, Éd. Érès, 2005, p. 85-136.

8. « Droits et statut des aidants : mythe ou réalité », *La Lettre de la proximologie*, n° 35, juillet-août 2006.

9. *Le Monde*, 4 juillet 2006.

10. « La Conférence de la famille », *Actualités sociales hebdomadaires*, n° 2463, 7 juillet 2006, p. 23-26.

plus fortement de l'aide professionnelle. L'aide apportée à titre professionnel n'a comme seule réciprocité que le salaire qui en est obtenu et n'implique pas une réciprocité de relation et une reconnaissance mutuelle. C'est en tout cas la tendance moderne de la professionnalisation de la relation d'aide, surtout quant elle se marchandise à outrance et se rebaptise « prestation de service ».

La complexité des relations familiales va se trouver mise en jeu dans ces mécanismes d'aide. En effet, d'une part les modes d'aide familiale sont largement tributaires des relations antérieures dans la famille, et ce sur plusieurs générations. Mais ces modes d'aide sont aussi fonction des ressources économiques et sociales à la fois des personnes aidées et des personnes aidantes, avec lesquelles interfèrent un certain nombre de données propres à chaque famille : autodésignation d'un enfant pour s'occuper de ses parents, désignation directe exercée par les parents ou indirecte par le clan familial, amenant par exemple un certain nombre de filles aînées ou bien de filles célibataires à devenir, bon gré mal gré, l'aidante de référence[11].

D'une façon générale, tous les travaux qui ont été faits depuis les années 1985[12] montrent la difficulté et surtout la complexité des relations qui s'établissent lorsque les enfants, et particulièrement les filles, se retrouvent aidantes de leurs parents avec, quasiment, une impossibilité de faire autrement et donc une « obligation d'aide » dans beaucoup de situations difficiles, y compris les plus pathologiques (détérioration psychique)[13].

Ce qui est nouveau, depuis quelque temps, c'est l'émergence des récits d'enfants qui racontent, à la fois, leur plaisir et leurs difficultés dans l'accompagnement de leurs parents vieillissants[14].

Il me semble que la réflexion qui s'amorce[15] sur le choix possible des enfants de ne pas aider leurs parents, de ne pas s'en occuper, y

---

11. PENNEC S., *op. cit.*, p. 140.

12. FROSSARD M. *et al.*, « Travail familial, solidarité de voisinage et maintien à domicile des personnes âgées », *Cahiers de l'ENSP*, n° 3, 1988.

13. JOËL M.-E., MARTIN C., *Aider les personnes âgées dépendantes. Arbitrages économiques et familiaux*, Rennes, ENSP, 1998.

14. ZELLER A., *À l'épreuve de la vieillesse*, Paris, Desclée de Brouwer, 2003 ; FLEUTIAUX P., *Des phrases courtes, ma chérie*, Arles, Actes Sud/Leméac, 2001 ; CHATELET N., *La Dernière Leçon*, Paris, Le Seuil, 2004.

15. GAUCHER J., RIBES G., DARNAUD T. (dir.), *Alzheimer, l'aide aux aidants*, Lyon, Chronique sociale, 2004.

compris en les confiant à des professionnels, n'a pas été menée jusqu'à son terme, tant cette réflexion met en jeu des complexités propres à chaque situation et surtout à chaque histoire familiale, notamment quand il y a fratrie, c'est-à-dire quand il y a plusieurs frères et sœurs. En outre la réflexion sur l'aide familiale met en lumière l'archaïsme de l'obligation alimentaire et de la récupération sur succession, dont il serait urgent de rediscuter !

On peut, par exemple, se poser la question de savoir comment un membre de la famille s'institue ou est institué comme référent, c'est-à-dire comme la personne à laquelle on se réfère pour les questions touchant aux parents... bien sûr quand on ne peut plus s'adresser aux parents directement.

On peut penser, aujourd'hui, que contrairement à une idée communément émise, il n'y a rien de naturel dans l'aide apportée au niveau familial, mais bien plutôt un fait de culture[16]. L'aide familiale n'est pas naturelle, c'est un construit social qui dépend de la culture, de l'histoire (voir *La Ballade de Narayama*[17] où les enfants conduisent de force leurs parents sur la montagne sacrée pour qu'ils y meurent quand ils ne veulent pas y monter de leur plein gré !) et de l'articulation avec les politiques publiques, à l'exemple de la Scandinavie où des impôts plus élevés permettent des réponses collectives plus affirmées (crèches, aides financières, aides professionnelles nombreuses aux personnes vieillissantes avec des incapacités) *versus* les pays d'Europe du Sud où la prise en charge familiale reste *grosso modo* la règle.

Il me semble, aujourd'hui, que ce « travail » des familles est largement sous-estimé, voire carrément dénié, aussi bien par les politiques que par les intervenants professionnels, même si des travaux récents tentent de prendre en compte ces accompagnements familiaux, notamment un travail franco-québécois[18].

---

16. ENNUYER B., « L'aide aux aidants, au-delà du "mot d'ordre", l'ambivalence de toute une société vis-à-vis de la vieillesse », in *Alzheimer, l'aide aux aidants*, op. cit., 2004, p. 27-31.

17. Film de 1983 réalisé par le Japonais Shôhei Imamura. Ce film s'appuie sur le livre de SCICHIRO F., *Narayama*, publié en 1959 aux éditions Gallimard.

18. CLÉMENT S., LAVOIE J.-P. (dir.), *Prendre soin d'un proche âgé*, Ramonville Saint-Agne, Éd. Érès, 2005, p. 19.

Ce dernier travail tente opportunément, grâce à la comparaison entre deux pays de tradition et de culture familiales assez différentes, mais ayant des politiques publiques assez proches, de comprendre les articulations « entre sphère privée et sphère publique, à travers la question de la place de la famille dans l'aide à la vieillesse », et particulièrement comment s'effectue la construction de la demande d'aide et de soins à l'extérieur des membres de la famille, mécanisme sur lequel nous insistons car il nous semble un grand enjeu des formes d'aide à venir.

En effet, d'une façon générale, on peut penser que l'aide familiale et de voisinage, tout en demeurant effective, va se modifier du fait de l'évolution fondamentale et de la famille et des modes de vie plus individuels. Il serait donc normal que l'aide familiale soit plus souvent secondée par l'aide professionnelle, dans les années à venir.

Or, de mon point de vue, ici, de directeur de services, j'ai souvent l'impression que les professionnels ne reconnaissent pas facilement le travail effectif des familles, plus souvent enclins à voir, à travers elles, des « contrôleurs du travail effectué », souvent peu satisfaits, ou tout simplement des empêcheurs de travailler comme les professionnels le souhaiteraient, dans un rapport singulier avec la personne aidée, qui peut rapidement devenir un rapport de toute-puissance !

Pourtant, je crois qu'il faut, tout simplement, commencer par reconnaître et par dire qu'il est très difficile, voire impossible pour des enfants de « prendre soin » de leurs parents vieillissants, sans heurts et contradictions. Au cœur des relations familiales d'aide, il y a, en effet, d'une part l'omniprésence de la notion de dette, dette à ses parents de la vie qu'on leur doit[19], que l'on n'a jamais fini de régler tant qu'ils sont là, et qui, justement, va évoluer au moment de la fin de vie des parents. Quand les parents sont morts, les enfants se retrouvent alors en première ligne, c'est-à-dire logiquement les prochains à mourir... D'autre part, à travers la vieillesse et le vieillissement de nos proches, de nos très proches, entre donc en jeu notre perception de la vieillesse et du vieillissement, le nôtre, en miroir de celui de nos parents.

---

19. Balbo G., « D'un vieillissement outre âge », in *La Question du vieillissement. Perspectives psychanalytiques*, Paris, Dunod, 1989, p. 74-106.

Il n'est en effet jamais simple de voir vieillir ses parents, surtout à un moment (entre 55 et 65 ans) où on s'interroge soi-même sur son vieillissement, où on commence à pouvoir se retourner sur son passé, sur son existence (succès et échecs) et sur sa vieillesse future.

En corollaire, le vieillissement de nos parents et l'irruption de leur mort annoncée nous oblige à penser la mort qui d'objet externe, comme le dit Jacques Gaucher[20], d'accident, d'aléa qui n'arrive qu'aux autres, devient objet interne, notre « affaire », notre destin. Il y a nécessairement un changement de statut de la mort à travers la disparition programmée à brève échéance de nos parents. En effet, leur disparition nous met en première ligne, en quelque sorte dans la logique des choses, nos parents meurent avant nous. La mort de nos proches parents ou frères et sœurs nous oblige à réintégrer la mort comme destin de notre parcours de vie et comme aboutissement logique de notre vie. La finitude visible et tangible de notre père ou de notre mère à la fois nous contraint, mais aussi nous permet de nous réapproprier notre mort et par ce fait notre parcours de vie déjà passé mais aussi à venir.

Ce vieillissement de nos parents et leur disparition prochaine, là aussi, nous contraint et nous permet de resituer notre place dans la lignée familiale, puisque nous sommes définitivement les enfants de nos parents de même que les parents de nos enfants, et que lorsque nous nous interrogeons sur le quoi et sur le comment faire avec nos parents, nous ne pouvons manquer de nous demander comment cela se passera aussi avec nos enfants.

Tous ces facteurs sont au cœur de toutes les histoires familiales autour du vieillissement[21], en plus de la réécriture ou de la réactualisation de l'histoire des fratries et des relations parents/enfants, toujours en mouvement, encore une fois, jusqu'à la toute fin de vie de ces dits parents.

Très concrètement, que ce soit dans les services d'aide à domicile, dans les structures d'accueil temporaire, dans les instances de

---

20. Voir entretien avec Jacques Gaucher, « Quel enfant prend soin de ses parents ? », p. 64.

21. CHARAZAC P., *Psychothérapie du patient âgé et de sa famille*, Paris, Dunod, 1998 ;
CAMDESSUS B., *Les Crises familiales du grand âge*, Paris, ESF éditeur, 1989.

coordination, et dans les hébergements de long séjour, il va falloir continuer à développer (car cela existe déjà) des instances de « coopération » où les professionnels et les familles, au sens large les « aidants informels » comme on dit, même si ce mot « informel » a quelque chose justement de péjoratif (c'est l'adjectif choisi par le champ professionnel et les chercheurs), puissent tout simplement apprendre à travailler et à vivre ensemble, dans l'accompagnement des vieilles personnes. Cet enjeu de régulation ou de médiation me paraît être une des clés de l'avenir du maintien à domicile, notamment pour éviter une trop grande professionnalisation de certaines situations qui amèneraient un « maintien à domicile » très au point techniquement, mais humainement très insatisfaisant, pour ne pas dire « enfermant ». Pour le coup, on renforcerait la notion de prise en charge au détriment de celle d'accompagnement, notion qui laisse le plus possible se développer les initiatives de la personne et de sa famille, que les professionnels doivent se contenter de faciliter et d'accompagner.

En ce sens, toutes les instances qui permettent d'associer les familles, les professionnels et les personnes âgées qui le peuvent ou qui le souhaitent, avec une régulation « professionnelle » (psychothérapeute) me paraissent être des structures à développer, à encourager... et à financer. Ce peut être un des enjeux des nouveaux conseils de la vie sociale que veut développer la loi de 2002, rénovant l'action sociale et médico-sociale[22].

En définitive, arrivé au terme de cette réflexion, nous voudrions sous une forme volontairement « non finie », puisque cet ouvrage a pour but de permettre à tout un chacun de s'emparer de ces questions s'il a envie d'y réfléchir, récapituler en quelques points la façon dont ce sujet, « l'accompagnement de nos parents vieillissants », s'est imposé à nous :

• Les différents interviews et témoignages montrent à la fois la diversité des situations, mais aussi l'unicité de chaque situation qui n'a, malgré la toile de fond commune (le vieillissement de nos parents), rien de comparable aux autres car les trajectoires et les histoires

22. Loi 2002-2 du 2 janvier 2002 rénovant l'action sociale et médico-sociale, *JO* du 3 janvier 2002.

familiales sont singulières, même si elles doivent être transformées dans le champ politique en enjeu collectif.

• Il faut accepter de ne pas comprendre ce qui se passe, c'est-à-dire d'abandonner la maîtrise de la situation pour laisser un minimum d'espace aux gens qui sont en face de nous et à la vie tout simplement, car beaucoup nous échappe dans la vie de l'autre, fût-il très proche de nous depuis longtemps.

• Il est toujours difficile de se positionner par rapport aux professionnels que l'on a vite fait de ne pas trouver parfaits... et pas assez impliqués avec nos parents qui ne sont bien sûr pas des vieux « quelconques »... mais « notre » mère ou « notre » père. Il faut parvenir à ce que les enfants acceptent de se faire aider par les professionnels. Or le syndrome de réticence à se faire aider est très fort. Il est lié d'une part à la peur de l'intrusion des professionnels dans notre intimité familiale et dans nos « secrets » de famille, mais aussi sans doute à l'insuffisante capacité des professionnels d'aider sans « envahir » la personne et sa famille. Il reste de ce point de vue beaucoup à faire du côté de l'accompagnement des professionnels sur le terrain au-delà d'une formation initiale nécessaire mais bien insuffisante.

• La vie de nos parents ne nous appartient pas, de même que nous n'en sommes pas responsables, contrairement à ce que des formules courantes telles « nous devenons les parents de nos parents » peuvent le laisser croire. Nous ne sommes ni coupables, ni responsables de la vieillesse de nos proches. Nous en sommes les témoins et les accompagnants. Les enfants et les conjoints ont comme rôle propre et comme rôle irremplaçable d'être les garants du maintien de l'intégrité et de l'identité de leurs conjoints ou parents même quand ceux-ci sont « déclarés » avoir perdu la tête.

• Il ne faut jamais oublier que nos histoires individuelles, que nous vivons comme des épreuves individuelles, sont aussi des enjeux collectifs. Les enfants et conjoints qui sont aussi des citoyens doivent prendre parti dans les politiques publiques du « prendre soin » insuffisamment développées, notamment en matière d'aide professionnelle (statut, formation et salaires).

• Les sentiments de culpabilité, d'échec et d'impuissance sont des phénomènes tout à fait normaux. Mais ils créent un sentiment de solitude qui ne nous permet plus d'avancer. Pour cela, il ne faut pas hésiter à en parler avec des professionnels spécialisés : psychologues et psychothérapeutes, professionnels de l'aide et de l'écoute.

• Il n'y a pas de solution idéale et chacun cherche quoi faire et comment faire mieux, parce que famille et professionnels ont l'impression de ne jamais faire ce qu'il faudrait, comme si en fait on pouvait empêcher ses parents non pas seulement de vieillir, mais surtout de mourir... tout en souhaitant ardemment le contraire ! D'où la culpabilité davantage liée à ce désir de mort envers nos parents qu'au fait de ne pas en faire assez.

Quelles que soient les difficultés de nos parents et leur état psychique, gardons-nous de les infantiliser et de les surprotéger, afin de leur permettre de rester des acteurs à part entière de cette vie qui reste la leur, et qui ne peut être « leur vie selon nos désirs ».

## Témoignage : La fin de l'accompagnement

*Édith P. est l'aînée d'une fratrie de trois filles. La deuxième est partie vivre aux États-Unis et la dernière à trois cents kilomètres de ses parents. Édith est la plus proche de ces derniers : elle réside à une heure de route à peine de chez eux. L'année dernière, de manière soudaine, elle a accompagné la fin de vie de sa maman et la mise en place d'une nouvelle vie pour son père. Parcourant le souvenir des trois dernières années de vie de sa mère, et plus particulièrement les six derniers mois, elle en ressent toujours, malgré l'apaisement actuel, le poids de solitude et de détresse.*

*Comment avez-vous pris conscience que votre maman avait changé ?*

Il y a maintenant trois ans, un de nos neveux s'est marié au Panama. Mes parents ont tenu à s'y rendre et nous avons passé quinze jours à l'étranger avec eux. Cela nous a permis de nous rendre compte que maman n'allait plus aussi bien. Nous avons attribué sa perturbation au changement de lieu et au voyage. De retour en France, elle a repris pied, mais très vite nous avons constaté des pertes de mémoire. Mon père ne nous en parlait pas. Il nous a même plutôt caché le fait qu'il s'en rendait compte. Nous en avons parlé toutes les trois et nous lui avons demandé de consulter leur médecin généraliste. Lorsque j'ai appelé le médecin après cette visite, il m'a dit que ma mère lui avait répondu qu'elle n'avait pas de troubles de la mémoire. L'affaire était donc classée.

Nous avons ensuite encouragé notre père à prendre rendez-vous avec un médecin neurologue. Maman, qui avait une très forte personnalité, n'a pas très bien accepté les tests classiques qu'elle lui a fait passer. Elle est revenue de cette consultation en nous disant « qu'elle n'était pas idiote ». C'est après l'IRM que les médecins ont diagnostiqué une dégénérescence liée à l'âge. Même si les traitements qui lui ont été donnés étaient en rapport avec la maladie d'Alzheimer, cette dernière n'a jamais été évoquée.

*Et puis l'été 2006 arrive. Vous vous rendez dans la maison de campagne de vos parents. Quels constats faites-vous ?*

Au cours de l'été la situation s'est dégradée. Maman qui était très active et qui était une bonne cuisinière ne savait plus rien faire. Mon père s'est affolé. J'ai pris autant que faire se peut le relais. Mais je voyais bien que ses pertes de mémoire s'aggravaient. Lorsque je préparais un crumble qu'elle m'avait appris à faire, elle me demandait qui m'avait appris cette recette ou comment la faire. Elle ne se rappelait plus être allée à Venise. Mais il suffisait que je lui dise « C'est toi qui m'as appris à faire ce gâteau » ou de lui montrer les photos de son voyage en Italie pour que les souvenirs reviennent. De manière inexplicable, elle a donné le change jusque six mois avant sa mort auprès des personnes qui la fréquentaient régulièrement. Je crois qu'elle tenait à ne pas être prise en défaut.
À la fin de l'été, elle a fait plusieurs chutes et des malaises. Elle avait perdu beaucoup de poids, à cause du traitement que lui donnait son médecin généraliste pour la faire maigrir, selon ce que me disait mon père. Des examens ont été décidés début octobre. Nous avons tous subi un choc immense à l'annonce du diagnostic : un cancer généralisé en phase terminale.

*Quels soutiens techniques avez-vous reçus ?*

J'ai toujours respecté l'autonomie et la liberté de mes parents. Lorsque ma mère est revenue à la maison j'ai mis plusieurs semaines à percevoir que mon père n'entendait plus ce que les professionnels ou ses amis lui disaient. Par exemple, il n'a pas compris la demande des services sociaux pour bénéficier de l'APA. Lorsque l'assistant social est venu, il lui a simplement dit que sa retraite était suffisante pour payer les services dont sa femme aurait besoin. De la même façon, il ne me retranscrivait pas toujours ce que la pharmacienne lui disait. Quand elle devait commander un pansement pour escarres qu'elle n'avait pas en stock, il

me disait simplement qu'il n'avait pas l'ordonnance nécessaire. Je me suis donc mise d'accord avec la pharmacienne pour faire le point avec elle après chacune de ses visites.
Du côté de l'hôpital, le médecin du service qui avait accueilli ma mère n'ayant pas donné de traitement pour le cancer, nous n'avons jamais eu droit à l'hospitalisation à domicile. Quelques contacts associatifs nous ont permis de faire appel à une auxiliaire de vie. Mais très vite, maman a été trop mal pour que l'auxiliaire de vie puisse intervenir. J'ai donc, presque jusqu'à la fin, fait les toilettes de ma mère avec mon père. Seul, il ne pouvait pas le faire.

*Ce qui signifie que vous vous êtes installée chez vos parents ?*

Au début j'ai fait quelques allées et venues entre mon domicile et chez eux : mon mari et moi avions des engagements prévus de longue date, des sorties, etc. Mais en quelques jours je me suis installée chez eux pour aider mon père à faire face. Je n'ai même pas réfléchi. Mes parents ont toujours répondu présent lorsque mes sœurs ou moi avions besoin de leur soutien. Je ne me sens pas en dette vis-à-vis d'eux, plutôt dans l'échange, le dialogue et la présence. À ce moment, c'était eux qui avaient besoin de moi. J'ai donc prévenu mes enfants que je serais moins disponible pour les accueillir et pour m'occuper de mes petits-enfants. Ma fille aînée n'a pas compris tout de suite l'urgence et l'importance de cette disponibilité qui n'était plus tournée vers elle et ses enfants. Mais elle a fini par l'accepter. La soudaineté de l'annonce de la maladie et son pronostic ont été tels que l'accompagnement de mes parents m'a envahie totalement et occupée à temps plein durant toute cette période.

*Comment se sont passés les derniers jours de votre maman ?*

Nous n'en pouvions plus. Maman avait les yeux toujours fermés. Elle ne s'alimentait plus, ne buvait plus. Épuisés, nous passions le plus clair de notre temps à la regarder, à lui parler et à lui tenir la main. Et, par une chance extraordinaire, nous avons rencontré une infirmière qui s'était spécialisée dans l'accompagnement de la fin de vie.
Elle a su mettre des mots sur ce que nous vivions. Elle s'est adressée à nous. Elle nous a parlé de la fin de vie et du fait que nous

pouvions dire à maman « qu'elle pouvait partir tranquille ». Elle nous a aussi indiqué ce que nous aurions à faire après : appeler le médecin, les pompes funèbres, se décider pour telle ou telle cérémonie, l'incinération.

Elle nous a autorisés à souffler, à nous sentir plus décontractés. Nous pouvions pleurer et continuer à vivre en nous disant que c'était normal. Elle était disponible pour répondre à nos questions sur des registres très différents : les croyances religieuses, la mort, l'autre vie, la communication avec l'au-delà. Lorsque nous avons été réunies toutes les trois avec mon père, elle nous a demandé l'autorisation de téléphoner à des médiums. Nous ne savons pas qui elle a appelé. Mais le soir, une personne nous a fait savoir que l'un d'entre nous retenait maman. Ma sœur cadette a immédiatement réagi : « C'est moi. » J'étais surprise car j'avais imaginé que c'était mon père. Au début de la maladie de maman, il nous avait dit : « Je ne comprends pas pourquoi elle me laisse, pourquoi elle est tombée malade. » Ma sœur nous a avoué que, mariant sa fille, dans les jours qui suivaient, elle avait supplié maman de ne partir qu'après ce mariage. L'infirmière venue nous accompagner pour ce moment de la fin de vie nous a donc aidés à accepter l'inéluctable auquel la rapidité de la situation ne nous avait pas préparés.

*Comment votre père vit-il depuis que votre maman est décédée ?*

Mes parents ont vécu ensemble soixante-trois ans. Depuis trente-cinq ans environ, ils partageaient leur temps entre un appartement en ville et une maison à la campagne. Après le décès de maman, je lui ai proposé de rester un peu avec lui. Il m'a simplement répondu : « Il faut que je m'habitue tout de suite à être seul. » Je l'ai d'abord appelé tous les deux jours, puis de manière plus espacée. Maintenant je l'appelle une fois par semaine et je vais chez lui chaque semaine ou quinzaine.

En ville, il vit dans un appartement qui n'est pas trop grand. S'il ne fait pas le ménage, il fait ses courses, bricole et répare tout ce qui tombe en panne. Je sais qu'il ne se nourrit pas bien : il achète des tranches de viande, des produits surgelés et de la soupe en sachet. Il ne mange pas de fruits. Et je me suis bien rendu compte que la soupe que je peux lui apporter ne lui plaît guère. Il ne porte pas toujours des vêtements très propres alors qu'il a toujours été très élégant et soigné. Et, très

indépendant, il n'aime pas que l'on se mêle de son intimité. Je respecte au maximum son intimité et son indépendance.
Sa maison de campagne reste un projet essentiel à sa vie. Il a gardé une réserve d'argent pour faire des travaux dans l'année. Je constate qu'il est bien plus rude lorsqu'il est là-bas que dans son appartement. Par exemple, il supporte moins bien l'exubérance de ses arrière-petits-enfants. Je crois que la maison lui permet de tenir debout.

*Maintenant qu'il est seul, vous faites-vous du souci pour lui ?*

Je me fais du souci pour lui : je redoute une chute et le fait qu'il n'y ait personne pour me prévenir. Mais je comprends également son désir d'indépendance car je lui ressemble beaucoup. Je sais ce qu'il ressent même s'il a dit à ma fille qu'il lui était pénible d'être seul dans son appartement.
Quand vous êtes la fille aînée, vous êtes attentive aux choses qui relèvent du soin : l'alimentation, l'hygiène, la propreté, etc. Mais si vous parlez de cela sans cesse, vous devenez vite l'enquiquineuse. Rien ne me gêne autant pourtant que la saleté et l'usure des vêtements. Je ressens parfois l'ingratitude de ce « rôle » : je laisse donc ma sœur prendre le relais.
Je ne crois pas que mon père préfère l'une de nous. Il marque de la sollicitude pour sa dernière fille qui traverse une période plus difficile. Il l'appelle pour prendre de ses nouvelles. Moi, il m'appelle plutôt pour me dire quelque chose de précis, pour un rendez-vous chez le notaire par exemple.
Il a décidé seul de se faire appareiller pour mieux entendre. Il met ses appareils. Il ne veut donc pas rester isolé. Mais je sens que les choses changent doucement. Il lui importe davantage de parler en tête à tête plutôt que d'être en grand groupe. Dernièrement il a évoqué avec moi des choses importantes à ses yeux et des lettres d'autrefois. Et il m'a dit : « Ta mère est tout le temps avec moi. »

*Dans cet accompagnement de fin de vie, qu'est-ce qui a été le plus difficile pour vous ?*

Je suis très heureuse que maman soit partie chez elle, mais cela n'aurait pas pu durer plus longtemps. Nous aurions été obligés de prendre la décision de l'hospitalisation. Ni mon père ni moi ne pouvions plus faire face aux soins à prodiguer et à la maladie. Le jour et la nuit étaient bouleversés par ses exigences et celles de la maladie. Et même si mon père est en forme physiquement, qu'il n'est pas un vieillard, un réveil en pleine nuit était perturbant.

Je me suis sentie très seule tout au long de ce prendre soin d'un parent malade et de l'accompagnement d'une fin de vie. D'autant plus seule que les professionnels n'étaient pas présents : le médecin traitant de mes parents était en vacances et non remplacé lors des dix derniers jours de vie de maman. Mon mari et mes enfants étaient préoccupés par leur propre vie. Même lorsque vous avez le soutien de vos sœurs comme je l'ai eu, cette solitude existentielle est ce qu'il y a de plus difficile à supporter.

# Annexes

# Se repérer

## LA PERSONNE ÂGÉE

### • OÙ SE RENSEIGNER ?



### • L'AMÉNAGEMENT DU DOMICILE



### • LES AIDES FINANCIÈRES

## • LES PROFESSIONNELS DE L'AIDE

### *Accompagnement et suivi social*

- Assistant(e) de service social p. 308
- Conseiller en économie sociale et familiale p. 309

### *Intervention à domicile*

- Service d'aide à domicile p. 316 ; aide à domicile p. 316
- Services de soins infirmiers à domicile (SSIAD) p. 318
- Hospitalisation à domicile (HAD) p. 318
- Soins palliatifs à domicile p. 319

### *Santé*

- Médecin généraliste p. 311
- Psychiatre p. 311
- Infirmier(ère) diplômé(e) p. 312
- Aide soignant(e) p. 312
- Ergothérapeute p. 312
- Pédicure-podologue p. 313
- Masseur-kinésithérapeute p. 313

### *Protection juridique*

- Juge des tutelles p. 315
- Délégué(e) à la tutelle p. 315

## • LES STRUCTURES D'ACCUEIL

### *Structures de soutien*

- Accueil de jour p. 320
- Hébergement temporaire p. 320
- Hôpital de jour p. 321
- Services et consultations gériatriques p. 321

### *Alternatives au domicile*

- Accueil familial p. 323
- Foyers-logements p. 323
- Petites unités de vie p. 324

### *Hébergements longue durée*

- Maisons de retraite p. 325
- Établissements d'hébergement pour personnes âgées dépendantes (EHPAD) p. 325
- Unités de soins de longue durée (USLD) p. 326

* Les numéros de page renvoient aux cahiers pratiques

# L'outil officiel de mesure de la dépendance : AGGIR

Depuis 1997, malgré de très nombreuses critiques[1] à son encontre, les pouvoirs publics ont imposé l'outil AGGIR comme outil de mesure de la dépendance, dans la mise en place de la loi sur la prestation spécifique dépendance. Rappelons simplement le principe de cet outil.

« AGGIR est un outil multidimensionnel de mesure de l'autonomie à travers l'observation des activités qu'effectue seule la personne âgée. Il comprend dix variables discriminantes :

• **Cohérence** : conserver et/ou se comporter de façon logique et sensée.

• **Orientation** : se repérer dans le temps, les moments de la journée et dans les lieux.

• **Toilette** : assurer son hygiène corporelle.

• **Habillage** : s'habiller, se déshabiller, choisir ses vêtements.

---

1. Ennuyer B., « L'histoire de l'outil AGGIR », in *Les Malentendus de la dépendance*, Paris, Dunod, 2002, p. 118-129.

• **Alimentation** : se servir et manger les aliments préparés.

• **Hygiène de l'élimination** : assurer l'hygiène de l'élimination urinaire et fécale.

• **Transferts** : se lever, se coucher, s'asseoir.

• **Déplacements à l'intérieur du logement ou de l'institution** (éventuellement avec canne, fauteuil roulant ou déambulateur).

• **Déplacements à l'extérieur** : à partir de la porte d'entrée, à pied ou en fauteuil.

• **Communication à distance** : utiliser les moyens de communication (téléphone, alarme, sonnette).

Chaque variable a trois modalités :
A : fait seul, totalement, habituellement et correctement.
B : fait partiellement ou non habituellement ou non correctement.
C : ne fait pas.

À partir de ces réponses aux 10 variables discriminantes (notes A, B, C), un algorithme attribue des points, calcule un score et attribue à chaque personne un groupe iso-ressources (GIR). « Il existe six groupes dits « iso-ressources », c'est-à-dire censés regrouper des personnes qui peuvent avoir des profils d'incapacité différents, mais qui auraient besoin d'une même quantité d'heures de soins [...]. En pratique, dans AGGIR, seules les huit premières variables discriminantes sont utilisées pour le calcul du GIR[2]. »

De fait, l'outil AGGIR produit, donc, un classement des personnes évaluées par cet outil en six groupes : GIR 1 à 6. Les personnes classées en GIR 1 sont les plus en incapacité : personnes confinées au lit ou en fauteuil ayant perdu leur autonomie mentale, corporelle, locomotrice et sociale, qui nécessitent une présence indispensable et quasi continue d'intervenants. À l'autre extrémité, les personnes classées en GIR 5 et 6 sont « très peu ou pas dépendantes » selon les auteurs de cet outil...

Rappelons succinctement la principale critique faite à cet outil : il mesure uniquement un niveau d'incapacité et en aucun cas un besoin d'aide, car celui-ci ne peut résulter uniquement du niveau d'incapacité

---

2. Colin C., « L'outil AGGIR », in *Études et Résultats*, n° 94, DREES, 2000, p. 6.

de la personne. Pour évaluer un besoin d'aide, il faut en effet intégrer de multiples facteurs complémentaires : le niveau de déficience, l'environnement géographique, affectif, économique de la personne, sa demande, la façon dont elle vit ses difficultés, la façon dont elle veut mener sa vie, etc.

L'outil AGGIR a clairement démontré son « incapacité » à déterminer, à lui tout seul, un besoin d'aide, comme l'a confirmé la commission scientifique chargée de faire évoluer cet outil. Le rapport de cette commission présidée par Alain Colvez, médecin de santé publique, est sans appel : « AGGIR a été trop souvent confondu avec un outil d'évaluation multidimensionnelle, ce qu'il n'est pas » ; « AGGIR ne permet pas de décrire la complexité de la situation de la personne dans son environnement[3]. »

Et ce rapport d'ajouter : « En attribuant à chaque personne une position sur une échelle de six niveaux (GIR), AGGIR n'est qu'un indicateur commode pour résumer simplement une situation complexe. La mise en groupe GIR ne peut donc être assimilée à une évaluation multidimensionnelle, même si elle impose de recueillir des informations qui couvrent une partie de ce qui doit être considéré dans une évaluation complète. D'autres dimensions doivent être ajoutées comme les activités élaborées, la mobilité, le réseau relationnel, les conditions d'habitat, etc., qui seules permettront d'élaborer ce qui est la finalité de l'évaluation : un plan d'aide[4]. »

Il est donc clair que l'outil AGGIR n'est pas validé pour ce à quoi il sert actuellement dans la mise en place de l'APA, c'est-à-dire pour déterminer le niveau d'allocations de ressources qui va permettre aux gens en incapacité de se faire aider.

Ce qui veut dire en clair que l'APA est attribuée aujourd'hui **à partir d'un outil qui n'est pas légitimé pour le faire**, ce qui ouvre effectivement une question fondamentale sur l'équité dans l'attribution de l'APA !

---

3. *Rapport du Comité scientifique pour l'adaptation des outils d'évaluation de l'autonomie*, janvier 2003, p. 35, www.senat.fr/dossierleg/rapport_apa.pdf

4. *Op. cit.*, p. 22.

# NOTICES BIOGRAPHIQUES

**Pierre-Marie Charazac** est gérontopsychiatre au centre hospitalier Saint-Jean-de-Dieu de Lyon. Psychanalyste, membre de la SPP, auteur et coauteur de nombreux ouvrages, il commence à se demander après trente années de métier si, pour analyser les difficultés que pose actuellement le travail avec les familles en gériatrie, il ne vaut pas mieux abandonner certains modèles familiaux et interroger plutôt l'inconscient collectif et les clivages de notre culture.

**Pascal Dreyer** a travaillé pour Handicap International de 1991 à 2004, notamment comme directeur adjoint. Il intervient auprès d'entreprises et d'associations sur les questions de handicap, de vieillissement et de dépendance. Il est l'auteur d'une biographie de Etty Hillesum (Desclée de Brouwer, 1997) et de *Être bénévole aujourd'hui* (Marabout, 2006).

**Bernard Ennuyer** est ingénieur de formation initiale, docteur en sociologie et habilité à diriger des recherches. Il est directeur, depuis trente ans, d'une association loi 1901 d'aide et de soins à domicile dans le XVII^e arrondissement de Paris. Il a notamment publié, chez Dunod, *Les Malentendus de la dépendance* (Dunod, 2002), *Repenser le maintien à domicile* (Dunod, 2006) et *Vivre au grand âge* (Autrement, 2002).

**Jacques Gaucher** est psychologue clinicien. Il est l'auteur de *Alzheimer, comment aider ? Une question nécessairement éthique* (Éd. Chronique Sociale, 2004) en collaboration avec G. Ribes et T. Darnaud, et de « La vulnérabilisation en miroir professionnels/familles dans l'accompagnement des personnes âgées » dans *Cahiers critiques de thérapie familiale et pratiques de réseaux* (De Boeck, 2003), en collaboration avec G. Ribes et L. Ploton.

**Agnès Gramain** est économiste, maître de conférences au LEGOS (université Paris-Dauphine) et chercheur associée au Centre d'étude de l'emploi. Avec des anthropologues et des sociologues, elle étudie la dimension économique des organisations familiales mises en place autour des personnes dépendantes âgées. Elle a codirigé l'ouvrage collectif *Charges de famille* (La Découverte).

**Jean-Claude Henrard** est professeur émérite à l'université de Versailles. Ancien médecin chef du Centre de gérontologie à l'hôpital Sainte-Périne, à Paris ; il a été directeur du réseau fédératif de recherche INSERM « Santé-vieillissement-société ». Derniers ouvrages parus : *Les Défis du vieillissement : la vieillesse n'est pas une maladie* (La Découverte, 2002) ; *Vieillissement, grand âge et santé publique* en collaboration avec J. Ankri (ENSP, 2003).

**Jean-Pierre Lavoie** est chercheur au Centre de recherche et d'expertise en gérontologie sociale (CREGÉS) du CSSS Cavendish – Centre affilié universitaire, professeur associé à l'École de service social de l'université McGill et coresponsable de l'équipe de recherche « Vieillissements, exclusions sociales et solidarités ». Ses travaux portent depuis vingt ans sur les familles qui prennent soin de parents âgés avec incapacités.

**Simone Pennec** est sociologue, responsable de formation dans le domaine du vieillissement (MASTER) et directrice d'une équipe de recherche à l'université de Bretagne occidentale. Ses travaux analysent la production de la santé à domicile, en particulier par les membres de la famille et envers les parents du grand âge. Ses recherches, consacrées aux relations de filiation, sont mises en relation avec les politiques de la santé et les politiques vieillesse.

**Jean-Marc Talpin** est psycholoque clinicien dans un service de gérontopsychiatrie et maître de conférences en psychologie (université Lumière Lyon 2). Il a dirigé l'ouvrage collectif *Cinq Paradigmes cliniques du vieillissement* (Dunod) et s'intéresse tout particulièrement à la prise en charge des personnes démentes et à la dimension institutionnelle de cette prise en charge. Il est amené à travailler régulièrement avec des équipes en formation ou en élaboration de la pratique.

# Remerciements

La conviction qui a conduit la réalisation de cet ouvrage est que prendre soin d'un parent âgé est à la fois une expérience individuelle et un enjeu collectif pour toute la société. Les contributions des auteurs réunis dans ce livre comme les paroles des personnes qui ont accepté de témoigner manifestent la tension permanente entre repli sur soi et dépendance aux autres qui anime ce moment particulier de la vie des parents âgés et de leurs enfants.

Nous remercions Pierre-Marie Charazac, Jacques Gaucher, Agnès Gramain, Jean-Claude Henrard, Jean-Pierre Lavoie, Simone Pennec et Jean-Marc Talpin, pour les échanges nombreux et éclairants auxquels ont donné lieu les entretiens et l'écriture de leurs articles.

Nous remercions les professionnels qui ont accepté de rendre compte au plus près de la réalité des enjeux de ce « prendre soin » pour les acteurs concernés : Gilbert Ageron (Ionis), Marie-Laure Bonnet (Mieux-Vivre Rhône), Georges Fanget (Asstra), Huguette Foy-Marchis-Mourens (médecin), Alain-Pierre Juppet (médecin), Graziella Marion (Croix-Rouge française), Pamela Miceli (doctorante, université Lille 3), Fabienne Pagès (tribunal de grande instance, Lyon), Nathalie Tatinclaux (CCAS), Marie-Madeleine Rodarie (Mozaïc Café).

Nous remercions également les directions de la Caisse nationale d'assurance vieillesse (Cnav) et de la Caisse régionale d'assurance maladie d'Île-de-France (Cramif) pour la réalisation des cahiers pratiques, et plus particulièrement : Jany Audier (Cramif), Pascale Dupas (Cramif) qui a participé à la rédaction du chapitre consacré aux ressources et l'a coordonnée, Clairette Charrière (Cramif/Escavie) qui a rédigé le chapitre consacré aux aides techniques, Alain Gauthier (Cnav), Jean-Claude Poirier (directeur adjoint, Cramif), et Samuel Valenti qui, le premier, a porté le projet au sein de la Cramif.

Nous remercions enfin les personnes et les familles engagées dans le soin d'un parent âgé qui ont accepté de nous rencontrer et de relire les entretiens, enrichissant nos points de vue de leur expérience : Annie B., André V., M. Chatin, Édith P., Jean-François G., Raymond et Valérie P., Scarlett Wilson-Courvoisier et Germaine Benaud, sa maman, M. T., ainsi que nos propres parents et proches.

Pascal Dreyer, Bernard Ennuyer
Février 2007

# Cahier pratique I

Ce dossier a été réalisé par Clairette Charrière, ergothérapeute, Centre d'information et de conseil en aides techniques (ESCAVIE), Caisse régionale d'assurance maladie d'Île-de-France.

# AIDES TECHNIQUES ET AMÉNAGEMENT DU DOMICILE

## INTRODUCTION

*« Ma grand-mère ne peut plus utiliser sa baignoire. Je vois bien qu'elle a aussi du mal à s'habiller. »*
*« Mon père est âgé ; il peine à monter les escaliers et à se relever de son fauteuil. Jusqu'à présent, ma mère arrivait à l'aider. »*
*« Ma mère vit seule et a déjà fait plusieurs chutes. Elle n'entend pas quand je sonne à la porte. Je serais plus tranquille si elle portait une téléalarme. »*

Comment aider un parent âgé qui rencontre des difficultés dans les activités de sa vie quotidienne ? De quoi a-t-il besoin exactement ? Comment l'obtenir ? Et s'il ne l'acceptait pas ? L'**indépendance** et l'**autonomie** demandent de l'énergie, des capacités d'adaptation que la personne qui vieillit avec un problème de santé peut perdre. Pour que les modifications s'inscrivent dans de nouvelles habitudes de vie, elles doivent s'opérer sans bouleversement et être accompagnées. Ces solutions ont pour objectif premier de lui permettre de faire seule sans aide. Ce sont des moyens de garder son autonomie, c'est-à-dire son libre-arbitre : choisir, décider et guider son aidant, si elle est dépendante. Les aides techniques sont indissociables de l'aide humaine accordée, chacune de ces aides devant intervenir dans une juste mesure, en prenant une place ni trop grande ni trop restreinte.
Les occupations des personnes âgées sont souvent liées au maintien d'habitudes de vie antérieures : lire, écrire, aller faire ses courses, recevoir, jardiner... mais aussi, pour certaines, continuer à voyager ou utiliser un ordinateur. Tout le champ des **moyens de compensation** doit donc leur être ouvert, pour que leur activité ne se réduise pas aux besoins essentiels et à l'attente devant la télévision, installées dans des fauteuils de confort.

••• Les ergothérapeutes du centre d'information et de conseil en aides techniques Escavie (Paris) répondent chaque jour aux questions des **aidants naturels**, des personnes elles-mêmes et des professionnels. Des solutions concrètes et efficaces permettent désormais de repousser les limites générées par la survenue d'**incapacités fonctionnelles** grâce aux **aides techniques** et aux aménagements du domicile. Pour que la quantité de vie s'accompagne de qualité de vie, chaque situation demande une écoute, une évaluation et des réponses individualisées.
*Voir p. 300.*

# COMMENT MIEUX COMPRENDRE LES BESOINS D'UN PARENT ÂGÉ ?

## PLUS ON EST ÂGÉ, PLUS ON A BESOIN D'AIDES TECHNIQUES

Parmi les personnes âgées de 75 ans et plus, 43 % ont recours à au moins une aide technique (aide à la mobilité, aide auditive, aide pour l'hygiène et l'élimination, adaptation du logement et téléalarme), contre 12 % de celles qui ont entre 60 et 74 ans[1]. Il s'agit d'une vérité statistique, pas d'un pronostic individuel. Cette vérité statistique a un revers. Si on considère la survenue d'incapacités comme normale et inévitable, par fatalisme on cherchera moins à lutter contre elle, au risque de laisser une personne s'installer trop tôt dans la dépendance et l'inactivité. Un bon choix d'aides techniques vise d'abord à lutter contre l'état de dépendance ou à améliorer la qualité de vie.

Une incapacité vécue comme légère dans un contexte précis peut devenir très handicapante dans un autre ou si elle est associée à d'autres incapacités. Par exemple, une personne âgée qui ne peut plus soulever le pied ne franchira pas sans aide ses escaliers et ne pourra plus monter dans son bac à douche. La difficulté de mobilité se répercute sur l'hygiène.

### ••• LA PERTE DE CAPACITÉ D'ADAPTATION

La perte de capacité d'adaptation ou d'apprentissage de nouveaux savoir-faire est fréquente. Or la personne âgée :

– doit apprendre à manipuler différemment ses objets habituels parce qu'elle a des douleurs d'épaule, des tremblements des doigts...

– doit s'adapter à des produits ou des lieux différents ; parfois, même le micro-ondes, la télécommande de la télévision sont trop compliqués ;

– a perdu l'habitude de faire, parce qu'on fait tout ou presque à sa place – ses courses, ses rangements –, en ne remettant pas toujours les choses au même endroit...

– ne sait plus, du fait d'une lésion neurologique, comment s'habiller, comment se déplacer...

1. Kerjosse R., Weber A., « Aides techniques et aménagements du logement : usages et besoins des personnes âgées vivant à domicile », *Études et Résultats* n° 262, DREES, septembre 2003, étude fondée sur l'enquête HID de l'Insee.

## PERCEVOIR LES BESOINS

Qu'est-ce qu'un besoin ? Quels sont les besoins de cette personne ? Qui est le mieux à même de les connaître : la personne elle-même, son entourage, les professionnels ? Ces trois questions sont liées. La demande n'est pas forcément l'expression exacte des besoins.

La demande initiale n'est souvent que la partie émergente du problème. Il faut en analyser tous les aspects : les désirs plus profonds, les attentes, les revendications, les besoins. Elle peut s'exprimer de façon contradictoire : « J'ai besoin de..., mais je suis trop âgé et je n'ai besoin de rien », « Cela ne vaut pas le coup ; de toute façon, je n'en ai plus pour longtemps... »

Il faut savoir que la personne, dans bon nombre de cas, connaît ses besoins et peut tout à fait les exprimer clairement. Et s'il est important de connaître sa demande, il ne faut pas pour autant réduire ses besoins à celle-ci. Pour décliner en aides techniques et en aménagements les besoins réels d'une personne âgée, le conseil de professionnels est généralement nécessaire. Lorsque des financements sociaux sont demandés, leur avis peut être obligatoire.

Il est nécessaire de distinguer les faits objectifs, le vécu personnel ou la revendication. La demande initiale va s'élaborer au fil des entretiens et de l'évaluation. Il convient de savoir de qui elle émane. Vient-elle de la personne concernée ou de son entourage ? La personne âgée peut exprimer les souhaits de tiers sans formuler pour autant ses propres attentes. « Ma fille voudrait... », « Mon fils pense que ce serait mieux si... ». La demande peut aussi être exprimée par son entourage (un conjoint, une fille, un fils mais aussi, un des petits-enfants...). Les aidants réguliers ou occasionnels évoquent souvent leurs propres difficultés : « Je ne peux plus pousser son fauteuil roulant », « Je ne peux plus l'aider à marcher, à passer du lit au fauteuil... » Ils décrivent des faits objectifs, mais laissent entendre l'affection, la culpabilité (« Je ne peux pas être toujours là »), l'épuisement, l'angoisse ou la peur très objective de laisser la personne âgée seule chez elle, et enfin le rapport difficile à une personne exigeante.

Quelquefois, la demande relaye les besoins directs des aidants professionnels : « Le service d'aide de vie n'interviendra plus si l'on n'a pas un lève-personne. »

*M. D., âgé de 75 ans, se déplace à son domicile avec deux cannes. Il a fait plusieurs chutes jusqu'à présent sans gravité. Son fils est inquiet. Il envisage beaucoup de travaux, notamment dans la salle de bains, où il voudrait faire installer une cabine de douche. M. D. ne veut pas en entendre parler. Ils viennent pourtant ensemble nous rencontrer, M. D. tenant à exprimer qu'à ce sujet, tout va bien !*

*L'entretien avec l'ergothérapeute a fait ressortir leurs divergences. Mais lors de la visite de notre espace salle de bains, M. D. a remarqué le siège pivotant placé au-dessus de la baignoire. Démonstration faite, il a voulu l'essayer. Il a fallu l'aider à soulever ses jambes pour les passer au-dessus de la baignoire, mais une fois installé, il s'est senti sécurisé et apte à faire seul sa toilette. Il a alors parlé de son problème de transfert dans la baignoire, de son refus de « voir dégrader sa salle de bains en marbre ». Il ne veut pas que sa maison perde de la valeur. Il a réalisé cette salle de bains dans ses moindres détails, il y a quinze ans. Son épouse décédée avait choisi le carrelage et la décoration.*

*Puis il a parlé de sa difficulté à accepter l'aide d'une auxiliaire de vie pour son hygiène personnelle. Il préfère se laver seul au gant, assis devant son lavabo. Malgré la forme particulière de la baignoire, ovale et très grande, l'ergothérapeute trouve un modèle compatible. Il accepte d'en faire l'acquisition et de faire l'essai, pendant quelques semaines, d'un renforcement de l'aide humaine professionnelle pour la toilette.*

Les aidants naturels tiennent un rôle essentiel dans la qualité de vie des personnes âgées qui perdent des capacités ou leur autonomie. Mais apporter un soutien approprié à un parent n'est pas toujours facile. Ainsi, la bonne volonté, même inscrite dans une vraie solidarité familiale, ne suffit pas. Certains besoins sont difficiles à aborder pour la personne ou pour les proches, par exemple ce qui touche à l'intimité, comme la toilette, l'incontinence ou la difficulté de s'essuyer aux WC. Accepter l'aide d'un tiers peut être une épreuve. Apporter cette aide peut l'être également pour l'entourage. Les auxiliaires de vie ont un rôle essentiel pour relayer l'expression de ces attentes.

La définition des besoins se réduit souvent à une liste de besoins essentiels, ou, pour l'habitat, aux problématiques d'accessibilité dans l'unité de vie principale (accès, chambre, cuisine, salle de bains, WC). Mais d'autres dimensions sont à prendre en compte : la personne âgée peut avoir besoin de temps, d'écoute, de compréhension, de stimulation, de présence.

Les besoins varient selon[2] :

- des facteurs personnels : l'état physiologique de la personne peut être susceptible de s'améliorer ou de se dégrader à moyen ou long terme ;
- des facteurs environnementaux : l'environnement physique – « Ma chambre est à l'étage » – ou humain – « Ma femme est aussi handicapée que moi, elle ne peut plus m'aider » ;

2. Delcey M., « Notion de handicap (moteur) : les classifications internationales des handicaps », *in Déficiences motrices et situations de handicap*, Éd. APF, 2002. Document pdf, site de l'APF : www.moteurline.apf.asso.fr

- des habitudes de vie : « Je prends une douche deux fois par semaine avec l'aide de ma fille », « Mon petit-fils, qui habite près de chez moi, m'emmène faire mes courses en voiture » ;
- des événements : « Ma femme me guidait, nous sommes tombés ensemble ».

La liste suivante, non exhaustive, oriente les actions possibles :

### Sur les facteurs personnels

Appareiller au mieux la vision et l'audition, connaître ses capacités d'atteinte, de préhension, de manipulation, de portage, porter sur le corps des protections, des orthèses ; des tiers peuvent s'assurer de la qualité de la nutrition, de la prise correcte des médicaments, solliciter le médecin pour que, s'il y a lieu, les difficultés cognitives et mnésiques soient évaluées, qu'un traitement adapté soit prescrit et que de la kinésithérapie soit indiquée.

### Sur les facteurs environnementaux

Réparer ce qui est défectueux (une conduite de gaz, un pied de chaise...) ; solliciter un regard professionnel sur les installations vétustes ; retirer ce qui est devenu dangereux (un couteau trop coupant, une cuisinière à gaz...) ; modifier ce qui est inadapté (l'emplacement d'une table, d'une prise, le mécanisme des volets...) ; retirer ce qui doit être hors de portée ; simplifier ce qui est compliqué (utiliser un four à micro-ondes, des plats préparés...) ; revenir à des mécanismes anciens pour la robinetterie, l'électricité, si la personne âgée s'en souvient mieux ; utiliser des astuces, des aides techniques ou des aménagements (des portes vitrées de placard de cuisine pour faciliter la recherche d'un ingrédient ; mettre des alarmes et des sécurités...).

### Sur les habitudes de vie

Suppléer aux déficiences en proposant des modes d'emploi simplifiés, un carnet mémoire, des listes à barrer, une alarme sonore pour indiquer le moment d'un événement ; rester en lien, par exemple avec un téléphone portable très simplifié ; faire en sorte que la personne puisse alerter l'entourage, qu'elle ait sur elle des éléments sur son identité, sur les personnes à prévenir, et des éléments médicaux d'urgence.

*Mme B., âgée de 85 ans, a chuté récemment chez elle en se levant la nuit pour aller aux toilettes. Elle est restée au pied de son lit plusieurs heures, jusqu'au matin, sans pouvoir se relever ni prévenir. Après plusieurs jours d'hospitalisation, elle retourne à son domicile, sans séquelles physiques. Sa fille nous contacte car elle veut trouver des adaptations pour sécuriser le domicile, sa mère tenant à rester chez elle. Elle est inquiète de la prise de risque. Elle précise que sa mère a un caractère autoritaire et qu'elle ne veut pas modifier quoi que ce soit, qu'elle se met rapidement en colère quand on évoque la téléalarme ou un changement de chambre pour une autre plus spacieuse et plus proche des toilettes, qu'elle ne veut pas d'une personne qu'elle ne connaît pas qui toucherait à ses affaires.*

*L'entretien permet de préciser que la chute n'est pas un événement isolé et que Mme B. a d'importants facteurs de risques : une première prothèse de hanche et un ulcère variqueux qui a déjà provoqué une hémorragie.*

*Des points d'environnement peuvent être très rapidement corrigés. L'ergothérapeute propose un câble d'éclairage avec poussoir à sa portée, des cales pour surélever les pieds du lit, une barre de redressement fixée à son rebord, une chaise percée à accoudoirs longs à proximité du lit et un poste téléphonique posé sur la table de nuit. Ce dernier dispose de grosses touches à mémoire où l'on glisse des photographies et d'un émetteur pendentif. La fille de Mme B. pense que sa mère admettra ces éléments simples et amovibles. Mais celle-ci refuse les essais au domicile et n'accepte que le téléphone, qui lui plaît.*

*La fille de Mme B. vient chaque jour après son travail. Elle appréhende le moment de plus en plus fréquent où elle va devoir refaire le lit souillé, protégé par une alèze. Sur le fond, elle préférerait que sa mère vive en maison de retraite médicalisée mais elle ne peut pas aller à l'encontre de son autonomie. Mme B. s'est elle-même occupée de sa propre mère en fin de vie, dans cette même maison. Sur nos conseils, elle organise un rendez-vous au domicile de sa mère avec son médecin traitant pour envisager ensemble les conditions humaines et techniques d'un maintien à domicile durable et de qualité.*

La première chose à faire, pour bien percevoir les besoins, c'est regarder, parler et écouter. Il faut donc :

- Identifier le(s) problème(s) et les personnes ressources sur lesquelles on pourra compter (aidants familiaux et professionnels), se fixer des objectifs et établir un projet d'actions.
- Rechercher les causes et les valider.

*Mme G. a 82 ans. Elle est veuve, sans enfants. Ses mains sont déformées et douloureuses du fait d'une polyarthrite. Sa nièce lui rend visite plusieurs fois par an.*

*Problème : Mme G. ne peut plus s'alimenter correctement. Elle a visiblement beaucoup maigri.*

*Situation : Dans sa cuisine, elle a énormément de difficultés à ouvrir les bocaux et les emballages, à tourner les boutons de sa vieille gazinière, à porter une casserole pleine, à se servir à boire, à couper avec un couteau et à laver la vaisselle. Elle a renoncé à utiliser le four.*

*Causes : Les causes connues, qui se sont aggravées, sont la maladie rhumatismale – facteur personnel – et l'inadaptation du matériel dans sa cuisine – facteur environnemental.*

*L'observation et l'écoute montrent que Mme G. ne s'adapte pas à ses difficultés :*

*– elle continue d'acheter les mêmes préparations alimentaires qu'elle a du mal à ouvrir ;*

*– elle n'utilise pas la desserte roulante ou les techniques de glissage sur le plan de travail qui lui éviteraient de porter ;*

*– elle entretient l'inflammation articulaire en faisant le ménage, en particulier en lavant le sol à la serpillière quotidiennement.*

*Personnes ressources : Son médecin, la responsable du service d'aide à domicile, la voisine de palier, amie de longue date.*

Les proches auront alors soin :

- De pratiquer une écoute active, attentive, de préférence en tête à tête :
  - La personne âgée parle-t-elle de ses difficultés spontanément ? Est-ce un récit, une plainte ou une demande ?
  - Qu'en dit-elle ? Comment les vit-elle ?
  - Est-elle consciente des difficultés que l'on perçoit ? Comment réagit-elle quand on les évoque ?
  - Quelle est sa demande ? Souhaite-t-elle de l'aide ? Laquelle ?

N'oubliez pas de reformuler ce qui vient de vous être dit pour vous assurer de ce que vous avez compris.

- D'observer la personne, son état, son attitude corporelle, vestimentaire, son comportement, sa cohérence. S'il est important de noter les difficultés de la personne, tenir compte de ses capacités et des conditions optimales d'activité l'est plus encore : période de la journée, état fluctuant ou « période de dérouillage » nécessaire, éclairage de la pièce...
- D'observer la personne en activité dans les situations qui posent problème : il faut mesurer la gêne et les limites concernant ses capacités fonctionnelles. On s'attachera à identifier les situations très précises et à déterminer si des conditions particulières facilitent l'activité. Dans l'idéal, il faudrait pouvoir suivre la personne dans toutes les activités quotidiennes où elle est en difficulté, y compris dans les toilettes ou la salle de bains, du moins pour faire semblant. Cela suppose une relation suffisamment proche ou professionnelle et un peu de tact pour aborder le problème, par exemple en disant : « Allons voir ensemble où on pourrait mettre une barre d'appui dans tes toilettes. » Une fois sur place, le malaise est moindre ou inexistant, surtout si on se met soi-même en scène avec un peu d'humour.

*Le plan de travail de la cuisine de Mme G. est encombré. Elle ne peut donc pas l'utiliser pour préparer ses repas. Elle laisse là tout ce qu'elle ne peut plus ranger et attraper dans ses placards. En particulier, pour se servir de la partie inférieure des éléments bas de sa cuisine, il lui faudrait se pencher en pliant les genoux et elle ne peut plus se redresser, surtout si elle tient un objet à deux mains. Elle ne se sert également que d'une étagère de ses éléments hauts, le reste étant hors d'atteinte. Elle s'énerve avec les boutons des portes placés à mi-hauteur, difficiles à saisir.*

*Cependant sa nièce a observé que dans le salon, elle n'a pas de difficulté à utiliser le dernier tiroir de sa commode où elle range les serviettes.*

*Le neveu de Mme G. viendra mettre des tiroirs métalliques dans les éléments bas de cuisine. Ils serviront à ranger des objets légers, les boîtes hermétiques et les moules. Les casseroles seront placées dans celui du dessus. Il change les poignées des portes des éléments hauts pour un modèle plus facile à agripper et les déplace dans l'angle inférieur. Un peu de pâte à bois et rien ne se voit ! L'auxiliaire de vie de Mme G. l'aidera à ranger différemment. Le plan de travail et la desserte sont libérés.*

Pour tirer les meilleures conclusions de l'observation, un peu de méthode s'impose :

- Observer d'abord la personne sans intervenir, discrètement et suffisamment longtemps pour repérer les gestes et les actions difficiles.
- Lui demander ensuite ou l'amener à faire à nouveau la même activité en sollicitant sa participation active et son attention. Sait-elle, lorsqu'elle rencontre une difficulté, ce qui pourrait l'aider ?
- Ensuite seulement apporter une aide graduelle en cherchant la « bonne entrée » et le « juste nécessaire » :
  - la parole : autant que possible, essayer d'abord de stimuler, puis de conseiller, voire de guider pas à pas ;
  - la démonstration, s'il s'agit d'une séquence simple de gestes ;
  - la simulation de l'utilisation d'une aide matérielle. Si vous envisagez la pose d'une barre d'appui, utilisez un manche à balai et placez-le dans différentes orientations et à différentes hauteurs pour tester ses possibilités de prise efficace. Pour savoir à quelle hauteur rehausser un siège, placez sur l'assise un bloc ferme de taille adaptée dont vous pourrez modifier l'épaisseur (des draps pliés par exemple) ;
  - un soutien et un accompagnement physique si besoin. Mais attention, le toucher n'est pas un acte anodin, tant pour soi que pour l'autre. Il permet de franchir une barrière relationnelle. C'est donc aussi un acte de communication. La main a ses humeurs, elle serre ou enveloppe, elle tire ou soutient.
- Essayer de relier chaque incapacité à une cause ou à un ensemble de causes sur lesquelles on va pouvoir agir. Ces causes peuvent venir :

– de la personne et de ses difficultés propres, sur le plan physique, perceptif, cognitif... ;
– de son environnement matériel, objets, espaces et ambiances : par exemple, la personne peut mieux entendre quand il n'y a pas de bruits de fond, mieux voir si on place une ampoule plus puissante ;
– de son environnement humain : ainsi, une aide maladroite pourra entraîner le repli de la personne sur elle-même. Parler fort n'est pas crier, stimuler n'est pas agresser.

• Parler à son entourage (aux autres proches, aux aides de vie) pour recueillir leurs avis et points de vue : ils rencontrent certainement la personne à d'autres moments que vous et dans d'autres conditions. N'hésitez pas à leur communiquer votre analyse et vos intentions.

• Avec accord de la personne âgée, s'assurer que son médecin traitant est avisé de la perte de ses capacités ou de son autonomie et des solutions envisagées. Son analyse de la situation médicale de la personne peut éclairer les difficultés que vous constatez sans en connaître la cause. Par exemple, l'apathie, le trouble d'équilibre est peut-être un effet indésirable d'un nouveau traitement que le médecin pourrait modifier. Il peut aussi éclairer sur l'évolution et permettre d'envisager des solutions sur un plus long terme.

*Mme G. se plaint beaucoup à sa nièce de la douleur. Les conversations reviennent toujours à ses plaintes, à ses traitements médicamenteux, à ce qu'elle faisait et qu'elle ne peut plus faire. Il n'y a ni demande ni solutions envisagées. Elle dit qu'elle ne pense pas à se servir des aides dont elle dispose, mais qu'elle oublie aussi de prendre ses médicaments. De plus, ils lui font mal au ventre. Elle reconnaît qu'elle a maigri, qu'elle le voit à ses vêtements puisqu'elle peut remettre de jolies robes qu'elle portait il y a vingt ans ! Son médecin est parti en retraite. Elle se sent moins à l'aise avec son remplaçant. Son aide de vie voit bien qu'elle n'a pas d'appétit. Sa voisine évoque une possible dépression.*

*Mme G. apprécie que sa nièce ose lui proposer de l'accompagner chez son médecin. Celle-ci parle au médecin de l'amaigrissement de sa tante. Des examens complémentaires confirmeront un cancer de l'intestin.*

Une vision globale des difficultés s'étudie :

• soit en partant des pièces de la maison et des activités qui y sont liées, puis en progressant à l'extérieur[3],

3. Voir « Fiche ressources », p. 297, maisons virtuelles de Prudence (MACIF), de Novartis et de l'URCAM de Bourgogne.

• soit en s'inspirant de la liste des besoins d'une grille d'évaluation connue (comme la grille AGGIR[4]) :
 – communiquer, alerter,
 – se déplacer à l'intérieur et à l'extérieur,
 – s'habiller,
 – assurer sa toilette et son élimination (urinaire, anale),
 – ses autres activités...

*Mme H. soignait toujours sa présentation. Depuis quelques semaines, peut-être quelques mois, ses enfants remarquent qu'elle prend peu soin d'elle et qu'elle porte régulièrement des blouses tachées* (hygiène personnelle). *Elle prend très mal les remarques. Sa fille propose de faire une lessive et lui demande d'enlever sa blouse pour la laver. En dessous, son chemisier est dans le même état. Plusieurs boutons ne sont pas attachés* (habillage). *Elle ne porte pas de sous-vêtements. À bien y réfléchir, le problème ne se limite pas là. On la disait presque maniaque du ménage or le sol de la cuisine est sale, comme la poubelle, le lavabo et la cuvette des WC.*

*Aujourd'hui, le ménage va être fait à sa place, discrètement, rapidement, sans pointer tous les problèmes. Sa fille se concentre sur l'habillage. Elle lui tend une blouse propre sans la déboutonner et l'observe. Mme H. ne défait pas tous les boutons avant d'essayer de l'enfiler, s'exaspère et veut reprendre celle qu'elle portait. Calmement, sa fille lui dit pas à pas ce qu'il faut faire. Le geste s'améliore. La blouse est enfilée, boutonnée, mais Mme H. tourne la ceinture entre ses doigts sans arriver à la nouer.*

*Un rendez-vous sera pris chez le médecin pour évoquer ces difficultés.*

*Après des examens complémentaires, il diagnostiquera un début de démence liée à l'âge.*

## LA COMPLEXITÉ DES SITUATIONS

Une approche du type problèmes/solutions spécifiques est trop simplificatrice. Nous devons nous méfier de nos représentations générales des aînés âgés, de leurs besoins et des solutions d'autrefois et d'hier. Il faut comprendre la

4. Autonomie gérontologique – groupes iso-ressources. AGGIR est un modèle qui permet d'évaluer l'expression de l'autonomie grâce à l'observation des activités effectuées seules par la personne âgée. En fonction de la perte d'autonomie, la personne est incluse dans un groupe iso-ressources – GIR 1 à 6 – qui comprend des personnes âgées dont le niveau de perte d'autonomie nécessite une mobilisation de ressources significativement proches (voir « Définition des groupes iso-ressources (GIR) de la grille AGGIR », p. 22 et « L'outil officiel de mesure de la dépendance : AGGIR », p. 217).

personne dans son individualité, dans sa différence et saisir les particularités de son environnement qui engendrent des situations de handicap.

Apporter une aide efficace suppose donc de trouver le bon équilibre entre les aides techniques du commerce spécialisé, les aménagements du domicile et l'intervention d'une aide humaine. Des problèmes d'information et de connaissance des réseaux vont alors se poser : quels sont les choix possibles et leurs critères dans un univers commercial peu familier et complexe ? Mais d'autres aspects sont à considérer, psychologiques – tels que l'acceptation des aides par la personne et par son entourage –, financiers ou administratifs. À une autre échelle, on rencontre des facteurs sociologiques et politiques. Aussi, pour mieux aider, il faut parfois se faire aider soi-même et avoir recours à des professionnels médico-sociaux du conseil et de l'évaluation des besoins des personnes âgées.

••• ANALYSE DES BESOINS ET VALIDATION PAR DES PROFESSIONNELS

Les besoins s'analysent à partir d'une demande grâce à une évaluation, réalisée notamment par des mises en situation simulées, ou avec un matériel d'essai en situation ordinaire de vie. Elle peut être conduite par un ergothérapeute. Cette analyse permet de mettre en lumière ce que la situation comporte d'urgence et de hiérarchiser les priorités de décision et d'action. Les urgences peuvent tenir au maintien de la vie (par exemple, la possibilité d'appeler), ou à une situation se dégradant rapidement. Par exemple, la question de la sécurité est souvent mise en avant par les proches, inquiets à juste titre de la situation d'un parent seul à son domicile la nuit ou une grande partie de la journée.

L'appel à des aides financières implique une validation des besoins par des professionnels dont l'intervention s'effectue selon des règles précises[5]. Compte tenu des financements possibles, les besoins recevables vont être le fruit d'une élaboration, d'une négociation, voire de renoncements.

L'adaptation au fil des jours est compliquée.

- Certaines personnes souffrent de maladies caractérisées par la variabilité de l'état au cours de la journée, telles que les rhumatismes ou la maladie de Parkinson. C'est la cause de stress et d'une vulnérabilité supplémentaires.
- Pour un trajet dans une succession d'environnements différents, une personne valide enfilera des pantoufles, des chaussures ou des bottes de pluie. La

---

5. Le Borgne-Uguen F., Pennec S., collaboration de Douguet F., *L'adaptation de l'habitat chez des personnes (de plus de 60 ans) souffrant de handicaps et/ou de maladies et vivant à domicile : les usages et interactions entre les personnes, les proches et les professionnels*, rapport du contrat d'étude MiRe-CNAV n° 25/98, septembre 2000.

personne âgée devra aussi prendre appui sur les meubles et sur une canne à l'intérieur, deux dans son jardin, utilisant son déambulateur sur les trottoirs de son quartier et un fauteuil roulant manuel quand ses enfants la poussent lors d'un plus long déplacement. Les choses se compliquent encore si la même personne a besoin d'aides techniques différentes de la même catégorie :

– un déambulateur large et stable pour les trottoirs mal entretenus, et un autre très étroit pour franchir sur un carrelage en bon état des portes étroites ;

– un fauteuil roulant manuel qu'elle propulse elle-même dans son appartement comme en extérieur, mais qui ne rentre pas dans l'ascenseur, imposant l'achat d'un petit fauteuil de transit ;

– Un fauteuil roulant électrique d'extérieur assez puissant pour franchir la rampe d'accès, les rues en pente, les bateaux de trottoir élevés, mais suffisamment étroit pour pivoter et circuler entre les meubles et dans la salle de bains. Ironie du sort, moins on peut faire le ménage et plus on salit. Une personne valide quittera ses chaussures en rentrant, une personne en fauteuil roulant gardera ses roues humides, voire boueuses.

## LE TEMPS, UN ÉLÉMENT IMPORTANT DU PROBLÈME ET DES SOLUTIONS

Acquérir et utiliser une aide technique prend du temps :

- Le temps de son évaluation, de son acquisition et de son acceptation.
- Le temps de l'apprentissage. Reprenons l'exemple du fauteuil roulant. Une personne âgée ne dispose pas de structure d'apprentissage. Pour obtenir le certificat d'aptitude à la conduite d'un fauteuil roulant électrique, elle doit faire ses preuves en quelques minutes ou en quelques heures.
- Le temps d'entretien du matériel.
- Le temps de l'usage : faire seul une activité grâce à une aide technique, comme se laver seul, manger seul, ne se fait pas sans une certaine lenteur. La personne âgée a souvent du temps, mais l'eau du bain et le repas refroidissent. Il faudra alors être attentif à les réchauffer.
- Le temps de l'aidant : utiliser un lève-personne soulage le dos de l'aidant, mais le portage dure plus longtemps. Plus la tâche est répétée dans la journée, plus l'aide technique est indispensable et plus son usage demande de temps. Ce temps peut être mis à profit pour dialoguer avec la personne ou lui parler. Ce temps de communication est totalement perdu si ce portage est effectué sans matériel, rapidement, par deux aidants. Dans le cas où la personne âgée utilise elle-même l'aide technique, l'aidant qui accompagne l'utilisateur dans son activité est néanmoins mobilisé.

### ••• LE PARADOXE DE L'AIDÉ ET DE L'AIDANT

Certaines solutions efficaces ne conviennent jamais en même temps à la personne et à ses aidants. La réflexion doit donc porter sur l'ensemble des mesures à mettre en place, aides techniques pouvant engendrer des formes de violence généralement passive. Types de violence qui peuvent être observés envers l'aidé : la personne reste confinée à côté de ses aides de locomotion ; ses aides de communication restent au placard car elle pourrait s'en servir pour dire ce que l'on n'a pas envie d'entendre, pour demander plus d'aide que l'on ne peut en donner. La violence peut aussi s'exercer envers l'aidant qui supporte parfois au-delà de ses propres forces.

Là encore, l'aide technique s'introduit dans une relation. Elle sera choisie pour permettre un meilleur équilibre et non pour provoquer une rupture. Cela suppose une négociation sans perdant.

## PRÉVENIR LES SITUATIONS À RISQUES

Chez la personne âgée, la prévention commence avec celle des accidents domestiques, et en particulier, des chutes[6]. Mais elle peut être beaucoup plus vaste : prévention des escarres[7], des violences, des fugues... Agir est évidemment plus facile quand la personne se mobilise elle-même pour changer ses habitudes de vie.

On décrit classiquement trois stades de prévention, selon que le problème n'est pas encore arrivé, débute ou est avéré :

### La prévention primaire

Elle consiste à lutter contre les risques avant l'apparition du problème, comme ce senior actif qui décide de déménager dans un appartement accessible.

### La prévention secondaire

Elle consiste à dépister un problème existant avant qu'il ne constitue un handicap. La personne a des pieds douloureux et un équilibre précaire : elle se rend chez son pédicure, se chausse correctement et fait poser des barres d'appui. Le risque étant identifié, il est plus facile de cibler les actions à entreprendre.

---

6. Nicolas E., Gras C., « Prévention des accidents domestiques », *in* Trivalle C. (dir.), *Gérontologie préventive : éléments de prévention du vieillissement pathologique*, Abrégés Masson, 2000 ;
Taillandier J., « Prévention des chutes », *op. cit.* ;
« Aménager votre maison pour éviter les chutes », brochure du CFES (Comité français d'éducation pour la santé).
7. Meaume E., Senet P., « Prévention des escarres », *in* Trivalle C. (dir.), *op. cit.*

*M. et Mme Y. vivent dans une maison à la campagne, acquise par héritage. M. Y. a une maladie cardiaque depuis quelques années. Ils aiment beaucoup cette maison, mais à 70 ans, M. Y. peine de plus en plus pour monter à l'étage. Ils pensent à un siège monte-escalier. Ils ont aussi demandé à un architecte d'étudier la création d'une extension pour réaliser une véritable unité de vie au rez-de-chaussée. Ils présentent les plans à leurs enfants qui leur font observer le défaut de cohérence de leur projet. Le terrain est en pente et ils sont éloignés de tous les services et de leur famille. M. Y. ne conduit pratiquement plus et son épouse n'a pas le permis de conduire. Cette maison est coûteuse à entretenir. M. et Mme Y. évoquent leur vision de l'avenir. Ils voulaient transmettre ce bien familial à leurs enfants, avec l'espoir que l'un d'eux s'y installe un jour. Ils arrivent alors à en parler et comprennent que leurs deux fils envisagent autrement leur retraite, sans s'éloigner de leurs propres enfants, mais avec le souci de veiller à leurs parents vieillissants.*

*Projetant différents scénarios de vie, M. et Mme Y. décident de vendre leur maison afin d'acheter un appartement dans la ville voisine, près des commerces, de la gare et des structures de soins dont M. Y. a un besoin grandissant, à quelques centaines de mètres du domicile d'un de leur fils. Ce quatre pièces leur permettra de recevoir plus souvent leurs enfants, leurs petits-enfants et leurs amis. La vente de la maison a permis la réalisation d'une cuisine dont Mme Y. rêvait, par un cuisiniste.*

### La prévention tertiaire

Elle intervient après coup, pour prévenir la rechute ou les complications. Par exemple, de retour d'hospitalisation, la personne va corriger les éléments en rapport avec l'accident. Mais, bien souvent, elle est fragilisée et a particulièrement besoin d'aide. C'est souvent à ce moment que des professionnels de la réadaptation, kinésithérapeutes et ergothérapeutes, peuvent être impliqués.

Lorsque l'acte de prendre ou de porter des objets, comme un sac de courses, devient difficile, les mains servent en même temps à s'appuyer sur un meuble ou sur une canne, alors qu'elles devraient se concentrer sur cette tâche. De même, quand la vision diminue, les risques augmentent. Les limites seront repoussées si la personne utilise du matériel adapté : une table roulante pour porter les choses tout en s'appuyant, un balai essoreur... La situation se complique encore quand la capacité de réfléchir, d'anticiper ses gestes est elle-même amoindrie. Par exemple, aller aux toilettes peut devenir un risque majeur la nuit quand il faut atteindre péniblement les interrupteurs, se relever et marcher sans avoir « dérouillé ses articulations », l'esprit embué par les médicaments. Là encore, une fois le risque identifié, tout un ensemble de solutions existe.

Lorsque la personne, tournée vers le passé, n'a plus la faculté ou le désir d'envisager l'avenir, elle prend d'autant plus de risques, soit en agissant comme avant, sourde aux incapacités nouvelles, soit en ne faisant rien, précipitant de ce fait la perte d'autonomie. La vigilance devient un souci de tous les instants pour l'entourage. Les proches sont souvent devant un dilemme, choisir entre trois formes de violence :

- celle de l'accident s'ils ne font rien : bien qu'il ne soit qu'hypothétique, il faut tout mettre en œuvre pour l'exclure ;
- celle que supportera la personne âgée s'ils réalisent des changements importants ; cette forme de violence est probable et il faut l'envisager au cas par cas ;
- le changement du mode de vie des aidants pour s'adapter au besoin de la personne âgée. C'est une violence que souvent ils se font à eux-mêmes.

## FAUT-IL ATTENDRE, AMÉNAGER OU DÉMÉNAGER ?

Vieillir chez soi est le souhait de la majorité des personnes âgées ; 84 % des Français de plus de 60 ans vivent d'ailleurs dans leur logement, cette proportion augmentant encore dans les plus grandes villes de France, jusqu'à atteindre 94 % à Paris[8]. Appelés à vivre plus vieux, ils y vivent aussi beaucoup plus longtemps puisque la majorité des retraités vieillissent là où ils ont passé leur vie[9], notamment dans le périurbain. Les conditions d'habitat sont un facteur déterminant pour leur qualité de vie privée et sociale.

Il ne suffit pas de se focaliser sur le logement : il convient aussi d'observer son implantation géographique. Il sera impossible de niveler la pente du terrain ou du quartier qui rend une voiture nécessaire pour la moindre sortie. Sauf exception, on n'abat pas un mur porteur et on ne domotise pas l'ensemble des portes d'un immeuble collectif ancien. Tous les aménagements possibles peuvent ne pas être suffisants pour maintenir les liens avec l'extérieur et avec la vie sociale. La personne peut aussi être confrontée à l'absence de services adaptés dont elle aurait pu bénéficier dans la ville voisine.

Aussi faut-il s'interroger sur la localisation du domicile par rapport à l'entourage, au voisinage, aux services de proximité et de soins, à la vie de l'immeuble, au jardin privé ou collectif, et à la vie de quartier : magasin d'alimentation, marché, boulanger, poste, pharmacie, médecin traitant, marchand de journaux, service d'aide à la personne, lieu de culte...

---

8. « Paris et ses aînés, 2006-2011 » (schéma gérontologique), coll. « Les Cahiers de Chaligny », DASES, juillet 2006.
9. Godet M., Mousli M., *Vieillissement, activités et territoires à l'horizon 2030*, « Rapports du Conseil d'analyse économique/DIACT », La Documentation française, octobre 2006.

L'aménagement du logement est essentiel et va jusqu'à l'accès à la rue, où l'action collective doit prendre le relais. Ce processus continu devrait suivre celui du vieillissement et lever les nombreuses contraintes rencontrées par les personnes âgées et leur famille dans la réorganisation, les modifications et les adaptations à apporter au logement. Mieux vaut donc anticiper. En règle générale, plus l'habitat est ancien et plus il est difficile à corriger.

## L'AMÉNAGEMENT DU LOGEMENT DES PERSONNES ÂGÉES : PROBLÈMES ET SOLUTIONS

### LES PROBLÈMES CONCRETS DANS LE LOGEMENT

La personne âgée doit pouvoir conserver ses habitudes de vie, quitte à modifier ses façons de faire :

• se déplacer dans l'espace et utiliser dans chaque pièce les éléments qui s'y rapportent, autant que nécessaire, dans des conditions habituelles ou exceptionnelles : un sol mouillé parce qu'il vient d'être lavé ou qu'un liquide a été renversé, un lieu de passage encombré par un meuble ou un carton de courses, une ampoule d'intensité insuffisante, grillée, ou une panne d'électricité... ;

• gérer les accès et la sortie pour mener une vie sociale et éviter l'intrusion – les portes, les portails, les fenêtres avec leurs accessoires, volets, rideaux et doubles rideaux – grâce à des systèmes mécaniques, électriques, ou à des automatismes ;

• maîtriser tous les flux avec l'extérieur, en particulier :
  – l'eau pour les sanitaires, la cuisine et le ménage, ce qui suppose l'accès au compteur et aux robinets,
  – l'énergie : l'électricité et/ou le gaz pour se chauffer, s'éclairer, faire ses repas ou climatiser la pièce,
  – les courses, leur stockage à la cave, dans les placards ou le réfrigérateur, et leur utilisation,
  – le rejet des déchets par la chasse d'eau, les poubelles,
  – l'air, le bruit, la lumière ambiants...

• rester en lien avec les personnes extérieures en utilisant l'interphone, le téléphone, voire l'ordinateur.

#### ••• LES DIFFICULTÉS LES PLUS FRÉQUENTES DES PERSONNES ÂGÉES

Un événement comme une chute (mais aussi l'impossibilité d'ouvrir sa serrure, ou un choc à la tête contre une étagère mal placée mais qui a toujours été à cet endroit) agit souvent comme le révélateur de troubles de santé passés jusqu'alors inaperçus.

Ces difficultés se conjuguent et touchent à tous les espaces du logement et à toutes les activités ; les principales concernent :

– la marche en terrain à peine accidenté et la possibilité de monter un escalier, de suivre un trajet – mais certaines démences provoquent à l'inverse une déambulation hyperactive ;

– l'adaptation posturale, l'équilibre et la possibilité de se relever après une chute ;

– la vision et l'audition qu'il convient d'abord de bien appareiller ;

– l'atteinte des objets vers le haut, le bas ou sur les côtés ;

– les manipulations, surtout en force (crémone, robinetterie résistantes) et les déplacements d'objets ;

– la mémorisation : se repérer, retrouver un objet rangé, se rappeler un mode d'emploi, utiliser des commutateurs, des boîtiers de commande, réaliser une succession de tâches ;

– le soutien d'un effort physique ou mental.

---

*Mme D. a 70 ans. Elle est indépendante malgré une perte de vision importante, une prothèse de genou et un surpoids important. Elle ne peut plus enjamber sans risque sa baignoire. Elle a déjà acheté une planche de bain reléguée au placard depuis qu'elle a failli basculer en arrière, faute de l'avoir serrée en force contre les parois de la baignoire.*

*Elle a contacté un plombier qui lui a conseillé d'installer une douche, en profitant du crédit d'impôts. Pour la hauteur du bac, il « fera pour le mieux ». Mais elle tient au moment délassant du bain, « même si ce n'est que pour quelques années encore ».*

*Un travailleur social lui a conseillé de contacter le CICAT. Une ergothérapeute l'a écoutée et conseillée par téléphone, puis lui a envoyé une documentation sur les différentes solutions et une liste de fournisseurs. Elle s'est rendue dans le show-room d'un distributeur pour tester les baignoires à porte ouvrante, solution qui ne lui convient pas, la position du corps étant trop inconfortable et le rebord aussi haut que celui d'une douche. Elle s'est aussi adressée à plusieurs revendeurs de matériel médical avant de pouvoir essayer à son domicile, en simulation, un siège élévateur électrique de bain qu'elle a finalement acquis.*

*Sur les conseils de l'ergothérapeute, le plombier a placé à portée de main une robinetterie thermostatique avec douchette pour qu'elle n'ait plus à se contorsionner pour la saisir. Il a fixé une barre murale horizontale pour lui faciliter le pivotement du siège, une fois assise. Mme D. a placé un tapis antidérapant en sortie de bain.*

*Cette solution a requis à la fois du matériel adapté, des objets courants et des petits travaux.*

*Chaque entreprise ne lui avait proposé que des solutions partielles.*

---

## COMMENT INTERVENIR ?

Aménager le logement peut concerner :

- le cadre bâti : généralement le second œuvre et quelque fois le gros œuvre ;
- les meubles et leurs accessoires.

Plusieurs solutions d'aménagement du logement sont généralement possibles, engendrant un changement léger, important ou profond par rapport aux habitudes de vie antérieures. Souvent de petites corrections successives par retraits, ajouts ou par un agencement différent du mobilier ou des accessoires suffisent. Le choix dépend des capacités d'adaptation de la personne à une situation nouvelle et de sa propre décision. La famille peut se retrouver face au paradoxe de devoir en même temps respecter l'autonomie du parent âgé et intervenir pour éviter des prises de risques inutiles ou dangereuses.

Il n'y a pas de recettes pour convaincre l'autre mais simplement la qualité d'écoute et le bon sens qui invite :

- à ne pas brusquer les choses (« Je viens samedi refaire ta salle de bains ») ;
- à ne pas entrer dans une escalade verbale (« non, si..., non, si... ») ;
- à procéder par étapes pour donner confiance (une barre d'appui efficace ici, une prise électrique là) ;
- à chercher l'aide du tiers le plus susceptible d'être convaincant, ou une voie tierce, un compromis (ne pas jeter le meuble bancal mais le placer dans un endroit où il ne risquera pas de servir d'appui).

Attention, une intervention extérieure doit s'attacher au bien-être de tous les occupants, et lorsqu'il s'agit d'un ménage âgé, à ne pas entraver l'un en aidant l'autre.

Après le temps des travaux, il faudra accompagner la reprise des habitudes de vie. Les suites doivent être envisagées car le matériel s'use ; il doit être entretenu et renouvelé. Il faut étudier les garanties et les services et anticiper les coûts de fonctionnement, d'entretien et de réparations.

••• COMMENT BIEN ORGANISER DES TRAVAUX DE RÉAMÉNAGEMENT ?

Planifier demande de réaliser un diagnostic global en se projetant dans une évolution possible, et d'établir les priorités et la succession d'actions à entreprendre. Il vous faudra étudier les interactions de l'élément modifié ou ajouté avec l'environnement et les personnes. Par exemple, pour le choix d'un bac de douche, par exemple, vous devrez réunir les informations concernant les points suivants :

– la législation : en cas de besoin d'une pompe électrique de relevage pour installer un siphon de sol, s'assurer des autorisations ; consulter en particulier le règlement sanitaire départemental (RSD) ;

– l'emplacement des évacuations dans le bâtiment ;

– la hauteur intérieure et extérieure du bac, sa taille et sa nature (lisse ou structurée), sa pente, le siphon, le socle ;

– sa place dans l'espace de la salle de bains ;

– la nécessité de compléter cet équipement d'éventuelles aides techniques

et d'accessoires : un tapis antidérapant, des barres murales, un siège de douche, un lève-personne ;
– la circulation dans l'appartement : où la salle de bains est-elle située par rapport aux WC, à la chambre ?
– son usage actuel et celui de la nouvelle configuration par chaque membre de la famille.

## RECHERCHER LA LIBERTÉ DE CIRCULATION

Le principe fondamental de l'accessibilité est la libre circulation de la personne dans la chaîne de déplacement[10]. Un véritable état des lieux de toute la chaîne de déplacement s'impose. On s'intéressera à la façon dont la personne repère, s'oriente, accède, pénètre, circule, atteint, utilise, se repose et sort.

### Les petits dénivelés

Le cheminement idéal est l'accès horizontal de plain-pied, sans dénivelé et sans obstacle, avec des distances suffisamment réduites. Il doit permettre d'aller jusqu'à la rue et aux premières places de stationnement, pour rejoindre le véhicule d'un proche ou un taxi. Attention, un seul obstacle peut rendre dépendant, par exemple une lourde porte palière ou la complexité de sa serrure.
Chaque différence de niveau doit être observée, tout particulièrement l'accès à l'entrée du logement, mais aussi à la terrasse, au balcon ou au bac à douche. On pense toujours à la pente d'avant en arrière, mais le déséquilibre peut être lié à une pente latérale appelée « dévers ».
Si une rampe est nécessaire, elle sera doublée d'au moins une main courante. La pente et la longueur de la rampe, ainsi que le besoin d'un palier, notamment devant la porte, seront très différents selon que la personne âgée :
• marche et manœuvre elle-même la porte ;
• est en fauteuil roulant manuel, poussée par un aidant : la « bonne » pente dépend aussi, entre autres paramètres, du poids du fauteuil ajouté à celui de la personne âgée, en regard de la force et de l'aisance de l'aidant ;
• utilise un fauteuil muni de freins à tambour ou d'une assistance électrique à la propulsion qui freine aussi dans les descentes ;
• utilise un scooter ou un fauteuil roulant électrique.

---

10. Décret n° 2006-555 du 17 mai 2006 relatif à l'accessibilité des établissements recevant du public, des installations ouvertes au public et des bâtiments d'habitation, et modifiant le code de la construction et de l'habitation.
Arrêté du 1er août 2006 fixant les dispositions prises pour l'application des articles R. 111-18 à R. 111-18-7 du code de la construction et de l'habitation relatives à l'accessibilité aux personnes handicapées des bâtiments d'habitation collectifs et des maisons individuelles lors de leur construction, *JO* n° 195 du 24 août 2006.

Une attention particulière doit être portée aux seuils de bas de porte, de préférence surbaissés. La norme indique une hauteur maximale de 2 cm. Les barres de seuil qui rattrapent les niveaux du sol entre les différentes pièces seront bien chanfreinées.

Attention aux fils électriques qui traînent au sol. La solution d'un range-fils fixé au sol est un pis-aller. Mieux vaut, autant que possible, modifier l'emplacement des prises ou faire passer les câbles le long des cloisons.

## L'escalier

C'est une des épreuves les plus redoutables. Les marches régulières non glissantes auront des nez de marche antidérapants, non saillants et repérables, surtout le premier.

Un changement de revêtement de sol peut suffire à alerter une personne malvoyante. Elle distinguera aussi mieux les marches grâce à la couleur contrastée des contremarches.

Une rampe doit être installée d'un ou des deux côtés. Elle devrait dépasser la première et la dernière marche d'une longueur d'avant-bras et ne pas s'arrêter à leur limite, car la prise d'appui doit se faire bras vers l'avant.

Certaines personnes sont dans l'incapacité de monter un escalier. Les solutions techniques habituellement proposées sont lourdes :

- Un siège monte-escalier peut être installé dans la plupart des configurations d'escalier, sous certaines réserves, en particulier de largeur. Sauf exception, il circule sur un rail latéral. Le siège doit être adapté à la morphologie et aux capacités de la personne. Elle doit en particulier pouvoir s'asseoir et se relever seule en toute sécurité. Certains sièges proposent des options originales, comme une assise rehaussée.
- Une plate-forme élévatrice fixe permet de franchir quelques marches en restant assis sur un fauteuil roulant, lorsqu'une rampe serait trop longue.
- Un élévateur vertical est une alternative à un ascenseur.

Le coût de telles installations est très élevé et l'appareil n'est utilisable que dans un seul escalier, hormis la plate-forme mobile pour quelques marches. Si la personne est dépendante, il est aussi possible de lui faire franchir l'escalier dans un fauteuil roulant manuel auquel est fixée une motorisation d'assistance monte-escalier. L'aidant qui manœuvre le dispositif a besoin d'une petite formation, d'un peu d'adresse, mais pas de force. L'accessoire est démontable et peut s'embarquer avec le fauteuil roulant dans un coffre de voiture, permettant ainsi son usage dans différents lieux. Son prix est moins élevé que celui d'un siège monte-escalier.

### L'ascenseur

Dans les bâtiments d'habitation comportant plus de trois étages au-dessus et au-dessous du rez-de-chaussée, la législation impose l'installation d'un ascenseur devant desservir tous les étages. Pour répondre à toutes les conséquences de la perte d'autonomie, les normes actuelles définissent sa taille. Elle doit être suffisante pour accueillir un fauteuil roulant manuel avec un dossier légèrement incliné et des repose-jambes, ainsi que l'aidant susceptible de le pousser, ou même un fauteuil roulant électrique d'extérieur manœuvré avec plus ou moins d'adresse. Mais c'est loin d'être la règle dans l'habitat ancien, où parfois, il est même impossible à deux personnes de descendre debout avec un fauteuil replié.

Il est généralement possible de négocier avec la copropriété l'installation d'un siège de type strapontin pour les personnes fatigables. Un seul conseil pour les seniors actifs : étudier avec la copropriété la possibilité d'une mise aux normes ou déménager quand il en est encore temps !

Dans un pavillon, il peut être techniquement envisageable d'installer un élévateur vertical.

### Les circulations intérieures

Une personne qui marche mal préfère les courtes distances dans une unité de vie principale regroupée. Elle cherche des appuis sûrs, rapprochés, et se sert naturellement des meubles, qu'il ne faut pas hésiter à fixer au sol ou à alourdir, des murs, des poignées de porte ou même des vieux interrupteurs de porcelaine !

On veillera au sens d'ouverture des portes, notamment dans les WC et la salle de bains. Une ouverture vers l'extérieur agrandit l'espace et facilite l'intervention en cas de chute. On peut aussi envisager une porte coulissante si elle n'est pas plus difficile à manier, ou une porte à débattement elliptique qui se replie et peut, selon le modèle, toujours s'ouvrir en poussant.

Les passages d'une pièce à l'autre, de la cuisine à la salle à manger ou des WC à la salle de bains, peuvent devenir fastidieux. Lorsque ces pièces sont séparées par une simple cloison, on peut envisager d'y ménager un passage ou de l'abattre pour créer un espace fonctionnel plus vaste.

Une personne qui se déplace en fauteuil roulant a besoin de couloirs plus larges, surtout s'ils forment un angle ou si les portes sont latérales au lieu d'être frontales. Pour pivoter et éviter d'avoir à faire une difficile marche arrière, l'espace libre de giration à prévoir dépend de la taille du fauteuil avec ses options, et de la capacité de la personne ou de l'aidant à le manœuvrer.

### Les revêtements de sol

Le choix du revêtement dépend de la pièce, du confort thermique ou phonique recherché, des informations visuelles et tactiles qu'il offre, des contraintes d'entretien, en regard des incapacités particulières de la personne. La personne qui vieillit avec des problèmes de santé est susceptible de faire tomber un verre plein, des aliments, un comprimé. Dans la chambre, l'incontinence peut provoquer de petits ou de gros dégâts. Un sol plastique ou assimilé est donc généralement plus pratique à installer et à vivre.

De façon générale, pour la personne âgée qui marche, la moquette rase est quand même préférable aux superpositions de tapis qui se replient. Les tapis qui peuvent faire un pli seront retirés ou fixés.

Un fauteuil roulant manuel circule mieux sur un sol plastique résistant aux salissures et aux traces de pneus.

Il existe aujourd'hui une plus grande gamme de carrelages antidérapants : carreaux industriels et solutions de carreleurs. Les carrelages déjà posés peuvent recevoir un traitement antidérapant pour réduire la glissance des sols mouillés.

*Le petit-fils de M. A. a déplacé quelques meubles et retiré les tapis pour lui permettre de se déplacer en poussant un déambulateur. Le sens d'ouverture de la porte des toilettes a été inversé pour s'ouvrir vers l'extérieur. Comme M. A. ne peut pivoter à l'intérieur avec le déambulateur pour s'asseoir sur la lunette des WC, il le laisse dehors et saisit la barre d'appui murale puis les accoudoirs du rehausseur de WC.*

*Pour aller dans son jardin et jusqu'au portail, avec une seule canne, il descendait les cinq marches de la terrasse, le long du mur, en se tenant à une rampe. Lorsqu'il a eu besoin de deux cannes, il en laissait toujours une troisième en bas de l'escalier pour pouvoir saisir la rampe d'une main. Maintenant qu'il utilise un déambulateur, une rampe en pente douce a été construite et quelques allées ont été dallées.*

*Pour aller à l'étage jusqu'à sa chambre et à la salle de bains, il a fait installer un siège monte-escalier. Son épouse monte et descend son déambulateur.*

*Ses enfants l'encouragent à créer au rez-de-chaussée une petite salle de bains avec siphon de sol à évacuation verticale et WC dans la pièce. Ils proposent de déménager la chambre de leurs parents à la place du bureau. Ils bénéficieront d'un accès pratiquement de plain-pied à la terrasse car celle-ci sera relevée, et les eaux de pluie qui s'y accumulaient s'évacueront par un petit caniveau à grille.*

## MIEUX GÉRER L'ESPACE DE CHAQUE PIÈCE

Chaque pièce est le lieu de plusieurs activités, réalisées à des moments différents. Ainsi, dans la cuisine, trois types d'espaces sont imbriqués : des espaces de travail, de stockage et de repas. Ils seront analysés à la fois séparément et dans leurs rapports entre eux. Dans la chambre, différents espaces peuvent aussi être repensés et conciliés en fonction des activités et des souhaits des personnes :

- dormir seul ou en couple, en pouvant éclairer, téléphoner, prendre un médicament... ;
- s'habiller quelquefois assis, avec tous ses vêtements placés à sa portée ;
- manger au lit ou dans un fauteuil ;
- écrire, réaliser une activité occupationnelle ;
- faire sa toilette, voire prendre une douche au lit ;
- utiliser un siège garde-robe pour uriner, déféquer...

### La salle de bains

Le **lavabo** doit être fixé à bonne hauteur, c'est-à-dire celle qui convient à cette personne debout ou assise, et non selon les normes applicables aux bâtiments recevant du public. L'idéal est de voir comment elle utilise son lavabo actuel et d'en tirer des leçons. Certains ont une forme de courbe inversée qui permet d'y prendre appui avec les coudes. L'absence de meuble sous la vasque, voire de colonne, permet de glisser ses jambes dessous si l'on est assis. Mieux vaut placer une barre sur le côté ou autour du lavabo que de laisser la personne s'accrocher à la robinetterie ! Elle doit avoir à disposition tous les accessoires utiles. Généralement, on préfère un accès face à la porte.

Le choix de la **robinetterie** dépend de l'amplitude du mouvement à accomplir pour atteindre le robinet, de la capacité à le manipuler et de la force requise pour bien le fermer. Les formes les plus faciles à saisir sont les croisillons et les robinets cruciformes. Le mécanisme classique du mélangeur à deux têtes, une pour l'eau froide et une pour l'eau chaude, fait référence aux souvenirs anciens, mieux ancrés. Pour le bain ou la douche, il est préférable de régler la température de l'eau de manière automatique grâce à un robinet mitigeur thermostatique.

L'**accès à la baignoire ou au bac de douche** est souvent difficile voire impossible sans barres d'appui. Il est conseillé, mais pas toujours, de remplacer la baignoire par une douche, surtout si le franchissement du rebord est difficile. Si le receveur est trop petit, il ne permettra pas d'être assis confortablement sur un siège de douche. On préférera un bac extra-plat, voire un siphon de sol sans receveur avec écoulement vertical, offrant ainsi un accès de plain-pied. Mais les portes doivent clore hermétiquement l'espace douche pour éviter d'inonder le carrelage attenant et pour respecter l'intimité de la personne.

Attention à celles qui empêchent de bien saisir une barre d'appui, ou ne laissent qu'un passage très réduit, notamment aux personnes corpulentes et aux personnes qui viennent aider la personne âgée à faire sa toilette.

Pour agrandir occasionnellement un espace douche de plain-pied, le lavabo contigu peut être placé sur un support permettant un déplacement latéral. Cela peut permettre d'éviter des travaux plus lourds.

La **dépose d'un bidet** peut permettre de gagner de la place.

## Les WC

Ils ne doivent pas être modifiés systématiquement mais uniquement par nécessité.

La cuvette de WC pose surtout un problème de hauteur. Il ne faut pas, là aussi par principe, installer une cuvette surélevée, qui est principalement adaptée au transfert des personnes en fauteuil roulant.

Attention, plus la cuvette est haute et plus il est facile de se relever, mais plus il devient difficile d'être bien assis, pieds au sol, surtout pour les femmes de petite stature. De plus, cette hauteur pourra gêner à l'avenir l'utilisation d'un siège garde-robe à roulettes venant se placer par-dessus. Le rehausseur (qui existe en plusieurs hauteurs) peut se révéler la meilleure solution, car évolutive. Une fois fixé, le rehausseur doit être stable. Certains modèles permettent de relever la lunette pour uriner debout. Des barres d'appui sont généralement indispensables. Elles seront suffisamment longues et placées assez près du corps, latéralement. Elles sont généralement coudées pour respecter la posture la plus naturelle de saisie et faciliter le changement de position.

### ••• RAISONNER D'ABORD SUR PLAN

Les parties utiles du plan du logement seront reproduites à l'aide d'un photocopieur agrandisseur.

Poser par-dessus un calque. Découper des formes dans du papier millimétré représentant les éléments mobiliers, la personne, vue de dessus, avec sa ou ses cannes, et certains accessoires comme un éventuel fauteuil roulant. Les cloisons, les portes et leur sens d'ouverture seront retracés au crayon et gommés autant que nécessaire. Déplacer les petits éléments sur le plan, les modifier et faire circuler la silhouette jusqu'à trouver une bonne organisation. On peut également représenter à l'aide de traits et de points les déplacements de la personne et les pauses nécessaires lors de la poursuite d'une activité, comme le petit déjeuner, de l'entrée dans la cuisine jusqu'au moment de la vaisselle. On s'aperçoit rapidement des pas inutiles et de la mauvaise disposition des rangements des couverts, des aliments...

## CHOISIR DES MEUBLES ET DES ÉLÉMENTS D'ÉQUIPEMENT ADAPTÉS

Plusieurs critères interfèrent dans le choix des meubles et des éléments d'équipement du logement (électroménager...) ainsi que dans leur réagencement dans l'espace.

### La sécurité physique

Éviter d'abord tout ce qui est usagé ou instable et « arrondir » les angles de table ou d'étagères. Observer les conduites à risques : changer d'escabeau vaut mieux que le retirer si cela conduit à monter sur une chaise !

Les meubles et la décoration permettent aussi le repérage visuel.

La pose d'un verrou que l'on peut ouvrir de l'extérieur avec une clé peut permettre à la personne de se sentir en sécurité sans bloquer l'accès en cas d'urgence.

### L'usage, la maniabilité

Tout ce qui se manipule doit faire l'objet d'attention, tout particulièrement :

- les portes : sens d'ouverture, souplesse des mécanismes, poignées, serrures ;
- les volets : les volets roulants sont préférables aux volets battants car ils se manœuvrent de l'intérieur, sans avoir à ouvrir les fenêtres ;
- les rideaux, qui doivent coulisser sans se détacher de leurs supports ;
- les portes de placards et les poignées de meubles ;
- l'accès au tambour de la machine à laver : à moins de surélever la machine, une ouverture par le dessus est généralement plus fonctionnelle qu'une ouverture frontale ;
- les diverses robinetteries et l'accès aux compteurs cachés dans les placards ;
- les interrupteurs et les prises électriques murales : ils seront accessibles et repérables ; dans chaque pièce, certaines prises devront être à hauteur de main pour brancher l'aspirateur, le sèche-cheveux, le grille-pain ;
- les panneaux de commande des appareils électroménagers ou audiovisuels ;
- etc.

### La sécurité psychoaffective

Les meubles et les objets de décoration sont des liens essentiels avec l'histoire et le passé de la personne. Y toucher sans y prêter attention, c'est porter atteinte à l'intégrité psychique de la personne et parfois, même involontairement et armé des meilleures intentions, la mettre en danger. Enfants, petits-enfants et professionnels veilleront à respecter l'environnement de la personne âgée, notamment en rangeant ce dont ils se servent aux endroits habituels et décidés par elle.

Parmi le mobilier, les chaises, les fauteuils et le lit sont les meubles les plus utilisés par les personnes âgées, pour y dormir ou s'y reposer. Ils sont rarement adaptés à leurs difficultés grandissantes. Ils sont en règle générale trop bas, ce qui gêne pour s'asseoir et surtout pour se relever. Plusieurs solutions existent pour rehausser les fauteuils et les lits, dont les **surélévateurs de pieds de meubles** : ce sont des blocs, des cônes ou des manchons en bois ou en plastique, quelquefois articulés ou réglables. Il faut s'assurer que les pieds des meubles s'y adaptent parfaitement.

### Les chaises

Leur confort est essentiel, surtout quand la personne est susceptible de s'y endormir !

Certaines chaises proposent :

- des dossiers qui servent d'appuis occasionnels au sujet marchant ;
- des accoudoirs longs, fixes ou amovibles ;
- des matières confortables et résistantes à l'incontinence ;
- un réglage de la hauteur ou de l'inclinaison de l'assise ;
- une adaptation pour ankylose de hanche, imposant une position partiellement étendue ;
- une base pivotante avec des accoudoirs, une manette et des positions de blocage.

On peut également se procurer :

- une base de siège utilisant un vérin mécanique ou électrique pour aider à se relever et à s'asseoir ;
- un siège assis/debout à placer devant un plan de travail ;
- des chaises spécifiques : la chaise garde-robe avec seau, qui bénéficie d'une prise en charge par la Sécurité sociale, la chaise de douche... ;
- une chaise élévatrice dont l'assise se règle en hauteur à l'aide d'une commande électrique.

### Les fauteuils

Un **fauteuil de repos** comporte des accoudoirs et une assise assez haute qui suffisent dans de nombreux cas à se relever. Parmi tous les modèles du commerce, certains sont mieux étudiés, comme les fauteuils dits **gériatriques** qui proposent souvent une assise moins profonde, des accoudoirs préhensibles et longs, des housses résistantes aux résidus alimentaires ou à l'incontinence. Les **fauteuils de relaxation** disposent de certaines fonctions d'inclinaison du dossier, de l'assise et des jambes, groupées ou isolées.

Le **fauteuil releveur** offre en plus une assistance électrique pour se relever. Attention à plusieurs points :

- la personne doit en même temps gérer la télécommande et prendre appui sur les accoudoirs ;
- elle ne doit pas chercher à se relever tant que le repose-jambes n'est pas totalement replié ;
- la base du fauteuil doit être compatible, si nécessaire, avec l'embase roulante d'un lève-personne et avec l'amplitude de déplacement de sa sangle.

*Mme W. a très envie d'acheter le fauteuil releveur dont elle a vu la publicité dans son magazine de programmes télévisés. Sur les conseils de son fils, elle l'essaye et s'aperçoit à sa grande déception qu'elle n'arrive pas à se relever. En effet, Mme W. est plutôt petite et en position haute, assise au fond du siège, ses pieds ne touchent toujours pas le sol. Son fils insiste alors pour qu'elle s'asseye dans un autre fauteuil de repos beaucoup moins sophistiqué. Mme W. réussit à se relever sans problème et préfère son assise plus ferme. Elle apprécie la forme du dossier et le coussin de tête car elle est très voûtée, avec une cyphose fixée qui ne lui permet pas d'étendre son dos. Grâce à l'essai, elle a pu faire un choix adapté à son besoin et à son usage !*

Le **siège coquille sur roulettes** bénéficie d'une prise en charge par la Sécurité sociale. Il soutient le corps en position assise et peut s'incliner. Il possède souvent une tablette qui sert à la prise des repas. C'est une bonne alternative à certains fauteuils roulants de base pour les déplacements intérieurs. Il est destiné aux personnes très dépendantes. Attention aux postures effondrées, en particulier asymétriques, qui accentuent les déformations rachidiennes. Un modèle réalisé par un orthoprothésiste doit alors être prescrit.

### Les meubles de cuisine

Les **éléments hauts de cuisine** doivent être fixés à hauteur raisonnable pour permettre d'accéder à un maximum de rangements sans trop d'efforts. Généralement, il suffit de les réorganiser et de suspendre au mur et à portée de main les ustensiles, les casseroles utilisés régulièrement... Lorsque l'espace utile fait défaut, les supports d'étagères que l'on tire sans effort vers le bas sont des solutions peu coûteuses. Les supports de placards de cuisine avec un réglage électrique de la hauteur, plus onéreux, peuvent se révéler intéressants pour une personne handicapée vieillissante.

Les portes vitrées suppléeront à une mémoire défaillante.

Dans les **éléments bas de cuisine**, de grands tiroirs de rangement métalliques avec butée, permettant d'accéder à l'intégralité du contenu, seront préférables aux étagères profondes.

### Les tables

**Les tables** seront à bonne hauteur, et parfaitement stables si la personne s'y agrippe. Mieux vaut remplacer la table existante par une plus lourde que de répéter de ne pas s'y appuyer. Les pieds de table seront moins gênants si la personne s'installe au milieu de la longueur plutôt qu'en bout de table.

Les **dessertes à roulettes** permettent de transporter des objets lourds, encombrants, chauds ou fragiles. Certaines sont de véritables aides de déambulation.

### Le lit médicalisé

Il peut être prescrit pour pouvoir bénéficier de sa hauteur variable électrique. C'est une aide précieuse pour l'aidant qui prend soin d'une personne confinée au lit. Cette hauteur variable permet aussi à une personne indépendante de se relever de son lit, si elle sait l'utiliser comme un siège releveur.

Le lit médicalisé comporte un relève-buste et un relève-jambes électriques. Ce dernier est utilisé en cas de troubles circulatoires des membres inférieurs. Certains modèles proposent une plicature au niveau des genoux qui aidera à soutenir le corps en position semi-assise.

Les principaux accessoires sont :

- Les barrières amovibles qui doivent empêcher les chutes. Elles sont automatiquement livrées avec le lit de location. Il ne faut pas pour autant banaliser leur utilisation, mais demander à son médecin s'il y a lieu de les installer. Certaines personnes âgées les réclament ou s'en accommodent. D'autres les utilisent pour changer de position. Elles posent un problème identique aux autres formes de contention physique dont les effets sont parfois paradoxaux : la personne est encore plus agitée et bascule plus rapidement dans la désorientation.
- La potence de lit fixée à sa tête ou à un support, qui permet de se tracter.
- La barre de redressement qui déborde latéralement du matelas et offre un appui ferme pour s'asseoir, se retourner, ou se relever. Bien souvent elle suffit à donner un sentiment de sécurité. Elle peut aussi s'utiliser sur un lit standard. Elle est à la charge de l'utilisateur.
- Un matelas acheté sur prescription médicale chez le revendeur de matériel médical. Il peut être en mousse simple ou dans une matière adaptée à la prévention des escarres. Plus le besoin devient essentiel, englobant le confort, la fonction et les soins, et moins l'essai d'un produit est possible, alors que le grand public bénéficie de ce service commun dans tous les magasins de literie. Car le risque d'acheter un matelas trop mou, rendant encore plus difficile les transferts, est important. Le médecin saura indiquer si un matelas prévenant la survenue des escarres est nécessaire.

## AMÉLIORER L'ÉCLAIRAGE ET LE CONFORT VISUEL

Quelques principes sont à retenir pour répondre aux besoins de la personne :

- Réduire l'éblouissement dû à la lumière naturelle au cours de la journée avec des stores, placer les plans de travail à proximité des fenêtres pour bénéficier de la lumière naturelle.
- Utiliser un revêtement mural clair.
- Installer des miroirs qui refléteront la lumière et élargiront l'angle de vue, évitant à la personne d'avoir à se déplacer, choisir les ampoules les mieux adaptées à l'usage et veiller à les changer avant la panne.
- Lorsque les commandes d'éclairage doivent être repérables de nuit, choisir un modèle avec voyant lumineux. Elles doivent être accessibles, en particulier du lit ou du fauteuil de confort.
- En cas d'installation d'un éclairage automatique (par détection de mouvement, de présence, éclairage crépusculaire...), attention aux minuteries qui s'éteignent trop vite dans les lieux de passage.
- Par souci d'économie, certaines personnes préfèrent malgré tout rajouter des éclairages ponctuels à proximité du fauteuil ou au-dessus des plans de travail. Éviter les fils électriques qui traînent et les déplacements excessifs.

## PENSER À LA DOMOTIQUE ET AUX NOUVELLES TECHNOLOGIES

### La commande à distance et le contrôle d'environnement

Comme pour la télévision, la personne peut faire fonctionner, sans avoir à se déplacer, un ou plusieurs automatismes, regroupés alors, de préférence, sur un boîtier unique appelé télécommande : la porte d'entrée, les volets, l'éclairage... Les ordres sont transmis par ondes radio ou infrarouges, par le courant porteur, en utilisant les fils électriques du secteur de l'habitation, ou par des réseaux spécifiques. Le contrôle d'environnement est géré par une centrale ou par un ordinateur.

L'action se réduit généralement à appuyer sur un ou plusieurs boutons-poussoirs, ou même à ne rien faire du tout si un programme, une temporisation et des appareils de mesure se chargent de gérer les automatismes. La « maison intelligente » se gère elle-même à partir de capteurs. Une personne âgée peut ainsi ne plus avoir à se préoccuper du chauffage et de régler ses radiateurs.

### La télécommande universelle

Il existe des télécommandes universelles dans le commerce grand public qui évitent d'avoir autant de boîtiers que d'appareils audiovisuels. Les personnes âgées préfèrent en règle générale des télécommandes simplifiées, avec peu de boutons, plus espacés et plus gros.

Il existe également des télécommandes spécialisées qui peuvent apprendre davantage de codes infrarouges : ceux de la télécommande audiovisuelle, mais aussi ceux d'autres appareils que l'on ne peut pas saisir sur les télécommandes ordinaires, notamment les lampes ou la serrure électrique. Par exemple, un modèle propose de gros boutons lumineux accessibles soit par appui direct, soit par défilement à l'aide d'un contacteur unique.

Les autres fonctions les plus souvent réclamées par l'entourage sont les accès, la téléphonie avec la possibilité éventuelle de téléalarme, de téléassistance, éventuellement médicalisée. La télémédecine est encore une application futuriste en maintien à domicile.

••• LES NOUVELLES TECHNOLOGIES AU SERVICE DE LA MAISON

La domotique[11] apporte du confort (gestion du chauffage, de la climatisation) de la sécurité (par exemple, l'interphone avec écran vidéo, qui permet de voir qui se présente au domicile) et évite de nombreuses tâches qui peuvent être automatisées et pilotées à distance comme l'ouverture des volets ou du portail motorisés. Mais souvent, pour les personnes âgées, la peine ainsi évitée est remplacée par une charge mentale tout aussi lourde. En effet, beaucoup n'ont pas l'expérience de ces technologies et retiennent surtout leurs aspects contraignants, depuis l'inquiétude liée à la petite lumière de l'appareil en veille jusqu'au coût de l'électricité et des services.

## POUR EN SAVOIR PLUS

### ANAH (Agence nationale pour l'amélioration de l'habitat)

8, avenue de l'Opéra 75001 Paris

Fax : 01 44 77 40 42

Courriel : info@anah.fr

Pour obtenir les coordonnées de la délégation locale de l'ANAH, située à la direction départementale de l'équipement (DDE), consulter le site www.anah.fr ou téléphoner au 0826 80 39 39.

Son rôle est d'attribuer des subventions, sous conditions de ressources, pour améliorer le confort dans l'habitat privé. Elle édite des documents techniques très détaillés qui peuvent être demandés ou téléchargés sur le site, dont :

---

11. Définition claire et complète sur Wikipédia, encyclopédie libre sur Internet : fr.wikipedia.org/wiki/Domotique

• un ouvrage essentiel : *Adaptation des logements existants au handicap et au vieillissement : sélection de produits,* réalisé par BÉNÉDICTE TENNESON, ergothérapeute, CHRISTIAN FAURE, JULIETTE BIDEAULT, architectes ;
• un guide : *Confort pour tous : de la rue au logement – le logement ;*
• une brochure : *Vieillir et bien vivre chez soi ;*
• des fiches pratiques : « Diminuer les causes de chutes », « Travaux d'adaptation du logement (aux personnes âgées, aux personnes sourdes et malentendantes, non voyantes ou mal voyantes) ».

### PACT ARIM : réseau associatif pour l'amélioration de l'habitat

Il bénéficie d'une reconnaissance voire d'agréments pour l'aide à la réalisation de travaux et à l'obtention de financements, tout particulièrement pour les personnes âgées et/ou handicapées, qu'elles soient propriétaires ou locataires. Pour être informé sur les structures dans chaque département, contacter la Fédération nationale des centres Pact Arim :
FNC PACT ARIM
27, rue de la Rochefoucauld 75009 Paris
Tél. : 01 42 81 97 70 – Fax : 01 40 23 93 06
Courriel : info@pact-arim.org
Site : www.pact-arim.org

### CICAT HACAVIE et sa base de données Handicat

Blog : www.hacavie.com, rubrique « Aménagements » ; site : www.handicat.com
Effectuer la recherche par code Iso : 18 = aménagements et adaptations des maisons et autres lieux.

### Lire aussi :

• Un livre référence : *Handicap et Construction,* GROBOIS LOUIS-PIERRE, Éd. Le Moniteur, 6e éd., 2003.
• « Aides techniques et aménagements du logement : usages et besoins des personnes âgées vivant à domicile », KERJOSSE ROSELYNE, WEBER AMANDINE, *Études et Résultats* n° 262, DRESS, septembre 2003.
• *Guide pratique d'accessibilité universelle,* IRDPQ, CIRRIS, Ville de Québec, 2003.
IRDPQ (Institut de réadaptation en déficience physique de Québec)
525, boulevard Wilfrid-Hamel, local A-102 – Québec, Canada
Téléchargeable sur :
www.irdpq.qc.ca/communication/publications/documents_disponibles.html
• *Vieillissement et habitat. Recherche comparée sur les politiques de l'habitat en*

*direction des personnes vieillissantes et en perte d'autonomie*, KERHUEL NICOLE, rapport final, ministère de l'Équipement, des Transports et du Logement, décembre 2001.
Téléchargeable sur :
www2.urbanisme.equipement.gouv.fr/cdu/lien/seniors/CDU54941.PDF

# COMMENT FACILITER LA VIE QUOTIDIENNE DES PERSONNES ÂGÉES EN SITUATION DE HANDICAP ?

## ACCEPTER L'USAGE D'UNE AIDE TECHNIQUE

La personne âgée doit parfois faire un long travail personnel d'acceptation afin d'utiliser de façon optimale l'aide technique proposée. L'entourage doit donc bien connaître les principales causes de rejet des aides techniques au moment de leur introduction dans la vie de la personne.

### Déni du vieillissement

La personne nie ses difficultés en continuant d'agir comme par le passé. La prise de risque devient un réel danger pour elle et pour les autres. Par exemple, elle conduit sa voiture malgré une cataracte connue. Elle monte sur un escabeau instable pour faire ses vitres.

### Déni du handicap

Une personne très âgée est une personne en situation de handicap. Beaucoup de personnes âgées disent qu'elles ne sont pas handicapées parce qu'elles ne sont pas en fauteuil roulant. La personne peut alors rester en difficulté ou inactive, refusant les aides techniques qui peuvent la stigmatiser, l'identifier à ses yeux et à ceux de ses proches comme personne handicapée. De la même façon, le service d'une auxiliaire de vie sera mieux accepté s'il ressemble aux tâches d'une « femme de ménage », veillant à la propreté de la maison, mais pas à celles liées à l'hygiène et à l'intimité de la personne âgée.

### Limites de la solution technique

Les limites réelles ou perçues de l'aide technique proposée peuvent être décourageantes pour la personne, qui la rejettera alors « en bloc », en particulier si elle ne peut pas éviter l'aide humaine. La majorité des personnes âgées sont dans ce cas. Puisque l'aidant est là, il va faire à sa place.
Certaines aides techniques rencontrent des oppositions particulières. C'est le cas parfois de la domotique, la personne âgée préférant l'aide humaine avec qui elle peut dialoguer, surtout si elle est isolée.

## LES AIDES DE MARCHE ET DE DÉAMBULATION

En 1999, 14 % de la population âgée de plus de 60 ans étaient concernés, soit plus de 1,6 million de personnes. Les produits sont nombreux et fiables, avec une très grande diversité d'options pour couvrir les besoins. Leur commerce est particulièrement encadré.

On appelle « aides techniques à la mobilité personnelle » tout ce qui permet de se déplacer d'un lieu à un autre :

- les aides de marche et de déambulation ;
- les cycles adaptés à propulsion manuelle ou motorisée, en particulier les fauteuils roulants manuels, les scooters et les fauteuils roulants électriques ;
- les moyens de transport individuels en voiture privée, grâce à de petites aides techniques ou à des aménagements plus importants ;
- les transports collectifs par véhicule aménagé, bus, train, avion... ;
- les aides au transfert et au changement de position : les retournements au lit, le passage de la position couchée à la position assise...

### Le choix d'une canne

Une personne âgée au pas mal assuré a souvent besoin d'une ou deux cannes. Si ses déficiences sont plus sévères, il lui faut alors, pour se stabiliser, un déambulateur, composé de trois ou de quatre cannes rigidifiées par des barres transversales. Généralement, les personnes âgées se servent de leur aide technique en fonction de leur état de fatigue, de la distance à parcourir ou de la qualité du cheminement.

Une canne est formée de trois éléments variables :

- la poignée saisie, qui se distingue par sa forme globale (en T, en crosse), son épaisseur (simple ou avec une empreinte de la paume, dite poignée ergonomique), sa consistance ferme ou plus moelleuse si elle est recouverte d'une mousse ou de gel ;
- le corps tantôt plein, en bois, tantôt creux, en aluminium, ce qui permet de régler sa longueur ;
- l'embout qui prend contact avec le sol.

Les autres critères de choix sont nombreux :

- le poids, la solidité, l'esthétique ;
- la couleur : la canne blanche utilisée par les personnes aveugles pour percevoir le sol permet aussi à une personne âgée déficiente visuelle de se faire plus facilement remarquer dans une foule en mouvement ou lorsqu'elle traverse une rue, indiquant ainsi l'attention à lui porter ;
- les options :
  - un appui sur l'avant-bras (canne anglaise),
  - des embouts plus larges articulés ou étoilés pour une meilleure adhérence,
  - la canne pliante : idéale pour rassurer, elle se glisse dans un sac ou une poche,
  - un corps subdivisé en trois voire quatre pieds (canne tri– ou quadripode),

- une dragonne pour la relier au poignet,
- un système de fixation contre une table, pour qu'elle ne tombe pas,
- ou un support de canne sur le fauteuil roulant...

La Sécurité sociale prévoit l'achat sur prescription médicale. Le forfait correspond à un modèle de base.

### Le choix d'un déambulateur

Les déambulateurs triangulaires sont censés mieux se faufiler entre les obstacles, mais à largeur égale, ils sont moins stables, en particulier en extérieur, que les déambulateurs à quatre pieds. Un essai s'impose donc. Dans les gammes de déambulateurs, on distingue :

• Les cadres de marche :

Ils sont équipés d'embouts de canne et la personne doit les soulever à chaque pas car ils glissent mal sur le sol. Les cadres doivent aussi être soulevés au moindre ressaut et ne s'utilisent qu'en intérieur aménagé. Ils sont surtout prescrits pour la reprise de la marche après une intervention chirurgicale sur les membres inférieurs ou lorsque le contrôle d'un modèle à roulettes est impossible.

• Les rollators :

Ils ont deux, trois, ou quatre roulettes. Elles permettent de se déplacer plus vite, trop vite parfois ! Les personnes âgées utilisent souvent un rollator à deux roulettes à l'avant et deux patins à l'arrière. Les roulettes peuvent n'autoriser qu'une direction pour faciliter l'avancée en ligne droite, ou bien pivoter sous la poussée, rendant l'objet plus maniable pour un utilisateur un peu plus habile. Des freins existent, mais il faut pouvoir les serrer au bon moment. Certains freins ont une seconde position de blocage, nouveau geste souvent compliqué à apprendre. Munis de grandes roulettes, les rollators sont utilisés en extérieur aménagé. Ils ont fréquemment, en option, un panier, un plateau ou un siège avec ou sans dossier. Pour s'asseoir, la personne devra se retourner. Il faudra aussi être attentif :

- au choix des poignées car les doigts, les poignets ou les épaules peuvent être déformés, faibles ou contracturés ; certains proposent d'autres appuis, type canne anglaise, tablette... ;
- à la taille du déambulateur et au réglage en hauteur parfois insuffisant ;
- à son encombrement et pour circuler et pour être transporté par un aidant ;
- à son poids et au pliage possible pour qu'un aidant le transporte à l'étage ou dans un coffre de voiture.

La Sécurité sociale prévoit l'achat ou la location sur prescription médicale. Le forfait correspond à un modèle de base. Il existe beaucoup d'autres produits.

L'étendue de la gamme est rarement présentée chez les revendeurs. Les difficultés étant liées aux lieux d'utilisation, un essai en situation d'utilisation ordinaire est indiqué – et non dans un magasin spacieux au sol plan –, suivi, dans l'idéal, par le kinésithérapeute de la personne ou par un ergothérapeute.

*Mme M. a fait, il y a six mois, une chute qui a eu pour conséquence une fracture du col du fémur et la pose d'une prothèse de hanche. Chez elle, l'appui sur un meuble, une barre ou un accoudoir lui suffit. Sa canne est plus gênante qu'utile : elle la perd ou elle doit se baisser pour la ramasser. En revanche, elle ne sort pas sans elle car elle craint d'être bousculée. Elle a remarqué que les gens qui la croisent font davantage attention à elle lorsqu'elle a sa canne.*

*Avant sa chute, elle partait en courses en tirant un Caddie à roulettes bien pratique. Maintenant, elle pousse un déambulateur à quatre roues avec un panier amovible. Elle n'a pas peur de ne pas trouver de banc ou de siège, car le déambulateur a une assise et une barre de dossier pour assurer la manœuvre. À la poste ou dans les magasins, elle était gênée de demander à passer devant les personnes présentes en raison de la pénibilité de la station debout et de sa fatigabilité. Maintenant, la présence du déambulateur fait qu'on lui propose d'emblée et avec le sourire de passer de manière prioritaire, ou lui permet de s'asseoir et de patienter !*

## L'USAGE D'UN FAUTEUIL ROULANT OU D'UN SCOOTER

Quand une personne ne peut plus effectuer en marchant les petits trajets à l'extérieur ou dans son domicile, de façon temporaire ou permanente, elle a besoin d'un fauteuil roulant. Les proches cherchent tantôt un « petit fauteuil » pour transporter occasionnellement la personne jusqu'à une voiture et assurer les sorties indispensables, tantôt un fauteuil confortable pour éviter au domicile des pas et des transferts pénibles.

Malgré la peine ressentie, le fauteuil roulant doit être considéré avec un regard fonctionnel, comme un autre cycle, ou un autre véhicule, en se focalisant sur son rôle positif dans le maintien des activités familiales et de la vie sociale. Il existe effectivement des modèles petits et légers qui se glissent dans un coffre de voiture ou dans presque tous les ascenseurs. Les modèles qui conviennent aux personnes plus handicapées prennent l'allure d'un fauteuil de confort... à roulettes, qui les porte de pièce en pièce. Tout est possible, mais pas avec le même produit. Un choix s'impose pour éviter le mauvais compromis.

L'accessibilité des villes, des bâtiments publics et des transports améliore les conditions d'usage des VHP (véhicule pour handicapé physique). De nombreux produits sont aujourd'hui motorisés : fauteuils roulants électriques, scooters à trois ou quatre roues, ou assistances électriques adaptées à un fauteuil manuel.

### Les critères de choix d'un fauteuil roulant

Le fauteuil roulant doit être adapté :

• à la personne (taille, poids, état orthopédique, qualité de sa posture de repos, capacités à se propulser, capacités à se transférer) ;

• à l'environnement où le fauteuil doit circuler (largeur des portes, de l'ascenseur ; distances à parcourir ; qualité des sols extérieurs et intérieur ; pentes et trottoirs à franchir, etc.) ;

• aux besoins particuliers, aux habitudes de vie (lecture assise dans le fauteuil, prise d'un repas...).

••• QUELQUES QUESTIONS INCONTOURNABLES

– Où le fauteuil va-t-il être utilisé ? En extérieur, en intérieur ? Dans quelles conditions ?

– Occasionnellement, régulièrement, longtemps ou tout le temps ?

– Dans quelle position ? De quelle autonomie l'utilisateur dispose-t-il pour assurer ses transferts ? Qui assure les changements de position ?

– Quelles activités la personne fait-elle avec ? Doit-elle aborder une table, un lavabo ? les toilettes ? Manger ? Lire ? Sortir en promenade ou dans un endroit précis ?

– Qui va propulser le fauteuil : l'utilisateur lui-même ou un tiers ? Comment ?

– Au domicile, qui le règle et en assure la maintenance ? Où va-t-il être stocké ?

Il sera important de réfléchir également à d'autres besoins complémentaires, comme celui de rampes portables, pliantes ou télescopiques, dont la longueur est adaptée à la hauteur à franchir. Le véhicule privé doit parfois être aménagé ou changé pour permettre d'embarquer le fauteuil roulant, en particulier s'il s'agit d'un modèle volumineux ou la personne doit rester assise dessus. Le guide *Handicap et Automobile* de Roger Mandart détaille toutes les possibilités (voir « Fiche ressources », p. 299).

La nomenclature de la Sécurité sociale est détaillée dans le titre IV de la « Liste des produits et prestations remboursables » (LPPR), sur le site de l'Assurance maladie : www.ameli.fr. Elle classe les fauteuils roulants selon la capacité de la personne à le propulser elle-même, puis selon les grandes options de positionnement.

Pour bénéficier d'une prise en charge de la location ou de l'achat ainsi que des réparations, sur la base de tarifs forfaitaires, les fauteuils roulants et leurs accessoires doivent correspondre à un cahier des charges et être inscrits dans une liste consultable sur Internet : www.cerahtec.sga.defense.gouv.fr/doc/lppr.pdf

La prise en charge et le tarif de l'Assurance maladie servent également de référence pour les remboursements complémentaires (mutuelle, Prestation de compensation du handicap...).

Les fiches du site de la fondation Garches sont une excellente base de comparaison (www.handicap.org).

Les CICAT peuvent donner les coordonnées de fournisseurs pour obtenir des catalogues.

### Quelques points de vigilance pour choisir un fauteuil roulant manuel

Le choix doit se porter sur :

- **un fauteuil roulant à propulsion manuelle**, doté de mains courantes (à la location ou à l'achat) :
  - à dossier non inclinable ;
  - à dossier inclinable pour le confort ou à articulation médiane pour le ranger à l'arrière de certaines voitures.

Il peut s'agir d'un fauteuil manuel léger pliant, traditionnel ou haut de gamme (surtout pour les personnes handicapées vieillissantes se propulsant elles-mêmes), ou d'un fauteuil de confort avec un siège à réglages multiples. Sauf besoin exceptionnel, les fauteuils classiques, lourds, sont à déconseiller. Certains produits sont adaptés à des besoins spécifiques : hémiplégie, amputation, rare nécessité d'un mécanisme élévateur ou verticalisateur. Une motorisation conçue pour être pilotée par l'accompagnant peut s'avérer très utile mais son coût élevé ne bénéficie malheureusement d'aucune prise en charge par l'assurance maladie. Elle est particulièrement indiquée lorsque la personne ne peut piloter un fauteuil électrique et que l'environnement comporte des pentes. (À ne pas confondre avec la double commande d'un fauteuil électrique prévue pour les manœuvres limitées.)

- **ou un fauteuil roulant à pousser** (à la location ou à l'achat), avec de petites roues à l'arrière, plus compact, si la personne ne manipule pas les mains courantes (par exemple : pour se glisser dans un petit ascenseur).

La taille d'assise est généralement bonne si on peut glisser la main entre la cuisse et le protège-vêtements et si le bord de la toile est à environ trois doigts de la pliure du genou. La position du corps sera contrôlée par la tension du dossier, son inclinaison, celle de l'assise, des coussins et des sangles appropriées. Mal adapté, un fauteuil haut de gamme sur mesure sera moins fonctionnel qu'un fauteuil d'entrée de gamme.

Les erreurs les plus fréquentes à éviter sont :

- des roues avant trop grandes, sur lesquelles les talons butent en propulsion podale une fois les cale-pieds retirés, ou trop petites pour bien rouler dehors ;
- une largeur totale du fauteuil un peu trop importante pour passer facilement certaines portes, alors qu'il existe des modèles plus étroits, à largeur d'assise égale ;
- l'absence de tube basculeur à l'arrière pour que l'aidant élève les roues avant au passage des trottoirs ;
- un mauvais réglage de l'axe des roues arrière :
  - trop en avant pour améliorer la compacité du fauteuil et sa maniabilité, le fauteuil bascule en arrière à la moindre impulsion un peu vive. Il faut au moins une roulette anti-bascule arrière,
  - trop en arrière, le fauteuil se manœuvre moins bien. Il a besoin de plus de place pour pivoter et l'aidant le bascule difficilement pour passer les trottoirs ;
- l'achat d'un coussin qui ne correspond pas au confort ou à la prévention d'escarres requis.

### Quelques points de vigilance pour choisir un fauteuil roulant électrique

Le choix peut se porter sur :

- un **fauteuil roulant à propulsion par moteur électrique** :
  - à dossier non inclinable,
  - à dossier inclinable,
  - à assise adaptée à la personne, avec des repose-pieds, des accoudoirs et un dossier réglables avec (au moins) des platines crantées, classé AP1 (assise personnalisée),
  - avec des repose-jambes, une inclinaison du dossier et du siège réglables par vérin pneumatique et un appui-tête, classé AP2.

Il peut avoir un châssis fixe, plus adapté aux contraintes extérieures, ou démontable. De rares modèles pliables comme un fauteuil manuel sont très pratiques pour des besoins limités en extérieur aménagé (trottoirs rendus accessibles, centres commerciaux...). Le besoin d'un système d'élévation ou de verticalisation électrique est rare ;

- une **motorisation ou une assistance à la propulsion** en accessoire de fauteuil roulant manuel ;
- ou **un scooter** à trois ou quatre roues (non pris en charge par la Sécurité sociale).

La législation de la Sécurité sociale précise que « la prise en charge des fauteuils roulants à propulsion par moteur électrique est assurée pour les personnes qui sont dans l'impossibilité de propulser elles-mêmes un fauteuil roulant à

propulsion manuelle *soit en raison de leur déficience, soit en raison de leur situation environnementale* et qui ont des capacités cognitives leur permettant d'assurer la maîtrise du fauteuil roulant à propulsion par moteur électrique ».
Cette prise en charge est assurée « après réalisation d'un essai préalable effectué par une équipe pluridisciplinaire constituée au minimum d'un médecin de médecine physique et de réadaptation aidé d'un kinésithérapeute ou d'un ergothérapeute et après fourniture d'un certificat de ce médecin attestant l'adéquation du fauteuil au handicap du patient, précisant que les capacités cognitives du patient lui permettent d'en assurer la maîtrise et mentionnant les caractéristiques que doit avoir le fauteuil, et tout particulièrement le type d'assise ainsi que le type de commande. Cet essai préalable est réalisé pour toute première mise à disposition du fauteuil et, en cas de renouvellement, seulement lorsqu'il y a changement de type de fauteuil. »
Un fauteuil roulant électrique ne doit pas être prescrit trop tôt, sous peine d'encourager une prise de poids qui rendrait les transferts plus pénibles ou d'éviter à la personne de continuer à faire des efforts de marche encore salutaires.

••• LA CONDUITE D'UN FAUTEUIL ROULANT ÉLECTRIQUE

À la condition que la personne ait gardé les facultés mentales et perceptives suffisantes pour ne pas se mettre en danger ou ne pas faire prendre de risques à autrui, le VHP électrique peut être une alternative acceptable à la poursuite de la conduite automobile, beaucoup plus rapide et exigeante en capacités, et beaucoup plus dangereuse aussi quand elles font défaut. Mais il y a toujours un facteur de risque à conduire à environ 6 km/h sur un trottoir, un passage protégé, ou sur la chaussée.

Un fauteuil roulant électrique tout comme un fauteuil manuel ne doit pas être prescrit trop tôt, sous peine de précipiter la dépendance en évitant à la personne tout effort de marche encore salutaire. Parfois, la prise de poids qui s'ensuit rend les transferts plus pénibles. Cependant l'application d'un principe de précaution (ne pas demander comme ne pas prescrire) peut engendrer soit la prise de risques en maintenant des habitudes de vie devenues inadaptées.

L'accord de l'équipe pluridisciplinaire vaut pour de très nombreuses années à la condition qu'un produit identique soit acquis lors d'un renouvellement. Il est alors important que le médecin prescripteur, qui est généralement le médecin traitant, vérifie la qualité de conduite de son patient dans la vie ordinaire et non à son cabinet.

Enfin, au moment de prendre votre décision, sachez que l'application d'un principe de précaution peut précipiter soit la dépendance soit la prise de risque.

## LES AIDES AUX TRANSFERTS

Les nombreux changements de position, tout au long de la journée, sont souvent générateurs de situations à risques pour la personne et pour ses aidants. La personne âgée peut les réaliser totalement seule, ou avoir besoin d'une aide appropriée pour lui apporter de la sécurité et une plus grande autonomie. Les transferts peuvent être facilités à plusieurs niveaux.

### Apprendre des techniques, de nouvelles façons de faire

Par exemple, pour se relever efficacement d'un fauteuil ou du bord du lit, la personne doit d'abord penser à placer ses pieds sous son assise, ce qui est impossible quand on se lève d'un canapé très bas ou d'un fauteuil de relaxation. Puis elle doit se pencher fortement en avant, en prenant un appui ferme, ce que n'autorisent pas des accoudoirs courts ou un matelas mou.
Les aidants naturels et professionnels ont aussi besoin d'apprendre à guider, à porter ou à transférer. Certains fabricants proposent sur Internet une documentation illustrée de photos en situation (exemples : supports de formation à l'utilisation des sangles de lève-personne), ou des vidéos.

### Utiliser des aides techniques

**Les barres d'appui** placées à bon escient :
Il en existe de toutes sortes : fixes ou relevables, réglables en hauteur, de différentes formes et longueurs, fixées au sol, au mur, au plafond, droites ou coudées, standard ou sur mesure, agencées entre elles en continu ou sous forme de cadre (contour de cuvette de WC, de lavabo), amovibles sur ventouses (pour les déplacements).
Leur diamètre est important ; il varie généralement de 3 à 4 cm.
Certaines sont liées à des usages et à des pièces spécifiques (voir « L'aménagement du logement », p. 244). On peut installer :

- une barre verticale sol-plafond, placée à côté du lit, de la baignoire ;
- une barre avec une section horizontale pivotante autour d'un axe, par exemple pour se relever d'un lit ;
- des barres adaptées à une baignoire, à un rehausseur de WC, au lit (potence, échelle de corde, barre latérale de redressement...) ;
- la **poignée de voiture Handybar®**, amovible et légère, qui se glisse dans le loquet de la portière et offre un appui solide au moment du transfert dans le véhicule.

**La planche de transfert** est utilisée pour les transferts en position assise. Elle offre une surface de glissement pour les fesses, en particulier pour les personnes en fauteuil roulant. Les planches de transfert sont caractérisées par leur forme, leur poids, leur maniabilité.

Le drap de transfert permet de faire glisser une personne d'un plan à un autre. Il s'utilise surtout au lit ou entre un lit et un brancard, par exemple un brancard de douche. Certains ne permettent qu'un seul sens de glissement, grâce à des bandes autoagrippantes. Ils aident à bien installer la personne dans un fauteuil et l'empêchent de glisser en avant.

Le disque de transfert pivotant assure la rotation du corps, soit en position assise, placé sous les fesses, soit en position debout, placé au sol, sous les pieds de la personne. Dans la voiture, il permet le pivotement pour s'asseoir ou en sortir, seul ou guidé. Il doit être souple et suffisamment large sous les fesses. Pour transférer la personne d'une assise à une autre, par exemple du fauteuil roulant au lit, l'aidant qui se sert d'un disque posé au sol doit apprendre à faire la manœuvre avec un professionnel, pour savoir comment placer un pied entre ceux de la personne et la soutenir dans l'enchaînement.

Les mécanismes releveurs

- Les coussins releveurs à poser sur un siège, dotés d'un mécanisme hydropneumatique ou électrique pour les personnes plus sévèrement handicapées ;
- Les fauteuils releveurs qui se branchent sur le secteur ;
- Le siège élévateur de bain, qui utilise une batterie qu'il faut recharger ;
- Les lunettes ou les cuvettes de WC dotées d'un système mécanique ou électrique de relèvement ;
- La hauteur variable du lit médicalisé et son dossier inclinable électrique pour le passage de la position couchée à la position assise et debout.

Les lève-personne

Leur usage n'est pas intuitif et demande un apprentissage, généralement rapide, en situation. La personne est saisie dans la position couchée ou assise, à l'aide d'une sangle spéciale reliée à un mât. Elle est ensuite soulevée grâce à un moteur électrique et placée dans une position confortable permettant de la transporter grâce à une embase à roulettes ou à un rail. Elle est généralement assise, un peu inclinée, ou debout sur une plateforme. Il existe des sangles brancard pour un transport couché. Les besoins et les conditions d'usage déterminent le modèle qui convient : le lieu (au domicile ou également à l'extérieur), le type de transfert (à partir du lit, du fauteuil, sur la cuvette des WC, sur le siège de la voiture ou même au sol, après une chute).

Il existe de très nombreux modèles, dont certains sont spécialement étudiés pour le maintien à domicile :

• Le lève-personne classique utilise une sangle suspendue dotée d'une contenance plus ou moins grande selon l'utilisation : sangles de transfert rapide, de toilette, ou sangle universelle, et une sangle adaptée pour les toilettes à la sangle hamac, avec têtière et renforts baleinés.

Les points de vigilance importants sont :

– la taille et l'emprise au sol qui doivent permettre la circulation dans le logement ;

– l'amplitude de levage, pour éviter un contact de la tête ou des genoux ;

– l'écartement des pieds pour installer la personne au fond d'un fauteuil de confort, par exemple ;

– la découpe de la sangle, surtout si elle sert pour aller aux toilettes ;

– son confort, en particulier sous les cuisses ou pour soutenir la tête ;

– sa texture (filet pour sécher rapidement entre deux transferts à la douche, ou matelassée) ;

– la possibilité de replier le lève-personne ou même de le démonter et de le transporter ;

– la qualité du moteur et des batteries.

• Le lève-personne verticalisateur demande une mise en charge progressive sur les pieds. Il peut avoir en option la possibilité d'un transport assis. Il est souvent mieux vécu que le précédent et permet à l'aidant de saisir un pantalon, une culotte...

• Le lève-personne sur rail, fixé au plafond, entre deux murs, sur potence : la sangle est actionnée en hauteur par un moteur électrique. Le déplacement latéral peut se faire passivement ou à l'aide également d'un moteur.

• Le lève-personne sur mât, rarement employé avec une sangle mais avec un siège, peut se placer contre une baignoire, par exemple.

La Sécurité sociale autorise la location du lève-personne classique sur prescription médicale, sous l'intitulé de soulève-malade, ainsi que l'achat de la sangle. Il s'agit de la seule aide au transfert pouvant bénéficier d'une prise en charge légale par l'assurance maladie. Le forfait correspond au lève-personne classique ou verticalisateur.

L'étendue des modèles n'est jamais présentée chez les revendeurs, d'autant que certains produits particuliers ne sont fournis qu'en vente directe. Les difficultés étant liées aux lieux d'utilisation, un éventuel achat du lève-personne impose un essai en situation d'utilisation ordinaire.

À la livraison d'un matériel à la location comme à l'achat, le prestataire doit donner toutes les explications utiles tant au portage de la personne qu'à l'entretien du matériel.

D'autres transferts nécessitent un matériel très spécifique comme :

- les transferts dans la voiture, assis sur le siège passager ou conducteur. Les solutions sont intégralement détaillées dans le guide *Handicap et Automobile* de Roger Mandart (voir « Fiche ressources », p. 299) ;
- les transferts à l'étage (voir « L'aménagement du logement », p. 244 et les guides de l'ANAH).

## LES AIDES À LA TOILETTE ET À L'HYGIÈNE PERSONNELLE

Faire sa toilette et assurer l'élimination de son urine ou de ses selles sont des activités complexes du fait des enchaînements de postures et de gestes très variables. Les mains doivent atteindre le dos, les orteils, la zone anale et manipuler des objets aussi différents qu'une douchette, des ciseaux ou un flacon. Les pieds doivent enjamber un rebord de baignoire, adhérer à un sol mouillé.

Ces activités peuvent être compliquées par toutes les déficiences liées à l'âge ainsi que par d'autres facteurs personnels aggravants, comme l'obésité, et par les contraintes environnementales.

Les aides techniques doivent permettre d'assurer :

- la sécurité, d'autant que la personne enlève ses lunettes, pose ses aides de marche et déambule pieds nus (voir « Prévenir les situations à risques », p. 240 et « Prévenir les chutes », p. 290) ;
- la fonction avec une indépendance maximale selon les habitudes de vie (certaines personnes ne se lavent qu'au gant depuis des années ou utilisent encore un bidet) ;
- l'aide aux aidants, en particulier pour les transferts ou les soins des personnes très dépendantes ;
- l'intimité de la personne, les gestes devant être acceptés et acceptables, les portes fermées ;
- au-delà de l'hygiène, le confort et le bien-être.

La pudeur physique rend difficile le fait de recevoir ou de donner de l'aide. La pudeur verbale empêche tout particulièrement les personnes âgées d'aborder avec des tiers les difficultés qui touchent à leur intimité. Certains actes quotidiens, comme s'essuyer aux WC ou faire sa toilette intime, ne sont évoqués spontanément qu'exceptionnellement, même avec leur entourage familial. La personne âgée s'adresse souvent plus facilement aux professionnels qui la voient en situation, comme son auxiliaire de vie, un soignant ou un ergothérapeute. Ceux-ci doivent créer des conditions de confiance, de discrétion, de délicatesse des propos.

Selon la préférence de la personne pour le bain ou la douche et son degré d'autonomie, les solutions sont nombreuses. Le rebord d'une douche est toujours moins difficile à enjamber que celui d'une baignoire. Dans les deux cas, un siège stable permettra de se reposer et de manipuler les objets de toilette placés à sa portée (étagères, supports). Il existe des modèles larges et renforcés pour personnes obèses. Pour les personnes dépendantes, le choix dépend également des moyens de réaliser les transferts (chaise à roulettes, lève-personne...).

### Sécuriser l'accès à la douche ou à la baignoire

La sécurité est assurée par :

- des barres d'appui au revêtement antidérapant, car elles doivent être saisies avec les mains mouillées (voir « Les aides aux transferts », p. 269 et p. 276) ;
- exceptionnellement, une marche d'accès étudiée pour cet usage, antidérapante au sol et sur la surface d'appui, à utiliser avec une barre murale ou une poignée fixée au rebord ;
- un tapis ou des bandes adhésives antidérapants ;
- le port en permanence de son émetteur de téléalarme étanche (bracelet ou pendentif).

### Se doucher dans sa baignoire, assis sur un siège

Les aides techniques dépendent du type de baignoire : sa hauteur, sa forme et ses options.

- La **planche de bain**

La personne s'assoit sur une planche sans dossier fixée en travers de la baignoire, puis elle passe ses jambes l'une après l'autre par-dessus le rebord. L'assise est plus ou moins large. Une poignée peut permettre de se tenir.

- Le **siège pivotant de bain**

Le siège comporte un dossier et des accoudoirs. Il se pose comme la planche au-dessus de la baignoire. Il est fixé sur une embase et pivote autour d'un axe, se bloquant dans deux positions. Il ne doit pas être trop haut ni trop loin du bord. Les personnes âgées l'utilisent fréquemment avec l'aide d'une tierce personne pour le passage des jambes au-dessus du bord.

- Le **banc de transfert** (ou d'accès au bain) qui passe en pont au-dessus du rebord, pour une baignoire basse. Attention à la hauteur des modèles dont le siège pivote.

### Prendre un bain, plus ou moins immergé

- Le **siège de baignoire bas ou le tabouret à ventouses**, posés au fond de la baignoire, se révèlent vite insuffisants. Les modèles associant planche et siège bas ne sont pas adaptés au grand âge.

• Le **siège élévateur de bain** fonctionne sur batterie. En position haute, il affleure le bord de la baignoire comme une planche de bain avec dossier. À l'aide d'une télécommande, le siège peut descendre à quelques centimètres du fond de la baignoire, puis le dossier s'incline.

• La **baignoire à porte ouvrante** est quelquefois un bon compromis pour un senior mais rarement pour une personne âgée dépendante, surtout si elle n'offre pas un accès latéral au siège dégagé. Attention à la marche, à la forme de l'assise et à l'évacuation de l'eau, qui doit se faire rapidement.

### Se doucher

Soyez attentifs :

• aux cabines trop petites pour être assis ou aidé ;

• aux parois qui ne permettent pas la pose de barres d'appui ;

• aux portes de douche (largeur, ouverture, hauteur) ; des portes à mi-hauteur facilitent la tâche des aidants ;

• au rideau de douche, s'il laisse l'eau s'écouler en dehors ou si la personne risque de s'y accrocher en cas de chute.

Il existe de nombreux modèles de sièges, à la forme et aux dimensions différentes. La plupart sont échancrés à l'avant pour aider la toilette intime, voire à l'arrière pour nettoyer la zone anale :

• le **tabouret de douche**, sans dossier. Il peut avoir des pieds à ventouses ou une assise pivotante ;

• un **tabouret d'angle** gagne un peu de place pour les jambes dans un bac exigu ;

• la **chaise de douche** plus ou moins enveloppante, avec en option des accoudoirs fixes ou relevables ;

• la **chaise de douche à roulettes** pour des personnes dépendantes, avec des repose-pieds. Elle ne peut être utilisée qu'avec une douche de plain-pied, ou dans certains bacs extra-plats, avec une petite rampe. Le **fauteuil roulant de douche** possède de grandes roues pour se propulser à l'aide de mains courantes, geste de plus en plus difficile avec l'âge. **Ces sièges roulants** disposent en option d'une inclinaison du dossier ou de l'assise et d'un cale-tête. Ils peuvent aussi servir de chaise percée en venant se placer au-dessus des WC ou par l'ajout d'un seau amovible (une prise en charge partielle par la Sécurité sociale est alors possible) ;

• le **siège mural,** fixé au mur à la hauteur souhaitée, stable et peu encombrant. Il comporte ou non un dossier et des accoudoirs. Il existe un **siège mural pivotant sortant**, qui suppose des fixations très solides ;

• le **banc de transfert mural**, qui se prolonge sur un côté de la douche et permet de s'asseoir avant d'enjamber le rebord. Il existe également des bancs avec dossier sur quatre pieds réglables en hauteur.

### Faire sa toilette au lit

Quand la personne dépendante ne peut être installée dans la salle de bains, une toilette au lit est indispensable. Il peut s'agir de soins infirmiers prescrits par le médecin traitant. Un lit médicalisé est souvent indispensable pour éviter à l'aidant des postures épuisantes.

En cas d'incontinence, celui-ci pourra porter des gants de protection et utiliser des **gants de toilette jetables**.

Il est éventuellement possible d'assurer une **douche au lit** avec un matériel approprié (protection souple et étanche de literie, avec rebords, ou baignoire gonflable).

Il est très rare qu'un **brancard de douche** soit indiqué au domicile.

### Les accessoires de toilette

Ils seront à portée de main. Les plus conseillés sont :

• les **objets à long manche**, quelquefois recourbé, voire flexible : éponge ou brosse pour le dos, pour les orteils, pour les cheveux, peigne... ;

• les gants où l'on glisse le savon (**savonneur**) ;

• les porte-savon ou les distributeurs de savon par simple pression, posés ou fixés.

Les miroirs devront être utilisables même assis au lavabo. Un miroir grossissant, sur support articulé ou télescopique, peut être nécessaire.

Du petit matériel adapté peut faciliter les soins des ongles (ciseaux aux branches plus longues pour les pieds, coupe-ongles à poser sur une table...) ou ceux des cheveux, mais il est généralement préférable d'aider la personne ou de faire intervenir un pédicure (en particulier en cas de diabète, d'artérite...) et parfois un coiffeur à domicile.

• Des **bacs** spéciaux permettent de laver les cheveux au lavabo ou au lit (avec douchette et réservoirs d'eau transportables, si besoin).

De petites aides de préhension sont très utiles, en particulier :

• une **pince** ou un **tourne-bouton** en caoutchouc souple pour les boutons de porte, les robinets, les bouchons ou les petits couvercles ;

• un ouvre-bouteille ;

• un presse-tube... ;

• une pince à long manche pour ramasser sans se baisser les objets tombés par maladresse.

### Aides pour l'élimination des urines et des selles

La première difficulté est de rejoindre les toilettes, en particulier si l'envie est pressante ou nocturne (voir « Les aides à la marche et à la déambulation », p. 261 et « L'aménagement du logement », p. 244).

Les personnes âgées peuvent souffrir d'incontinence sans en parler. Pourtant, il est important que le médecin traitant soit avisé, car elle peut révéler un problème ou une maladie susceptible de traitement.

Dans la majorité des cas, la personne rejoint les WC et utilise la cuvette classique, sur pied. Les aides techniques auront certainement à être changées en fonction de la perte de capacités.

Un modèle de cuvette surélevée est, à terme, rarement à la bonne hauteur. Il peut même s'avérer un jour gênant si une chaise percée doit se placer au-dessus. Le modèle suspendu est justifié pour laver le sol ou lorsque les palettes d'un fauteuil roulant risquent de cogner contre le pied de la cuvette.

### Le transfert debout/assis et la posture assise sur la cuvette de WC ordinaire

Ils doivent être sécurisés par :

- des barres d'appui, un dosseret, et quelquefois une barre de sécurité amovible devant la personne. Les barres peuvent être fixées aux murs ou au sol, ou encore être une option rattachée à une lunette spéciale, ce qui peut éviter le risque de chute entre le WC et le mur. Exceptionnellement, on peut utiliser une assise avec une assistance mécanique ou électrique pour se relever ;
- un cadre de toilette réglable en hauteur avec des accoudoirs. Il entoure la cuvette. Une lunette éventuellement surélevée peut y être fixée ;
- un rehausse-WC (appelé rehausseur ou encore surélévateur) avec différents systèmes de fixation, par emboîtement, par pattes de fixation. Une découpe en avant peut faciliter l'hygiène intime ;
- un abattant de WC avec rehausseur intégré de différentes épaisseurs. Certains modèles proposent une hauteur variable, voire une possibilité de légère inclinaison, de forme particulière, par exemple pour conserver un écartement ou une extension de hanche, avec accoudoirs, avec déflecteur pour l'urine ;
- une chaise percée placée au-dessus de la cuvette, sans ou avec accoudoirs fixes ou relevables, sans ou avec roulettes à freins. Le siège dit « garde-robe » est muni d'un seau amovible. Il bénéficie alors d'une prise en charge par la Sécurité sociale. Une découpe en avant ou en arrière facilite l'hygiène.

### L'usage du papier hygiénique

- Un porte-rouleau sera fixé dans un emplacement judicieux, par exemple sous une longue barre d'appui relevable.

• La pince porte-papier hygiénique utilisée pour atteindre la zone anale est difficilement manipulable par une personne âgée.

• Un abattant lavant-séchant avec douchette et séchoir à air tiède (ou bidet électronique) peut être envisagé. Il existe des modèles intégrés à la cuvette, mais ils restent extrêmement coûteux. Ce sont des produits courants dans certains pays (toilettes japonaises) qui n'entrent pas dans les habitudes des personnes âgées françaises.

### Les autres solutions

• La classique chaise percée peut être utilisée dans tout lieu préservant l'intimité. Certaines servent aussi de siège de douche. Certains modèles pliants peuvent être rangés ou emmenés dans un coffre de voiture.

• Le bassin de lit et l'urinal, différents pour les hommes et les femmes.

• Les protections d'incontinence regroupent les protections droites, anatomiques, ou les coquilles pour hommes, les changes complets, les culottes pour recevoir les protections, lavables ou jetables. Le choix dépend de la sévérité des fuites. Le médecin peut envisager d'autres moyens de rétention.

• Au lit ou en fauteuil, une alèze jetable peut être nécessaire.

## LES AIDES À L'HABILLAGE

L'habillage et le déshabillage demandent de réaliser en même temps une alternance de gestes, de manipulations et de postures (se lever, se baisser...) souvent difficiles.
Ce qui peut faciliter l'habillage :

### Opter pour des vêtements plus confortables et plus faciles à enfiler, à attacher

À l'achat, l'attention se portera sur l'ampleur, les emmanchures très larges, la longueur des robes, la souplesse et la facilité d'entretien des tissus. Les grandes poches, indispensables pour emporter la clé, le mouchoir et le téléphone mobile ou sans fil, aident aussi à repérer l'endroit et le devant.

### Adapter certains vêtements

Parfois un peu de couture et d'astuce s'imposent, en particulier pour modifier une fermeture : du ruban autoagrippant, une fermeture zippée avec une tirette ou un anneau de clé, du fil ou du ruban élastique, des pressions, des petites sangles, des boutons magnétiques à coudre...

### Porter des vêtements spécifiques

- Des chaussures/chaussons adaptés offrent confort et sécurité pour les pieds déformés.
- Un slip sans enfilage qui se replie.
- Un change-culotte à enfiler ou un slip absorbant non tissé.
- Un pantalon à pont avec braguette factice qui ne demande pas de défaire la ceinture.
- Un pantalon qui remonte bien dans le dos, lorsque l'on est confiné au fauteuil.
- Une robe d'apparence classique mais qui peut totalement s'ouvrir, ou être fendue à l'arrière à la façon d'une jupe portefeuille.
- Une combinaison-grenouillère pour personne grabataire qui retire ses habits ou ses couches la nuit.

### Apprendre des techniques, de nouvelles façons de faire, par exemple :

- d'abord bien s'installer pour pouvoir repérer, attraper, enfiler ou retirer le vêtement, de préférence sur une chaise stable aux longs accoudoirs ;
- enfiler en premier le membre qui a le plus de difficultés.

### Se servir des aides techniques dont les plus utilisées sont :

- l'enfile-chaussettes qui permet de mettre ses chaussettes sans se baisser. Le modèle le plus maniable est certainement celui à tiges rigides. L'enfile-collant reste compliqué à utiliser, de même que l'enfile-bas de contention, selon la compression assurée ;
- le chausse-pied à long manche ;
- les lacets élastiques et les bloque-lacets qui évitent de lacer les chaussures ou de nouer les lacets.

Citons également :

- le valet d'aide à l'habillage pour les vêtements du haut ;
- le crochet d'habillage ou des pinces pour saisir à distance une ceinture, un pantalon ou une veste ;
- l'enfile-bouton, sur le principe de l'enfile-aiguille, qui nécessite toutefois certaines capacités, beaucoup de patience et des boutons adéquats.

## LES AIDES AUX REPAS

Bien manger aide à bien vieillir, comme le montrent de nombreuses études sur la nutrition des personnes âgées. Manger de tout avec plaisir et boire en quantité suffisante sont des objectifs qui peuvent nécessiter de l'aide humaine et des aides techniques, notamment pour :

- le moment des courses, portées dans un Caddie ou le panier d'un déambulateur ;
- leur stockage à portée de main dans des rangements pratiques ;
- la préparation quotidienne des repas, remplacée le cas échéant par le portage des repas ;
- la prise des repas.

### La préparation des repas

Les points de vigilance importants sont :

#### La sécurité

Un diagnostic général de l'état de l'électroménager, du matériel de coupe, souvent anciens, s'impose.

- La cuisinière : le gaz qui brûle avec une flamme doit parfois être remplacé par des plaques de cuisson électriques ordinaires ou vitrocéramiques ou, mieux encore, à induction (plaques froides).
- Un four encastré à porte froide dont la grille peut être tirée jusqu'à une position de blocage ou un four micro-ondes pour réchauffer très rapidement des plats préparés ou une boisson...

#### La mobilité

Le matériel et des ingrédients doivent être disposés dans une zone atteinte sans effort excessif.

- Une desserte à roulettes pour transporter sans danger un récipient lourd, comme une cocotte-minute, ou économiser ses pas pour mettre la table.
- Une chaise haute devant le plan de travail pour limiter l'effort des changements de position...

#### Les manipulations

- Des poignées de préhension multiprises pour les robinets, les commutateurs de la cuisinière.
- Un robinet à douchette extractible pour remplir une casserole sans la porter ou en la faisant glisser sur le plan de travail entre l'évier et la plaque de cuisson.
- Des systèmes pour ouvrir :
  - des ouvre-bocaux qui enserrent fermement le couvercle ou agrippent l'anneau ;
  - un ouvre-bouteille ;
  - un ouvre-boîte, qu'il soit à manivelle ou électrique ;
  - des boîtes à ouverture facile sur le couvercle desquelles il suffit d'appuyer...

- Des systèmes pour bloquer :
  - un appareil anti-rotation, posé sur la table, remplaçant la main qui serre fermement le pot pendant l'effort d'ouverture ;
  - une planche à préparation culinaire ou une planche à pain spécifiques, fixées sur la table par des ventouses ou un antidérapant, avec un étau réglable pour bloquer un récipient, des piques et des cales pour fixer les aliments comme une tartine à beurrer ;
  - une cale pour immobiliser la queue d'une casserole...

### L'effort mental

- Des aide-mémoire, des recettes et des modes d'emploi simplifiés ;
- Des sachets prédosés, des préparations alimentaires ;
- Un minuteur avec alarme...

## Le repas

Lorsque la prise du repas est difficile, il ne faut pas proposer trop vite de faire à la place de la personne, mais se demander pourquoi elle ne peut pas manger seule. Mais attention : la laisser faire seule n'est pas non plus une bonne solution si cela l'amène à manger insuffisamment. Plusieurs éléments peuvent favoriser l'autonomie au moment du repas.

### Bien s'installer

La chaise doit être suffisamment approchée de la table pour permettre de stabiliser les avant-bras ou les coudes sur la table. Les accoudoirs peuvent être plus gênants qu'utiles, à moins d'utiliser une chaise pivotante (avec système de blocage).
Il existe des tables adaptées à chaque situation : une **table de lit** sur roulettes, ou une **tablette amovible** à placer sur un fauteuil roulant.

### Utiliser des couverts spéciaux

- Les verres à base élargie se renversent plus difficilement. Des anses ou un large pied facilitent la manipulation. Certains ont également des becs, comme le verre « canard », ou un couvercle à bec. Ils peuvent chuter sans renverser leur contenu.
- Des pailles.
- Un verre à découpe pour le nez, pour que les malades alités ou les plus dépendants n'aient pas à renverser la tête en arrière.
- Des couverts dont les manches sont :
  - grossis pour faciliter la préhension,
  - éventuellement coudés pour le transport à la bouche,
  - allégés ou au contraire lestés.

• Un couteau-fourchette pour couper avec une seule main ; certains modèles sont pliants pour le transport.
• Une cuillère semi-recouverte pour conserver le liquide malgré les tremblements.
• Une assiette à rebord, qui forme une butée guidant les aliments dans la cuillère et non hors de l'assiette, ou un simple rebord d'assiette amovible.
• Une assiette ou une tasse qui maintient la nourriture au chaud si un micro-ondes n'est pas à portée de main.

### Utiliser des aides techniques très spécifiques

• Une découpe de tapis antidérapant permet l'adhérence de l'assiette ou du verre à la table.
• Des poignées porte-couverts fixées à la main, par exemple à l'aide d'une sangle autoagrippante ou élastique, quand la préhension est particulièrement difficile.
• Un masticateur, sorte de pince pour dilacérer les aliments sans les mixer et préserver ainsi leur goût et leur texture.
• Des serviettes jetables type bavoir.
• Un bras mécanique (Neater Eater) sur lequel est fixée une cuillère qui va plonger dans une assiette placée en regard. Peu connu, il simplifie le geste de l'assiette à la bouche si la personne a des mouvements involontaires ou au contraire trop faibles. Ce matériel peut être une alternative à la dépendance dans quelques cas de déficiences sévères uniquement physiques.

### Prendre correctement ses médicaments

Les médicaments sont souvent pris lors des repas. Différents produits permettent de les couper, de les écraser, de les stocker dans des piluliers compartimentés. Certains sonnent et proposent la dose à l'heure fixée.

*Mme K. nous contacte pour son père, âgé de 94 ans, désormais malvoyant et dont les gestes fins sont maladroits. Sa demande initiale porte sur l'acquisition d'un fauteuil roulant pour les longs déplacements, mais, en faisant le point sur ses incapacités, elle évoque la situation du repas où il est devenu totalement dépendant. Les aliments étaient souvent poussés hors de l'assiette, il laissait ses manches tremper dedans ou portait à la bouche des aliments trop liquides qui coulaient sur son visage. Elle a cru bien faire en demandant aux auxiliaires de vie de le nourrir. Pourtant, il était par ailleurs capable d'aller seul aux toilettes, de téléphoner avec un téléphone à grosses touches ou de se coiffer.*

*Cette tâche d'aide qui lui incombe également est très difficile pour elle à accepter. Nous lui avons donc proposé de poser l'assiette à rebord sur un morceau de tapis antidérapant, d'utiliser des couverts lestés et courbés, et de rester à proximité pour bien positionner le matériel et pour encourager son père. Les premiers essais ont été positifs, mais il refuse désormais tout effort pour agir seul et devient agressif si elle insiste. L'introduction plus précoce des aides techniques aurait certainement permis le maintien de l'activité. Mme K. est devenue très attentive à solliciter sa participation tout au long des activités journalières pour qu'il ne bascule pas trop vite dans la grande dépendance.*

## LES AIDES À LA COMMUNICATION INTERPERSONNELLE

Communiquer est un besoin primordial[12]. Les personnes âgées ont de nombreuses raisons de voir cette fonction essentielle se restreindre et s'appauvrir, et avec elle leur vie relationnelle et leur capacité d'autonomie.
Les proches seront attentifs aux facteurs personnels, à la qualité de l'environnement et aux habitudes de la vie de la personne.
• Les facteurs personnels : l'expression mimique, l'écriture, la compréhension du langage oral ou écrit, l'articulation de la parole et l'expression.
• L'environnement : la perturbation des canaux de communication (l'obscurité, le bruit, la distance...), l'absence de l'autre ou ses difficultés propres à communiquer.
• Les habitudes de vie : la vie sociale peut se limiter aux échanges avec quelques professionnels médico-sociaux intervenant au domicile, où l'isolement peut être plus grand qu'en établissement. Certaines personnes ne ressentent plus d'intérêt à évoquer quelqu'un ou quelque chose d'absent, de passé ou à venir. D'autres se taisent par peur d'ennuyer.

Faciliter la communication relève du rôle des proches. Pour ce faire, il est indispensable d'être attentif au contexte de la communication et pas seulement à son contenu.

### Améliorer les conditions qui facilitent l'écoute et la compréhension

• Les personnes souffrant de difficultés sensorielles sont autant gênées par l'excès d'informations que par les messages trop faibles (parole, lumière, bruit). Elles se referment sur elles-mêmes.
• La personne âgée doit être motivée et aidée pour sa présentation, porter ses appareils auditifs en état de fonctionnement, ses bonnes lunettes nettoyées, son appareil dentaire. Il sera porté une attention particulière à ses soins d'hygiène et à sa continence, lorsque cela est nécessaire.

---

12. Lohisse Jean, *La Communication : de la transmission à la relation*, 2e édition revue par A. Klein, Bruxelles, De Bœck, 2005.
Le Cardinal G., Guyonnet J.-F., Pouzoullic B., *La Dynamique de la confiance*, Paris, Dunod, 1997.

- Les regards, par une posture adaptée de l'un et de l'autre, doivent pouvoir se capter physiquement.
- La façon dont la personne est placée par rapport aux autres (si elle est dépendante, en particulier au moment du repas) est importante : elle sera plus facilement ignorée côte à côte qu'en vis-à-vis.
- L'intervention de deux aidants en même temps peut paraître plus stimulante et évite l'usage d'un matériel de transfert. Cependant, elle réduit le temps de présence auprès de la personne et l'opportunité de s'adresser directement à elle, surtout lorsqu'elle semble grabataire[13].

### Parler soi-même de façon plus intelligible

Pour sortir du dialogue routinier limité aux besoins essentiels, s'intéresser à ce qui préoccupe la personne âgée, à ses intérêts, aux événements de sa vie passée, familiale, sociale ou professionnelle.

Bien connaître ses capacités d'audition et de compréhension permet de s'adapter. En conséquence, on peut alors :

- simplifier les phrases complexes ;
- insister sur les mots clés ;
- désigner les objets dont on parle ;
- mimer si besoin en même temps ;
- lui demander de reformuler ce qui vient d'être dit.

### Faciliter l'appel d'un tiers et le maintien du contact réel ou à distance

- La sonnette ou l'appel malade.
- Le bouton d'appel relié à un téléphone à mémoire ou à une centrale.
- Le téléphone adapté à grosses touches, guide-doigt, éclairage du cadran, avec des touches programmables, ou simplifié.
- Certaines personnes âgées utilisent un micro-ordinateur et Internet. Elles savent établir des liens directs ou par courrier électronique. Il existe des ordinateurs simplifiés ou adaptés, conçus pour les besoins spécifiques de personnes ayant des difficultés cognitives limitées et/ou perceptives. À défaut d'un appareil à demeure, un appareil portable peut aussi être amené à l'occasion en prodiguant l'aide utile.

---

13. Concept d'humanitude, philosophie des soins développée par Yves Gineste et Rosette Marescotti. Cette philosophie des soins donnés aux personnes les plus dépendantes a pour objectif de redonner sens et vie aux gestes techniques et déshumanisés. Les formations s'adressent aux professionnels qui peuvent ainsi réinvestir qualitativement le toucher du soin.
Pour plus d'informations : http//:perso.wanadoo.fr/cec-formation.net/philohumatitude.htlm

### Faciliter l'expression orale de la personne âgée

Multipliez les situations de communication en ne vous limitant pas aux interactions en rapport avec les besoins essentiels : autour d'un jeu de société, d'une lecture, d'une chanson ancienne, en réalisant quelque chose ensemble. L'évocation, la mémoire d'événements et de personnes du passé ou présents seront facilitées par :

- des décorations de l'environnement : des reproductions évocatrices, un pêle-mêle de photographies, de dessins des petits-enfants, de cartes reçues... ;
- un album de vie : réalisé et suivi avec la complicité des proches dans l'intention de lui servir de support à la communication, et toujours à sa portée. Glissez chronologiquement dans un album de photos des souvenirs d'événements importants, avec une légende, permettant d'identifier des personnes, des lieux, des centres d'intérêts : un menu de mariage, une photocopie de diplôme, un article découpé dans le journal local...

Si elle a perdu l'usage de la parole ou du langage, par exemple après un accident vasculaire cérébral, les séances d'orthophonie pourront être complétées par :

- un tableau ou un classeur de communication bien visible et à la portée de la personne et des tiers. Il s'agit d'un véritable code de communication[14] : tableau de lettres, de mots ou de pictogrammes avec des photographies, des noms, des lieux, classés par catégories logiques. Ils évoquent ou renseignent sur quelqu'un, un lieu, un objet ou un besoin ;
- un appareil de communication avec éventuellement une synthèse vocale. Il peut s'agir d'une machine spécifique (dédiée) ou d'un micro-ordinateur grand public avec un logiciel particulier.

### Faciliter son expression écrite

La personne âgée doit pouvoir continuer à lire et à écrire.

L'écriture tremblante, mal assurée peut être améliorée par une bonne installation (assise, table ou tablette), par des stylos ou des feutres adaptés : grossis, lestés... ou simplement bien choisis. L'écriture manuelle peut être remplacée par :

- une machine à écrire électronique (il en existe encore !) ;
- un ordinateur grand public, avec une adaptation du mode d'entrée (clavier et souris) et de la taille des caractères sur l'écran ou sur le papier imprimé. Par exemple, une personne dont les mains tremblent, du fait d'un syndrome cérébelleux ou d'une maladie de Parkinson, tirera bénéfice d'un clavier sur lequel

---

14. Voir le site de l'association Isaac-francophone dédiée aux aides à la communication (www.isaac-fr.org).

est placée une plaque guide-doigt (voir « Fiche ressources », p. 297 : RNT – Réseau nouvelles technologies de l'APF).

### Veiller sur elle et sur son environnement

Des capteurs de surveillance peuvent détecter automatiquement des situations anormales et déclencher des alertes à distance vers des proches, ou vers un centre de téléassistance. Ils surveillent :

- l'environnement (détecteurs de fumée, de température, de fuites de gaz ou d'eau, d'ouverture d'accès, de mouvements) ;
- la personne (détecteur de fugue, télémédecine, audio- ou vidéosurveillance simple servant aux jeunes parents...).

Les nouvelles technologies permettent même la localisation par GPS d'une personne atteinte d'un début de démence, en sortie extérieure, ou une vidéosurveillance beaucoup plus élaborée.

## MIEUX VOIR OU COMPENSER LA DÉFICIENCE VISUELLE

L'altération des facultés sensorielles auditives ou visuelles est particulièrement fréquente chez les personnes âgées. Elle entraîne une gêne ou une limitation de leurs activités de la vie quotidienne et de leur vie relationnelle privée ou sociale. La déficience perceptive intervient sur le sentiment de sécurité et sur la sécurité objective.

L'aide matérielle primordiale est apportée par l'appareillage, qui n'est pas à proprement parler une aide technique et n'est pas référencé par les CICAT :

- les lunettes prescrites par un médecin ophtalmologiste et acquises chez un opticien ;
- l'appareil auditif, prescrit par un ORL et acquis chez un audioprothésiste.

Ils doivent être portés, maintenus en bon état de fonctionnement et régulièrement réévalués.

De nombreuses aides techniques peuvent, en complément, améliorer la qualité de vie.

L'atteinte visuelle évolue progressivement avec l'âge ; 20 % environ des personnes âgées de 85 à 89 ans et 38 % à partir de l'âge de 90 ans[15] seraient malvoyantes ou aveugles (par presbytie, cataracte, dégénérescence maculaire).

---

15. « La population en situation de handicap visuel en France », Observatoire régional de la santé des Pays-de-la-Loire, *Études et Résultats* n° 416, DREES, juillet 2005 (www.sante.gouv.fr/drees/etude-resultat).

La difficulté visuelle peut être isolée, mais elle vient généralement aggraver une situation déjà difficile du fait d'autres déficiences[16].
Les aides à la compensation d'un handicap visuel sont largement préconisées. Beaucoup d'aides techniques demandent des manipulations ou un apprentissage qui ne sont pas accessibles pour toutes les personnes âgées. Celles-ci utilisent donc rarement les techniques et les matériels très spécifiques des personnes aveugles plus jeunes (braille, logiciel de synthèse vocale). La situation est appelée à évoluer du fait de l'intérêt croissant des personnes âgées pour les nouvelles technologies, et des suppléances automatiques (ascenseur ou matériel donnant des informations auditives).
Les conseils d'un rééducateur – un orthoptiste spécialisé dans la basse vision – peuvent être nécessaires.

## Comment faciliter la perception visuelle[17] ?

- *Éclairer*

Des lampes, fixées à la table ou sur pied, orientables et avec une ampoule fluorescente favorisent la lecture dans un fauteuil, l'écriture ou la couture.

- *Protéger*
  - Par une visière, un chapeau ou des protections latérales à placer sur des lunettes ;
  - Ne pas éblouir : par exemple on évitera une surface de table blanche ou brillante.
- *Rendre l'information plus repérable et plus confortable à regarder*
  - L'isoler, la contraster, comme une feuille claire posée sur un fond foncé ; la placer à portée de vue ;
  - Poser le livre sur un support adapté à la personne (chevalet, porte-livre, table de lit inclinable), positionner l'écran à la bonne distance et à la bonne hauteur.
- *Grossir l'information par des aides non optiques*

Attention, trop agrandir gêne la compréhension. Il faut une juste mesure.

  - Sélectionner des feutres dont la trace est plus facilement repérable (largeur du trait, couleur) ;
  - Réaliser une photocopie agrandie des documents sur papier (recettes, modes d'emploi), des étiquettes ou des photographies ;
  - Choisir en bibliothèque ou à l'achat des livres et des revues à grands caractères ;

---

16. Site du CRESAM (Centre de ressources pour personnes sourdes-aveugles et sourdes malvoyantes) : www.cresam.org/persagees2.htm
17. Site de Pierre Griffon : http://membres.lycos.fr/pierreg/PADVRed.html et site canadien http://www.gnb.ca/0017/Seniors/Reflections/contents-f.asp

– Adapter le grossissement des caractères d'un document numérique à l'écran d'un micro-ordinateur et utiliser des autocollants en gros caractères pour le clavier ;
– Grossir au feutre indélébile les chiffres placés sur le tableau de commande d'une cuisinière ;
– Choisir un téléphone[18] ou une calculatrice à larges touches, à caractères et à écran agrandis.

• *utiliser un matériel d'optique spécialisé*

La difficulté de lecture est accrue par les différents types et formats d'écrits rencontrés, depuis les journaux quotidiens jusqu'aux courriers manuscrits.

Les opticiens et les magasins spécialisés proposent :
– des aides optiques : les loupes pour la vision de près, à main ou fixées à la table, les systèmes microscopiques ou télescopiques ;
– des aides optoélectroniques : les téléagrandisseurs qui agrandissent les documents à l'écran, les vidéoloupes.

## Comment compenser un déficit visuel ?

• *Par l'audition*
– Utiliser des montres, des réveils et des thermomètres parlants ;
– Choisir en bibliothèque ou à l'achat des livres audio ;
– Utiliser un logiciel adapté qui permet de faire lire le texte affiché à l'écran d'un ordinateur par une synthèse vocale.

• *Par le toucher*
– Avec la main : une personne non voyante compose un numéro de téléphone ou manipule les boutons de commande de sa cuisinière en se servant de sa mémoire et d'un repérage tactile. On peut coller de petites butées adhésives rondes transparentes, par exemple sur la touche centrale 5 du téléphone, ou pour repérer la position *off* d'un bouton rotatif ;
– Avec les pieds : par exemple, en bordure d'escalier, un revêtement de sol différencié constituera une bande d'éveil.

• *En simplifiant et en sécurisant l'action*
– Éviter des déplacements, des transferts, des manipulations inutiles ;
– Choisir un matériel simple, avec un minimum de commandes et d'informations ;
– Sécuriser : vérifier, et si besoin, enlever ou remplacer ce qui coupe, brûle, glisse…

18. Voir les solutions handicap de France Télécom (www.agence.francetelecom.com).

Souvent les aides techniques répondent à plusieurs de ces critères ainsi qu'à d'autres déficiences associées. Un enfile-aiguille répondra aux difficultés manuelles et visuelles. Un repère tactile en relief sera aussi très coloré. Pour être plus facilement manipulables, des loupes éclairantes seront fixées à la table par un étrier et déplacées grâce à un support articulé et une poignée. Les téléphones peuvent également avoir des touches éclairées, mémoriser des numéros d'urgence, être adaptés à l'usage d'un appareil auditif et disposer, au-dessus du clavier, d'une plaque guide-doigt.

L'AVH – association Valentin Haüy[19] –, qui œuvre pour les personnes déficientes visuelles, recense et propose de nombreuses aides.

## MIEUX ÉCOUTER OU COMPENSER LA PERTE AUDITIVE

La proportion des personnes qui déclarent un déficit plus ou moins sévère de l'audition[20] s'élève avec l'âge. Elle atteint 16 % des 60-69 ans, 21 % entre 70 et 79 ans et plus du tiers des 80 ans et plus, dont 1,3 % vivent à domicile avec une surdité complète.

La gêne ou la limitation se répercute, dans la vie relationnelle des personnes âgées, sur de nombreuses activités de la vie quotidienne et sur leur sécurité.

Très fréquente, la presbyacousie de la personne âgée entraîne une perte de la perception des sons aigus (particulièrement sensible sur les voix de femme, d'enfant, les sonneries, les chants d'oiseau) et l'incapacité de capter la totalité des mots parce qu'elle ne perçoit plus certains sons. La confusion est amplifiée lorsqu'il y a un bruit ambiant. La personne âgée est capable de parler et son trouble peut ne pas être perçu par l'entourage.

L'aide essentielle est apportée par l'appareillage (intra-auriculaire ou contour d'oreille). Les appareils auditifs relèvent de la prescription par un médecin ORL qui adresse la personne à un audioprothésiste. Paradoxalement le port d'une aide auditive est moins fréquent chez les plus âgés et les plus dépendants. Ils peuvent avoir plus de difficulté à s'y habituer. On ne peut pas, en effet, comparer le pouvoir correcteur de lunettes et l'apport d'un appareil auditif, qui, en amplifiant les sons, peut amplifier aussi les désagréments. Mais il est important d'aider la personne âgée bien appareillée à conserver l'usage de celui-ci.

19. AVH, 5, rue Duroc, 75343 Paris Cedex 07. Tél. : 01 44 49 27 27. Site : www.avh.asso.fr
20. Enquête SPS (Santé et protection sociale) 2000 du CREDES.

### Comment faciliter la perception auditive des personnes malentendantes[21] ?

- Prévenir l'entourage que la personne a des difficultés à entendre, ou l'encourager à le faire. Réduire les bruits de fond ou se placer dans un endroit calme pour converser.
- Suivre et prodiguer quelques conseils :
  – lui faire face dans la lumière, mais pas en contre-jour, et capter son attention ;
  – lui parler distinctement, en articulant bien et en simplifiant les phrases ;
  – vérifier qu'elle ait bien compris et répéter d'une autre façon.
- Amplifier le son par une sonnerie ou un volume plus puissants.
- Écouter la télévision sans gêner ses proches à l'aide d'un casque à transmetteur de sons à infrarouges ou d'une boucle d'induction magnétique.
- Téléphoner dans de meilleures conditions d'écoute, adaptées à sa prothèse auditive (écoute amplifiée ou téléphone avec boucle magnétique dans le haut-parleur, utilisable avec les appareils auditifs possédant un commutateur position T).

Comment compenser un déficit auditif ?

- Par la vision
  – Utiliser les mimiques, les mouvements des lèvres, les gestes mais sans excès ;
  – Écrire sur des ardoises effaçables les paroles qu'elle ne comprend pas ;
  – Avertir par un flash lumineux d'une sonnerie de porte ou de réveil, d'une intrusion ;
  – Voir les visiteurs sur l'écran d'un interphone – visiophone ;
  – Regarder la télévision avec un sous-titrage en télétexte ;
  – Communiquer à distance avec un ordinateur muni d'une webcam ;
  – Penser à l'aménagement du logement (isolation acoustique, éclairage, espace ouvert).
- Par le toucher et la vibration
  – Un signal vibrant avertit d'une sonnerie de porte, de réveil placé sous l'oreiller ou de minuteur ;
  – Une montre à alarme vibrante...

Le BUCODES – Bureau de coordination des associations de devenus sourds et malentendants – œuvre pour les personnes devenues déficientes auditives et recense sur son site de nombreuses aides (http://bucodes.free.fr).

21. Informations et adresses sur www.audition-infos.org et www.franceaudition.com

## PRÉVENIR LES CHUTES

### Avant la chute (prévention primaire)

Rechercher les facteurs de risques personnels et environnementaux puis agir par priorités. On peut prendre du temps pour envisager un projet global (voir « L'aménagement du logement », p. 244).

### Après un événement sans conséquences (prévention secondaire)

- Identifier la situation, les causes, les facteurs aggravants et intervenir.

*M. E. a chuté au bas de son escalier, en mettant le pied sur le petit jouet laissé là par son petit-fils de 8 ans. M. E. ne l'avait pas vu car le jouet était dans l'ombre de la contremarche.*

*Réponses apportées :*

- *Modifier la localisation et la puissance de l'éclairage ;*
- *Consulter son ophtalmologiste, car sa vision a baissé ;*
- *Responsabiliser l'enfant au rangement.*

- Avertir le médecin traitant de toute chute, même sans conséquences, pour explorer les éventuels problèmes médicaux (malnutrition, prise de certains médicaments, problèmes visuels, troubles de l'équilibre...).

*Mme H. a chuté sans gravité au pied de son lit, en se levant la nuit pour aller aux toilettes, alors qu'elle prend des somnifères.*

*Réponses apportées :*

- *Boire davantage dans la journée mais peu au repas du soir ;*
- *Avoir tout ce qu'il lui faut sur sa table de nuit ;*
- *Avoir un siège garde-robe près du lit ;*
- *Consulter le médecin : il a modifié le traitement.*

- S'assurer de la possibilité de prévenir ses proches : un **téléphone adapté** est indispensable.
- Confier les clés aux plus proches afin que quelqu'un puisse intervenir vite, à n'importe quelle heure (gardien, voisins).

L'intervention demande souvent du tact et un peu de psychologie...

*Mme P. déplore que, dans sa cuisine, les placards soient très hauts, ce qui l'oblige souvent à grimper sur un tabouret. Elle est déjà tombée deux fois, sans gravité heureusement. Elle le raconte à ses proches à chaque visite, concluant immanquablement de façon enjouée : « Tu vois que je suis encore solide ! » Elle ne se résout pas à contacter la société qu'ils lui ont indiquée et dont elle a le devis. « On verra plus tard. » Son fils a jeté d'autorité un tabouret branlant. Il hésitait à lui offrir un escabeau avec garde-corps de peur qu'elle n'appelle plus l'artisan, mais depuis la dernière chute, il l'a apporté... et a dû le reprendre. Il traînait dans le couloir, Mme P. refusant de l'utiliser et se plaignant de la place qu'il aurait pris dans son placard. Ils se sont engagés dans un effet d'escalade : plus il en parle et plus elle cherche à lui montrer qu'elle peut encore faire sans cela. Cette semaine, elle a lavé les carreaux, le lendemain le dessus du réfrigérateur. Jusqu'à ce qu'il trouve l'astuce. Il a proposé de lessiver la peinture de la cuisine. Il a rapporté le marchepied, l'utilisant lui-même pour se sécuriser et, de façon ludique, l'a amenée à le déplier et à monter dessus pour l'aider. Affaire conclue !*

## Après une chute traumatisante

- Rencontrer les rééducateurs pour mieux comprendre les facteurs personnels ;
- Préparer le retour à domicile, en empêchant la cause de se reproduire ou en minimisant les conséquences (voir « L'aménagement du logement », p. 244) ;
- Solliciter, si besoin, la poursuite de la rééducation à domicile, en particulier pour apprendre à utiliser une aide de marche, à se relever du sol après une chute, afin de diminuer l'angoisse d'une nouvelle chute ;
- Insister sur le port réel d'une téléalarme ou l'abonnement à un service de téléassistance.

*Mme M. est tombée en fin d'après-midi en se redressant rapidement de son canapé où elle s'était assoupie. Ce transfert était habituellement délicat ; elle devait être très attentive à ses prises d'appui. Mais le téléphone a sonné et elle a voulu se précipiter pour répondre.*

*Les tapis avaient pourtant été retirés. Son fils avait même augmenté la puissance des ampoules. Elle disposait déjà d'une téléalarme avec un médaillon pendentif qui lui permet de prendre les appels à distance sans décrocher. Cependant, stressée par la sonnerie, elle n'a pas pensé à s'en servir, elle n'a pas allumé la lumière et son pied a glissé sur son plaid tombé au sol.*

*Reprenant ses esprits, elle a pu se servir de la téléalarme pour appeler de l'aide.*

*Choquée, elle a été hospitalisée. Sa hanche est douloureuse, mais elle n'est pas fracturée. Au retour, le médecin lui a prescrit le port de protecteurs de hanche, sortes de coques glissées dans les poches d'une culotte spéciale.*

## LA MISE EN PLACE DES SOLUTIONS

À tout moment de la démarche d'aide, les proches auront soin de poursuivre une écoute active, attentive et d'observer la personne en situation (voir « Percevoir les besoins », p. 230). Elle est indispensable pour accompagner les essais et aider à la prise de décision, dans le respect de l'autonomie de la personne âgée.
Chaque solution possède une certaine efficacité toujours mise en valeur dans la documentation commerciale. Mais on insiste peu sur les problèmes qu'elle engendre. Par exemple, un siège percé posé dans la chambre répond à la difficulté de rejoindre les toilettes la nuit. Mais il peut encombrer le passage et il faut le vider, le laver. Il sera peut-être plus difficile à accepter si la personne vit en couple.

Si les problèmes sont plus gênants que la solution, il faut chercher encore. Par exemple, à la place de la chaise percée, il peut être suffisant de sécuriser de la position debout à la position assise sur les WC par des barres d'appui. Dans certains cas, un aménagement plus lourd sera envisageable : transformer en chambre un bureau plus près des toilettes ou, à l'inverse, réaliser des toilettes plus près de la chambre, si l'espace et les évacuations le permettent.

### Ce qu'il faut éviter

- Aller dans un seul magasin acheter l'objet exposé en vitrine ou choisir le premier produit conseillé par un vendeur. Sauf exception, il n'est pas conseillé d'acheter des barres d'appui en pharmacie mais dans un supermarché de bricolage ou chez un revendeur de matériel médical suffisamment achalandé.
- Choisir sur un catalogue une aide technique dont on découvre l'existence, sans chercher un comparatif. Connaître l'existence d'un enfile-bas est déjà remarquable. Or il en existe plusieurs sortes, selon le support de la chaussette ou du collant, le type de tige ou de sangle... L'un se révélera tout à fait efficace et l'autre sera une dépense inutile remisée au placard.

### L'essai est essentiel

Des essais, si nécessaire comparatifs, doivent être préalables à l'achat. Les règles de bonnes pratiques[22] indiquent qu'ils doivent être validés dans la situation attendue d'utilisation, c'est-à-dire très souvent le domicile, avec si besoin, les

---

22. Audition publique, *Acquisition d'une aide technique : quels acteurs, quels processus ?*, mars 2007, Génocentre Évry.

précautions nécessaires (simulation d'usage ou protections par rapport à l'hygiène). Une seule erreur ou un mauvais réglage peuvent rendre une aide judicieusement choisie inutilisable.
Malheureusement, tous les fournisseurs ne sont pas organisés pour réaliser des essais au domicile. Tout dépend du type d'aides techniques, de la structure commerciale et du niveau de service qu'elle rend. Il existe toutefois des parades à ces limites :

- déposer un chèque de caution pour pouvoir emporter le petit matériel ;
- s'il s'agit d'un achat au magasin sur catalogue et sans reprise possible, préférer la vente à distance (par correspondance ou Internet) qui offre davantage de garanties.

Attention : il est difficile de tester une aide technique faite d'éléments acquis chez plusieurs fournisseurs indépendants. Le conseil d'un CICAT est alors d'autant plus utile.

Voici quelques conseils pour agir avec méthode dans le choix et la validation d'une aide technique pour un parent âgé :

- dire ce que l'on va faire, solliciter l'assentiment de la personne utilisatrice ;
- introduire progressivement les modifications des habitudes de vie. Sauf s'il y a urgence à agir, c'est la meilleure façon de savoir si un changement est efficace et de faciliter l'adaptation de la personne âgée ;
- mettre en situation et solliciter la participation active de la personne. Observer comment elle s'approprie le changement ;
- procéder de façon réversible en remettant les choses en l'état si la personne est insatisfaite ou si un nouveau problème aussi important survient ;
- attention à être positif sur tous les plans. Par exemple, un petit meuble qui empêchait le passage ou la rotation du fauteuil roulant a dû être retiré pour gagner de la place. Mais il a été posé ailleurs, car il était important pour la personne ;
- opérer des corrections et aménagements successifs.

*Le petit-fils de Mme L. observe sa grande difficulté à descendre les trois marches du perron de l'immeuble. Elle explique que son arthrose des genoux la fait davantage souffrir. Il l'emmène en rendez-vous chez son médecin traitant. L'arthrose s'est aggravée et Mme L. ne peut plus descendre sans risque avec une simple canne. Elle a besoin d'une rampe : son petit-fils contacte par écrit le syndic de copropriété.*
*Celui-ci transmet le refus de l'assemblée des copropriétaires ; son petit-fils vérifie alors la légalité de la décision. Il prend directement contact avec quelques habitants de l'immeuble et s'aperçoit que plusieurs personnes âgées ont la même difficulté.*
*À la réunion suivante, l'accord est donné. Le petit-fils de Mme L. demande le devis proposé par le fournisseur retenu et vérifie l'emplacement, la forme, la*

*longueur, la hauteur de la barre. Elle est trop courte. Il contacte le fournisseur qui envoie une autre proposition.*
*Puis il réfléchit aux autres aides techniques pouvant améliorer la situation :*
*– remplacer l'embout de canne simple qui adhère mal au sol par un embout articulé ;*
*– vérifier la qualité du chaussage de sa grand-mère et de ses semelles, qui ne sont pas suffisamment antidérapantes.*
*Il la questionne pour savoir si la même incapacité peut avoir des conséquences dans d'autres situations. Deux autres difficultés sont évoquées. À l'extérieur, elle prend moins souvent le bus pour aller faire ses courses et elle en revient d'autant plus chargée : chaque semaine, il lui rapportera les commissions lourdes ou volumineuses. Elle adopte un sac besace à la place de son sac à main pour pouvoir tenir la barre d'appui sans lâcher sa canne. Chez elle, Mme L. prend des risques dans sa cabine de douche. Les demi-portes battantes sont retirées et remplacées par un rideau. Une barre en L et un tabouret mural sont fixés, ainsi qu'un tapis de bain antidérapant pour sécuriser la sortie de la douche.*

Une démonstration n'est ni un simple essai ni un réel apprentissage : elle nécessite que l'utilisateur, aidé comme aidant, soit actif et accompagné.

*M. J., 85 ans, est le seul aidant de son épouse âgée de 90 ans. Elle est devenue grabataire et est très amaigrie. Pour la transférer du lit au fauteuil, il la porte dans ses bras, ce qui l'épuise. Il est venu seul à ESCAVIE pour discuter de l'opportunité d'un lève-personne. Il refuse l'intervention d'aides de vie, ayant fait plusieurs expériences qui ne lui ont pas convenu. Il évoque les horaires d'intervention mais aussi le temps qu'il prend pour des repas très fractionnés et la toilette, aux moments d'éveil qu'il attend. Un essai réalisé avec un mannequin a permis de voir qu'il était capable de manier un lève-personne et de préciser le matériel indispensable. Le livreur d'une société dépose en fin de journée le matériel loué avec sa sangle achetée, en indiquant simplement de brancher la batterie pour la recharger, afin de pouvoir s'en servir le lendemain.*
*L'utilisation du matériel constitue une épreuve psychologique. Il ne parvient plus à se rappeler toutes les phases, et en particulier la rotation du fléau pour pouvoir asseoir son épouse dans le fauteuil.*
*Le matériel prescrit pour six mois sera rendu au décès de la personne, quelques mois plus tard, sans avoir pu faciliter la fin de vie.*

### Aménagement ou aides techniques ?

Chacune des solutions ne suffit pas, seule, à assurer la fonction. Elles se complètent. Aujourd'hui, on sait techniquement à peu près tout réaliser mais ce ne peut être à n'importe quels coûts pour la personne âgée : financier, psychoaffectif, fatigue et gêne liées aux travaux, efforts physiques pour maintenir ensuite son activité.

Des aides techniques peuvent occasionner des « difficultés collatérales » qui imposent ensuite un aménagement. C'est souvent le cas lorsqu'un fauteuil roulant de confort ou qu'un lève-personne doivent circuler dans le logement, en particulier dans la salle de bains, franchir les portes et aborder une cuvette de WC. Les difficultés surviennent pour quelques centimètres de trop, sans que l'on soit conscient qu'un choix plus judicieux d'aides techniques aurait pu les éviter. Des essais s'imposent, justifiant même exceptionnellement l'utilisation d'un simulateur de logement.

## CONCLUSION

Les personnes âgées sont confrontées à des **difficultés** physiques, sensorielles et cognitives d'évolution lente ou brutale. Le corps devient plus exigeant face à l'effort. Il impose ses limites, pousse au renoncement. Cependant, beaucoup ne connaîtront jamais de longue période de pertes successives. Ce n'est donc pas une fatalité, mais une histoire individuelle dont la société, en préparant un contexte facilitateur, peut infléchir la dureté.

Parmi les réponses possibles aux situations de **handicap**, les aides techniques et les aménagements du logement sont des facteurs importants pour améliorer autant qu'il est possible l'**autonomie**, l'**indépendance** et la qualité de vie de la personne âgée et de son entourage. La disponibilité d'aides techniques efficaces sur le marché, leurs possibilités d'acquisition dépendent des choix de notre société et de la façon dont elle considère le handicap et les personnes handicapées, et parmi elles, les personnes âgées vieillissant avec des problèmes de santé.

Les aides techniques s'articulent avec les aides humaines pour former une clé de voûte du maintien en milieu ordinaire de vie, comme du soutien dans des contextes plus spécifiques de retraite ou de fin de vie. Dans cette chaîne d'acteurs, les aidants familiaux tiennent une place essentielle. Ils sont sollicités sur tous les fronts, à tous les moments : anticiper, rechercher, aider au choix, et parfois décider, accompagner l'adaptation, inventer, compenser les manques. Eux-mêmes peuvent avoir besoin d'être épaulés. Ils découvrent alors un réseau auxquels collaborent des professionnels commerciaux, associatifs et médico-sociaux, et tout particulièrement parmi eux, dans ce rôle de relais et de guide, les CICAT et les ergothérapeutes.

# FICHE RESSOURCES

## VOUS CHERCHEZ À MIEUX COMPRENDRE LES DIFFICULTÉS FONCTIONNELLES D'UN PARENT ÂGÉ AU DOMICILE

Le site portail du ministère de la Santé et des Solidarités oriente vers deux sites dédiés :

- au handicap : www.handicap.gouv.fr
- aux personnes âgées : www.personnes-agees.gouv.fr

Utiliser son moteur de recherche, mot-clé : « aides techniques ».

### Site portail de l'APF consacré aux situations de handicap

www.moteurline.apf.asso.fr

Consulter les rubriques « Aides techniques » et « Évaluation (handicap) ».

### Site ÂgeVillage, spécialisé dans la dépendance du grand âge

www.agevillage.com

Consulter en particulier la rubrique « Services à domicile ».

### Quelques publications

- Audition publique, *Les Aides techniques : quels acteurs, quels processus ?*, à paraître.
- Enjalbert M., Abric M., Gazalet G., Nouvel F., Grau S., Jacquot J.-M., *Aides techniques et matériel d'assistance en gériatrie*, coll. « Rencontres en rééducation », n° 17, Paris, Masson, 2002.
- *Allez-y !, Guide sur le choix et l'utilisation des aides fonctionnelles*, actualisé par l'Agence de santé publique du Canada, et centré sur les aînés. À télécharger sur le site : www.hc-sc.gc.ca/seniors-aines

La brochure originale *Allez-y ! Manuel à l'attention des utilisateurs d'aides techniques* a été rédigée par le consortium international EUSTAT. À télécharger sur le site belge Autonomia : http://wal.autonomia.org/

- Livret guide *Mieux vivre son âge au quotidien*, ANFE Est (Association nationale française des ergothérapeutes, région Est), 114, rue du Maréchal-Foch, 67380 Lingolsheim.
- Lieffroy C., Bretecher A. L., Le Gac K., « L'Ergothérapie dans les services parisiens d'aides et de soins à domicile », Ergothérapies, n° 23, sept. 2006, p. 39-43.

*Le Guide du maintien à domicile* du service santé de l'URCAM de Bourgogne et sa maison virtuelle : www.servicesante-urcam.com

D'autres maisons virtuelles :

– sur le site de la MACIF : la maison de Prudence, http://prudence.macif.fr/
– sur le site de Novartis : la Maison virtuelle, www.proximologie.com

## VOUS CHERCHEZ À MIEUX COMPRENDRE LE MARCHÉ DES AIDES TECHNIQUES

- *Le marché des aides techniques*, GOHET Patrick, rapport de la Délégation interministérielle aux personnes handicapées, mai 2005.

À télécharger sur le site : http://archives.handicap.gouv.fr/ministere/diph.htm

- *Le matériel médical, vente et location dans le cadre du maintien à domicile des personnes âgées*, MCE (Maison de la consommation et de l'environnement), Rennes, août 2003.

www.mce-info.org/publication/materiel.php

## VOUS RECHERCHEZ UNE AIDE TECHNIQUE, UN FABRICANT OU UN DISTRIBUTEUR

### Bases de données généralistes sur tout le champ des aides techniques

Recherche par mots-clés ou à partir la norme NF EN ISO 9999.

- **CERAHTEC** : www.cerahtec.sga.defense.gouv.fr

Du CERAH (Centre d'études et de recherche sur l'appareillage des personnes handicapées). Il publie un carnet d'adresses d'acteurs de la réadaptation ainsi que des publications dont :

  – la liste des VHP (véhicules pour handicapés physiques) reconnus conformes et pris en charge ;

  – la législation concernant les taux de TVA applicables pour les personnes handicapées.

- **HANDICAT**, base de données du CICAT lillois Hacavie : www.handicat.com
- **ACCESAT**, base de données belge : www.anlh.be/accesat/
- **SOLIVALWB**, association à mission de CICAT belge, guides et système D : www.solivalwb.be
- L'annuaire par déficiences à l'initiative de la CRIPH (Cellule de recrutement et d'insertion des personnes handicapées) du ministère des Finances et de l'Industrie : http://alize.finances.gouv.fr/criph/. Consulter l'accessibilité et les autres sites consacrés au handicap.

### Salons spécialisés dans le handicap ou les besoins du grand âge

Rechercher sur Internet l'annuaire des exposants des années antérieures :

- en France : Autonomic, Handica, GÉRONTexpo ;
- à l'étranger : en Belgique : Autonomies ; en Allemagne : REHACARE.

### Sites et bases de données spécifiques

• Véhicules pour handicapés physiques (fauteuils roulants...) : www.handicap.org

« Base des fauteuils » élaborée par Bruno Guillon, kinésithérapeute à l'institut Garches, hôpital de Garches APHP 92. Hôpital Raymond-Poincaré – 104, boulevard Raymond-Poincaré – 92380 Garches – Tél. : 01 47 41 93 07

• Site de l'association Mobile en ville : www.mobile-en-ville.asso.fr

• Nouvelles technologies et handicap :
  – site HANDIACCESS, collaboration d'acteurs experts – PFNT, ICOM' (Handicap International), FST, Mieux vivre et DEFITECH : www.handiaccess.org
  – site RNT (Réseau nouvelles technologies) de l'APF (Association des paralysés de France) : http://rnt.over-blog.com/

### Quelques publications

• La collection Néret du Groupe Liaisons – Tél. : 01 76 73 31 93
  – *Guide Néret 2006 pour les personnes handicapées*, Groupe Liaisons : il répertorie sous la forme d'un classeur plus de 13 000 adresses dont des fournisseurs et prestataires de services.
  – Piquet A., Bertrand Y. (CTNERHI), *Guide Néret 2006 : Droit des personnes handicapées*, dont le logement et l'hébergement, l'accessibilité, la vie quotidienne.

• La collection Néret des éditions Liaisons sociales
  – Goust J., *Guide des aides techniques pour les malentendants et les sourds*, 2003.
  – *Guide des aides techniques pour les malvoyants et aveugles*, 2007.

• Aménagements de la voiture : *Guide Handicap et Automobile*, Mandart R., éd. 2006, Club des loisirs et d'entraide de l'hôpital Raymond-Poincaré, 11, rue Claude-Liard, 92380 Garches.

### Utilisation d'un moteur de recherche sur Internet

• Exemple : Google Web, ou Images pour obtenir simplement des photographies illustrant le texte.

• Utilisation des mots-clés du chapitre pour trouver des aides techniques et des fournisseurs.

## VOUS RECHERCHEZ UN REVENDEUR DE MATÉRIEL MÉDICAL

• En Île-de-France, site de la CRAMIF : www.cramif.fr

Consulter : Menu Assurés / Vivre son handicap en autonomie (CICAT ou Centre d'appareillage) / Fournisseurs d'appareillages conventionnés.

• En France, Pages jaunes : vente, location, réparation de matériel médico-chirurgical.

## VOUS RECHERCHEZ UN ERGOTHÉRAPEUTE

• Pages jaunes : ergothérapeutes.
• ANFE (Association nationale française des ergothérapeutes) : www.anfe.fr
• SYNFEL ErgoLib (Syndicat national français des ergothérapeutes libéraux), 6, rue Louis-Bouquet, 69009 Lyon. Tél. : 06 61 86 22 13. Site : www.ergolib.org

## VOUS RECHERCHEZ UN CENTRE D'INFORMATION SUR LES AIDES TECHNIQUES

• Les CICAT :
Liste des CICAT sur le site de la FENCICAT (Fédération nationale des CICAT) : www.fencicat.fr
  – blog d'HACAVIE : www.hacavie.com
  – site de BMV : www.bretagnemieuxvivre.fr
  – site du CEP de Strasbourg : www.cep.asso.fr
  – site des CICAT de la CRAMIF : www.cramif.fr (Menu assurés / Vivre son handicap en autonomie)
• Centres de ressources spécialisés
  Le CRESAM (Centre de ressources expérimental pour enfants et adultes sourds et aveugles) propose une synthèse sur les déficiences sensorielles au grand âge.
  La Rivardière, 52, rue de la Longerolle, 86440 Migné-Auxances. Tél. : 05 49 43 80 50. Site : www.cresam.org
• Site de l'association Voir et Percevoir : www.voiretpercevoir.com
• Les portails Internet :
  – En France : YANOUS, hebdomadaire du handicap, www.yanous.com
  – En Belgique : le site AUTONOMIA, http://wal.autonomia.org/

# Cahier pratique II

Ce dossier a été réalisé en coordination avec la Caisse régionale d'assurance maladie d'Île-de-France (notamment avec la participation de Jany Audier, Chantal Carrier, Bernadette Cerveau-Crampe, Pascale Dupas, Françoise Fabre, Pierre Gaillard, Colette Jonchère, Laurence Lutherot et Sylvie Soler), Caisse nationale d'assurance vieillesse (avec la participation d'Alain Gauthier de la direction action sociale région Île-de-France), et le service social de la Caisse régionale d'assurance maladie de Nord-Picardie qui a procédé à la relecture du dossier.

# DES CONSEILS POUR SE REPÉRER DANS LES AIDES FINANCIÈRES, DÉMARCHES ADMINISTRATIVES, INSTITUTIONS (Cramif, Cnav)

# LES ACTEURS INSTITUTIONNELS, ASSOCIATIFS ET PROFESSIONNELS DE L'ACCOMPAGNEMENT

## INTRODUCTION

La politique sociale et médico-sociale pour les personnes âgées donne lieu à une abondance de textes qui prévoient la mise en place de nombreux services et dispositifs pas toujours facilement identifiables et compréhensibles pour les personnes âgées et leurs familles.

L'objectif de ce chapitre est de permettre à tout un chacun d'y voir un peu plus clair.

La présentation qui va suivre est organisée en deux temps :

- un rappel des institutions et des structures ;
- une présentation des professionnels.

Le lecteur doit être averti de deux points :

- Ce chapitre ne prétend pas à l'exhaustivité. Seules les institutions et structures essentielles sont citées, et seuls les professionnels les plus communément rencontrés sont présentés.
- Il existe de grandes disparités sur le territoire national. Toutes les régions, tous les conseils généraux, toutes les communes n'ont pas les mêmes priorités, les mêmes politiques, et surtout pas les mêmes moyens financiers et humains. Cette partie de l'ouvrage s'attache donc à une description générale et n'entre pas dans le détail des particularités locales.

> ••• La rédaction de ce cahier s'appuie en grande partie sur la consultation de plusieurs sites Internet ministériels, et notamment :
> www.personnes-agees.gouv.fr
> www.sante.gouv.fr
> www.social.gouv.fr

## LES ACTEURS INSTITUTIONNELS ET ASSOCIATIFS

### La mairie, le CCAS (centre communal d'action sociale)

C'est en tout premier lieu à la mairie du domicile que la personne âgée doit s'adresser pour obtenir les renseignements et les informations relatifs aux droits, aux démarches à entreprendre et aux services compétents.

Le CCAS, autrefois dénommé bureau d'aide sociale, est un service administratif, distinct de la mairie, mais placé sous l'autorité du maire qui est le président de son conseil d'administration.

À Paris c'est le CASVP (Centre d'action sociale de la Ville de Paris).

Les CCAS offrent, surtout dans les grandes villes, toute une série de services essentiels du maintien à domicile (portage de repas, téléalarme, etc.). Ils sont également, et c'est important, l'interface entre les usagers et les services départementaux pour l'attribution des prestations attribuées par les conseils généraux, notamment l'aide sociale départementale et l'APA (voir « Les aides financières », p. 329).

## Le CLIC, la coordination gérontologique

Les CLIC (Centres locaux d'information et de coordination gérontologique), structures relativement récentes (juin 2000), souvent associatives, sont le guichet d'accueil de proximité destiné aux personnes âgées et à leur entourage mais également aux professionnels de la gérontologie et du maintien à domicile. Ils peuvent aussi être dénommés différemment. Ainsi, à Paris, les CLIC sont des PPE (Points Paris émeraude).

Les missions d'un CLIC se déclinent selon trois niveaux :

- niveau 1 : accueillir, écouter, informer, orienter et soutenir les personnes âgées et les familles ;
- niveau 2 (qui prolonge le niveau 1) : évaluer les besoins et élaborer un plan d'aide personnalisé. Ces deux notions seront abordées plus loin ;
- niveau 3 (qui prolonge le niveau 2) : suivre et évaluer les situations les plus complexes, gérer l'articulation de la prise en charge médico-sociale et de la coordination des acteurs de santé.

••• Pour trouver les coordonnées d'un CLIC consulter le site clic-info.personnes-agees.gouv.fr

## Les réseaux de santé gérontologiques

Les réseaux de santé ont comme objectif :

- une prise en charge globale et continue du malade, ce qui implique une continuité des soins entre le domicile et l'hôpital ;
- la coordination des institutions (ville/hôpital, structures de soins/d'aide à domicile...) et des professionnels de santé et médico-sociaux dans la perspective d'une prise en charge plus globale.

Les réseaux de santé répondent à des besoins de santé spécifiques à certaines populations, pathologies ou activités sanitaires. Ainsi les réseaux de santé gérontologiques concernent les personnes âgées souffrant de maladies chroniques (diabète par exemple) ou aiguës nécessitant une prise en charge par plusieurs professionnels (pluridisciplinaire). Ils sont financés par l'assurance maladie et actuellement peu développés.

### Le conseil général

La nouvelle loi sur la décentralisation du 13 août 2004 confie aux présidents des conseils généraux le rôle de chefs de file de l'ensemble de la politique en faveur des personnes âgées.

Le conseil général instruit et surtout finance l'APA (voir « Les aides financières », p. 329).

Dans la plupart des départements, les personnes âgées peuvent se procurer un dossier de demande d'APA auprès du conseil général.

### La maison départementale des personnes handicapées (MDPH)

Les maisons départementales des personnes handicapées (MDPH) sont ouvertes sur tout le territoire national depuis janvier 2006. Elles jouent le rôle de guichet unique pour les personnes handicapées et leurs familles. Les MDPH regroupent les dispositifs antérieurs tels que les COTOREP (commission technique d'orientation et de reclassement professionnel), les CDES (commission départementale d'éducation spécialisée), les SVA (sites pour la vie autonome).

Dans l'immédiat, les MDPH concernent surtout les personnes handicapées de 20 à 59 ans. À terme, elles auront vocation à favoriser la convergence des dispositifs de soutien aux personnes âgées et aux personnes handicapées.

••• Pour connaître la liste des MDPH, consulter le site www.handicap.gouv.fr Les informations sur la loi handicap du 11 février 2005 sont disponibles sur ce site et également sur le site de la CNSA (Caisse nationale de solidarité pour l'autonomie) : www.cnsa.fr.

### Les caisses de retraite de base

Les différents régimes de retraite se différencient selon les catégories professionnelles de leurs ressortissants.

On distingue donc :

- Les **salariés du privé et les non-titulaires de la fonction publique** qui relèvent du régime général de Sécurité sociale. Le régime général est géré par la CNAV en Île-de-France, et par délégation, par la CRAV en région Alsace-Moselle et les CRAM dans les autres régions.
- Les **agents titulaires de la fonction publique** qui relèvent, soit du régime de la fonction publique d'État, soit de la Caisse nationale des agents des collectivités locales.
- Les **salariés du secteur public ou parapublic** qui relèvent des régimes spéciaux : SNCF, RATP, EDF, GDF, ouvriers de l'État, Mines, marins, Banque de France, Opéra de Paris, Comédie française, etc.

• Les **non-salariés** ont des régimes spécifiques : CANCAVA pour les artisans, ORGANIC pour les industriels et commerçants, CNAPVL pour les professions libérales. Depuis le 1er janvier 2006, l'ORGANIC et la CANCAVA ont été réunies au sein d'un régime unique, le RSI (Régime social des indépendants).

Chaque caisse de retraite détermine les orientations de sa politique d'action sociale, ce qui explique les disparités rencontrées au niveau des différents régimes et parfois, dans un même régime, d'une région à l'autre, pour ce qui concerne les types d'aide (aide à domicile, aide à l'amélioration de l'habitat, aide aux vacances...) et le niveau des aides.

L'action sociale des caisses de retraite développe généralement deux principales orientations :

– la prévention de la perte d'autonomie ;
– la préservation de l'autonomie à domicile.

### Les caisses de retraite complémentaires

La retraite de base du régime général de Sécurité sociale est complétée par des retraites complémentaires obligatoires (depuis 1972) : ARRCO pour les salariés non cadres du privé, ARRCO et AGIRC pour les cadres. Pour les non-titulaires de la fonction publique, il s'agit de l'IRCANTEC.

Les caisses complémentaires obligatoires ARRCO et AGIRC disposent en outre de relais d'accueil, les CICAS (centres d'information de conseil, d'accueil des salariés) sur tout le territoire français.

Les caisses de retraite complémentaires développent des politiques d'action sociale et d'entraide qui leur sont propres. Elles interviennent généralement soit au moyen d'aides individualisées, soit au moyen d'aides financières aux établissements et aux services collectifs.

••• Le GIP Info Retraite. Le site www.info-retraite.fr permet de consulter toute l'information concernant la retraite et les divers régimes obligatoires. Consulter également les sites www.agirc.fr et www.arrco.fr

### Les associations loi 1901

La prise en charge de la perte d'autonomie liée à l'âge s'appuie très largement sur la dynamique associative. Les associations locales sont généralement regroupées dans des structures fédératives départementales puis nationales, et constituent ainsi de véritables réseaux qui maillent le territoire.

Le secteur de l'aide à domicile est représenté par plusieurs fédérations. Les deux principales sont l'UNA (Union nationale de l'aide, des soins et des services à

domicile) et l'ADMR (Association du service à domicile, anciennement dénommée Aide à domicile en milieu rural).
Aux côtés de ces associations connues et implantées sur tout le territoire, il existe une multitude de petites ou moyennes associations. Elles ont généralement un rôle de solidarité de voisinage important dans la mesure où elles répondent à des besoins peu ou non couverts par les institutions. À titre d'exemple, dans certaines régions, l'association les Petits Frères des pauvres propose des accompagnements personnalisés à domicile ou en institution à des hommes et des femmes âgés, isolés, en situation psychologique difficile, handicapés ou malades.

## LES PROFESSIONNELS DE L'ACCOMPAGNEMENT

Parce que les besoins des personnes âgées sont diversifiés, une large palette de professionnels aux missions complémentaires les accompagnent avec un même objectif : le « mieux-être » des personnes. Ces professionnels travaillent soit en équipe au sein des établissements et des institutions, soit en réseau quand il s'agit de professionnels qui exercent en libéral.
Les professionnels se répartissent selon cinq catégories :
- l'évaluation et le suivi social ;
- l'intervention à domicile ;
- les fonctions médicale, paramédicale ou de rééducation ;
- l'encadrement des services et des établissements ;
- la protection juridique.

••• Pour plus d'informations sur les professionnels de l'accompagnement, consulter le site www.personnes-agees.gouv.fr ou téléphoner au numéro Indigo 0825 042 042 qui diffuse gratuitement un fascicule intitulé « Les métiers du grand âge ».

### Les professionnels de l'évaluation et du suivi social

- L'assistant(e) de service social

L'assistant de service social contribue à créer les conditions favorables de développement et de solidarités sociales pour les personnes, les familles et les groupes avec lesquels il travaille. Il est obligatoirement titulaire du diplôme d'État d'assistant de service social.
Les assistants de service social et les étudiants se préparant à l'exercice de cette profession sont tenus au secret professionnel. C'est donc en toute confiance que les personnes peuvent faire part de leurs difficultés, de leurs projets, de leurs souhaits.

Auprès des personnes âgées, les assistants sociaux exercent une fonction d'accompagnement social, d'orientation, d'information, d'évaluation et de médiation.

Les principales institutions et structures dans lesquelles on peut trouver des assistants sociaux intervenant pour les personnes âgées sont :

– les conseils généraux dans les équipes médico-sociales APA (voir ci-dessous les équipes évaluatrices) ;

– les CLIC ;

– les municipalités quand certaines communes disposent d'un service social propre ;

– les caisses de retraite de base. Les services sociaux spécialisés de ces organismes développent des missions spécifiques importantes en direction des personnes âgées. Ces personnels sont joignables dans tous les points d'accueil des caisses primaires d'assurance maladie (CPAM) et se déplacent au domicile ou sur le lieu de vie de la personne si nécessaire.

- Le (la) conseiller(ère) en économie sociale et familiale

Le conseiller en économie sociale et familiale peut aider la personne âgée dans sa gestion de la vie courante lorsque son état de santé ou sa situation financière la mettent en difficulté. Il peut aussi procéder à l'évaluation de ses besoins dans le cadre des structures et des institutions en charge de l'APA.

Les conseillers en économie sociale et familiale sont titulaires d'un diplôme d'État et exercent leurs missions dans les collectivités locales (communes et départements), les caisses d'allocations familiales, les hôpitaux, les entreprises privées ou publiques.

- Les équipes d'évaluation

Il s'agit des professionnels spécifiquement chargés de procéder à l'évaluation globale des besoins des personnes âgées et de préconiser un plan d'aide ou d'actions adapté à leurs besoins au regard de leur environnement. On distingue :

– les équipes médico-sociales, ou EMS, qui interviennent au titre du conseil général auprès des personnes qui font une demande d'APA (voir « Les aides financières », p. 329) ;

– les équipes des structures d'évaluation conventionnées avec la caisse de retraite de base du régime général (Cnav) pour ceux qui font une demande d'aides répertoriées au sein d'un PAP (voir « Les aides financières », p. 329) ;

– les assistants sociaux des caisses de retraite de base, à savoir les services sociaux des CRAM (Caisses régionales d'assurance maladie) et des CGSS (caisses générales de sécurité sociale ou caisses d'outre-mer) pour le régime général, les services sociaux de la Mutualité sociale agricole (MSA) pour le régime agricole, les services sociaux de la SNCF pour les cheminots...

Ces services sociaux spécialisés développent des missions spécifiques importantes en direction des personnes âgées. Notamment les services sociaux des CRAM qui couvrent tout le territoire national et qui interviennent pour l'accès aux droits et l'accès aux soins, la prévention et le traitement de la perte d'autonomie des personnes malades, handicapées et/ou âgées, retraitées relevant notamment des GIR 5 et 6 (voir « Les aides financières », p. 329) dans un objectif résolument orienté vers le maintien de l'autonomie de la personne et donc de son maintien à domicile.

Ces personnels sont joignables dans tous les points d'accueil des caisses primaires d'assurance maladie (CPAM) et se déplacent au domicile ou sur le lieu de vie de la personne si nécessaire. Il est possible également d'obtenir leurs coordonnées téléphoniques directement auprès des CRAM.

### Les professionnels de l'intervention à domicile

- L'aide à domicile

La dénomination « aide à domicile » a remplacé celle d'« aide ménagère ». Cette dénomination correspond à un métier sanctionné par le diplôme d'État d'auxiliaire de vie sociale (DEAVS). Malheureusement, de nombreux autres intervenants à domicile auprès des personnes âgées ne possèdent pas encore le DEAVS. Ils sont dénommés « agent à domicile », « employé à domicile », « garde à domicile », « auxiliaire de gériatrie », etc.

L'aide à domicile veille au bien-être de la personne âgée à son domicile. Elle établit avec la personne aidée et son entourage une relation de confiance et de dialogue. Par son action, l'aide à domicile contribue à la préservation de son autonomie, en liaison avec les autres professionnels intervenant au domicile. Elle effectue des tâches matérielles (travaux d'entretien courants, entretien du linge, repas, courses), apporte un soutien psychologique et peut aider à certaines démarches administratives.

••• Sur les métiers de l'intervention à domicile, on peut consulter le site de l'UNA (Union nationale de l'aide, des soins et des services à domicile), www.una.fr

••• Pour obtenir de plus amples informations sur les métiers du travail social, consulter le site Internet du ministère de l'Emploi, de la Cohésion sociale et du Logement : www.social.gouv.fr

### Les professionnels de la santé, de la rééducation et de la réadaptation

• Le médecin généraliste

Le médecin généraliste est un maillon essentiel de la prise en charge des personnes âgées. Il constitue pour elles le premier niveau de recours aux soins et il a une connaissance précise de leurs conditions de vie.

Le médecin généraliste peut participer à un ou plusieurs réseaux de soins, ce qui lui permet une meilleure articulation avec l'hôpital ou avec d'autres professionnels du champ sanitaire et social (voir « Les réseaux de santé gérontologiques », p. 305).

Le médecin traitant est celui qui connaît le mieux son patient et c'est lui qui est consulté en premier quand un problème de santé surgit. Il oriente si besoin son patient vers les spécialistes.

••• Pour plus de renseignements sur la réforme de la Sécurité sociale qui met en place le dispositif du médecin traitant et sur l'aide à l'acquisition d'une complémentaire santé, consulter le site de l'Assurance maladie en ligne : www.ameli.fr

• Le médecin gériatre

Les missions principales du médecin gériatre sont la prévention, le diagnostic et le traitement des maladies, des handicaps, ainsi que des douleurs des personnes âgées. Les médecins gériatres exercent principalement à l'hôpital et en hébergement (EHPAD), et très peu en secteur libéral.

• Le psychiatre, les équipes de psychiatrie

Le psychiatre prend en charge les maladies psychiatriques et les traumatismes, et divers états de mal-être tels que la dépression nerveuse, l'alcoolisme. Il exerce en cabinet à titre libéral ou dans différentes structures, notamment dans les centres médico-psychologiques (CMP) et dans les hôpitaux. Il reçoit les patients dans le cadre d'une thérapie, individuellement ou en groupe.

La gérontopsychiatrie est une spécialité de la psychiatrie concernant la santé mentale des personnes âgées.

Tous les départements français sont divisés en zones géographiques appelées secteurs publics de psychiatrie. Dans chaque secteur de psychiatrie, une équipe pluridisciplinaire comprenant médecins-psychiatres, psychologues, infirmiers, assistants sociaux, assure les soins psychiatriques pour la population de la zone géographique concernée, tous âges confondus.

• L'infirmier(ère) diplômé(e)

L'infirmier réalise notamment les soins auprès des personnes âgées, soit à son initiative, soit selon les prescriptions du médecin (prise de médicaments, pansements, injections). À domicile ou dans un établissement, il assure les soins et coordonne les autres prestations effectuées par les personnels paramédicaux (aide-soignant, kinésithérapeute...). Il est le garant de la qualité des soins et du bien-être des personnes âgées dont il a la responsabilité.

Dans les services de soins infirmiers à domicile (SSIAD), services qui assurent sur prescription médicale aux personnes âgées les soins infirmiers et l'hygiène générale, un infirmier coordonnateur assure l'organisation et la supervision des soins (voir les SSIAD, p. 318). L'infirmier est titulaire d'un diplôme d'État.

• L'aide-soignant(e)

L'aide-soignant accompagne les personnes dans la réalisation des activités de la vie quotidienne et réalise les soins liés aux fonctions d'entretien et de continuité de la vie (soins d'hygiène et de confort, aide au lever ou à la marche, distribution des médicaments). Il contribue à leur bien-être et à leur faire recouvrer, dans la mesure du possible, leur autonomie. Il travaille sous la responsabilité d'un infirmier, le plus souvent, au sein d'une équipe pluriprofessionnelle, et participe aux soins infirmiers préventifs, curatifs ou palliatifs.

L'aide-soignant exerce son activité en milieu hospitalier ou à domicile. Il est titulaire du diplôme professionnel d'aide-soignant (DPAS).

• L'ergothérapeute

L'ergothérapeute s'adresse à des personnes de tout âge : atteintes de déficiences de nature somatique, psychique ou intellectuelle ; qui présentent des incapacités fonctionnelles ; et qui sont temporairement ou définitivement en situation de handicap dans leur vie quotidienne, sociale, scolaire ou professionnelle.

Son objectif est la récupération, le maintien ou le développement du potentiel d'indépendance et d'autonomie de la personne, afin de réduire le handicap et d'améliorer la qualité de vie.

Chez les personnes âgées, l'ergothérapeute sollicite les fonctions déficitaires et les capacités résiduelles pour leur permettre de maintenir, récupérer ou acquérir la meilleure autonomie individuelle possible. Après avoir évalué la situation de la personne, l'ergothérapeute propose les solutions techniques nécessaires : aménagement du logement, du mobilier, de la communication, de l'habillage, de l'hygiène...

Il est titulaire d'un diplôme d'ergothérapeute.

••• Pour plus d'informations, consulter le site de l'Association nationale française des ergothérapeutes : www.anfe.asso.fr

• Le (la) pédicure-podologue

Le pédicure-podologue est un professionnel de santé qui effectue les soins courants du pied, la coupe et les soins des ongles. Il soigne certaines lésions (durillons, cors, verrues plantaires, ongles incarnés...), calme les irritations locales et détend l'ensemble du pied par application de baumes en massages. Il prescrit les produits nécessaires au traitement. D'autre part, sur prescription médicale, il conçoit et fabrique les semelles orthopédiques pour compenser les malformations du pied et pratique aussi des exercices de rééducation postopératoire. Les pédicures-podologues exercent essentiellement à titre libéral. Une minorité exerce dans quelques services en milieu hospitalier. Les personnes âgées représentent la majorité de la clientèle de ces professionnels.

Les pédicures-podologues sont titulaires d'un diplôme d'État qui se prépare en trois ans dans des instituts spécialisés. Le métier est à la fois manuel et relationnel.

••• Pour de plus amples informations sur ce métier, consulter le site de la Fédération nationale des podologues www.fnp-online.org ainsi que le site www.sante-du-pied.org

• Le masseur-kinésithérapeute

Le masseur-kinésithérapeute réalise des soins de réadaptation ou de rééducation, dans le but de prévenir l'altération des capacités fonctionnelles, de concourir à leur maintien et, lorsqu'elles sont altérées, de les rétablir ou d'y suppléer.

Après un examen clinique et un bilan kinésithérapique, il établit un programme de soins adapté à chaque personne. Il travaille avec l'équipe médicale prescriptive et l'équipe soignante pour la coordination des soins.

Le masseur-kinésithérapeute travaille aussi en lien avec les fournisseurs d'orthopédie médicale et les orthoprothésistes pour la fourniture et la pose de matériels.

L'essentiel de son activité s'exerce sur prescription médicale. Il exerce essentiellement à titre libéral et il est titulaire d'un diplôme d'État.

••• Des renseignements complémentaires peuvent être obtenus sur le site Internet de la Fédération française des masseurs-kinésithérapeutes-rééducateurs : www.ffmkr.com

## Les professionnels de l'encadrement

• Le (la) responsable de secteur du service d'aide à domicile

Les responsables de secteur du service d'aide à domicile déterminent les missions et les tâches confiées aux aides à domicile dans le cadre du projet d'accompagnement des personnes. Ils veillent au bon déroulement du plan d'aide pour ce qui concerne l'activité du service d'aide à domicile.

Ils déterminent les modalités administratives et financières du cadre de la prise en charge de l'aide à domicile pour les personnes concernées, et encadrent les équipes d'aide à domicile en organisant la planification des interventions.

• Le (la) directeur(trice) du service d'aide à domicile

Le directeur est responsable de la marche globale du service : animation d'équipe, bonne marche administrative et financière, respect de l'éthique et de la qualité du service due aux usagers. Il est l'interlocuteur privilégié des familles.

• Le (la) directeur(trice) de la maison de retraite

Le directeur accueille et accompagne les résidants et leurs familles. Il s'assure que les règles d'hygiène et de sécurité sont respectées. En tant que chef d'établissement, le directeur est responsable de la bonne marche administrative et financière de l'établissement, mais aussi de la qualité du cadre de vie et des services rendus aux personnes âgées résidantes.

## Les professionnels de la protection juridique

Chaque famille peut un jour être concernée par l'institution d'une mesure de protection à l'égard de l'un de ses membres, frappé par la maladie, l'âge ou le handicap. La loi du 3 janvier 1968 prévoit un régime de protection juridique, plus ou moins souple suivant le degré d'incapacité du majeur.

La **sauvegarde de justice** est un régime de protection temporaire qui laisse au majeur sa capacité juridique et la libre gestion de ses intérêts. La mesure est généralement prise en attente de la mise en place d'un régime plus protecteur.

Un majeur peut être placé sous **curatelle** dès lors qu'il a besoin d'être conseillé ou contrôlé dans les actes de la vie civile. Le rôle d'assistance est alors confié à un curateur par le juge des tutelles.

Enfin, un majeur incapable peut être placé sous **tutelle**, dès lors qu'il a besoin d'être représenté d'une manière continue dans les actes de la vie civile. Le délégué à la tutelle est nommé par le juge des tutelles. La tutelle crée une incapacité totale. Le majeur en tutelle perd son droit de vote et la capacité d'effectuer tout acte de la vie civile.

- Le (la) juge des tutelles

Il décide de la mesure de protection de la personne après en avoir été saisi par un membre de la famille, un proche ou un professionnel (assistante sociale, notaire, etc.). Cette décision est appuyée sur un avis médical.

Pour exercer la mesure de tutelle, le juge désigne un délégué à la tutelle qui peut être un membre de la famille ou un professionnel. Dans ce cas, la tutelle est confiée à une association tutélaire ou à un gérant de tutelle (professionnel assermenté).

Le coût de la gestion de la tutelle est prélevé sur les ressources de la personne.

- Le (la) délégué(e) à la tutelle

Il gère le budget de la personne placée sous protection juridique et met en place une gestion de ses biens et, le cas échéant, de son patrimoine. Il doit rendre compte au juge des tutelles des actes qu'il effectue au nom du majeur et intervient dans la limite du mandat qui lui est confié par le juge.

Pour exercer la mesure de tutelle, le juge des tutelles peut désigner un membre de la famille (le conjoint par exemple) mais également un gérant de tutelle ou une association tutélaire. Dans ces deux derniers cas, le coût de la gestion de la tutelle est prélevé sur les ressources de la personne.

La récente loi du 5 mars 2007 qui entrera en vigueur au 1er janvier 2009 modifie les dispositions du régime des tutelles et des curatelles.

# LES STRUCTURES DU MAINTIEN À DOMICILE

## INTRODUCTION

Depuis les années 1970, les pouvoirs publics préconisent une politique de maintien à domicile des personnes âgées et pour ce faire le développement de services et de dispositifs diversifiés. De nombreux métiers et services relèvent de l'aide à domicile pour les personnes âgées (voir « Les acteurs institutionnels, associatifs et professionnels », p. 304).

La prise en charge à domicile d'une personne âgée s'évalue en fonction :

- de son projet de vie et de ses souhaits ;
- de son état de santé tant physique que psychologique ;
- de ses difficultés ou incapacités à accomplir les actes essentiels de la vie (toilette, alimentation, habillage, lever, coucher), les activités domestiques (entretien du logement et du linge, préparation des repas) ou les démarches administratives ;
- de l'appréciation des aménagements nécessaires au logement pour l'adapter aux difficultés relatives à la perte d'autonomie ;
- de son environnement affectif et géographique.

L'aide humaine vient se substituer ou compléter une prise en charge familiale pour les actes essentiels de l'existence et pour les tâches domestiques. La lecture du chapitre sur les aides financières (p. 329) apportera par ailleurs des éclaircissements sur les modes de financement ou de prise en charge des aides proposées.

## LES SERVICES D'AIDE À DOMICILE

Les personnes qui interviennent au domicile d'une personne âgée peuvent avoir différents employeurs.

### Les services prestataires

Lorsque l'employeur de l'auxiliaire de vie sociale intervenant à domicile est un organisme **prestataire**, il assume la totalité des charges qui incombent à un employeur. Ce service peut être :

- une association à but non lucratif ;
- un service public dépendant du CCAS ;
- une entreprise privée à but lucratif.

### Les services mandataires

L'employeur de l'assistante de vie intervenant à domicile est la personne âgée elle-même mais un organisme de service d'aide à domicile **mandataire** se charge du recrutement et des démarches administratives.

Dans ce cadre, la personne âgée reste juridiquement responsable de son employé. En cas de litige avec l'assistante de vie, elle peut être assignée au tribunal des prud'hommes.

Les associations prestataires ou mandataires qui exercent leur activité au domicile des personnes âgées et des personnes handicapées doivent avoir un agrément simple ou « qualité ». L'agrément qualité est délivré par la direction départementale de l'emploi et de la formation professionnelle, conjointement avec le conseil général.

### L'emploi direct

L'employeur (qui recrute lui-même son salarié) peut être la personne âgée elle-même. C'est ce qu'on appelle l'**emploi direct**. La personne âgée recrute elle-même l'aide à domicile, la déclare à l'Urssaff, établit un contrat de travail et lui fournit des fiches de paie. Elle assume la totalité des charges d'un employeur, de l'embauche au licenciement.

••• Pour toutes les démarches à accomplir pour l'emploi salarié d'une aide à domicile (en direct ou en mandataire), se renseigner auprès de la Fédération nationale des particuliers employeurs – site fepem.fr – Tél. : 0825 07 64 64 ; et auprès de l'Urssaf du lieu de travail du salarié – site www.urssaf.fr

### Le chèque emploi service universel (CESU)

Depuis janvier 2006, le chèque emploi service universel (CESU) complète et remplace le dispositif du chèque emploi service. Il permet aux particuliers de régler l'ensemble des services à la personne effectués à domicile.

Il sert à rémunérer aussi bien les personnes physiques embauchées dans le cadre d'un emploi direct, les structures mandataires, que les organismes prestataires agréés.

Les avantages du CESU résident dans la simplification administrative (les démarches liées à l'emploi d'un intervenant à domicile sont simplifiées) et dans la prise en charge de tout ou partie du coût du service. Mais le CESU ne dispense pas de rédiger un contrat de travail dans le cadre de l'emploi direct. En outre, l'utilisateur peut bénéficier des avantages fiscaux liés à l'emploi d'une aide à domicile. Enfin, le CESU peut être éventuellement cofinancé en tout ou partie par l'entreprise ou le comité d'entreprise, les caisses de retraite ou les instituts de prévoyance.

••• Pour plus d'informations sur le CESU, consulter le site www.cesu.urssaf.fr ou téléphoner au 0820 86 85 84, ou le site www.servicealapersonne.gouv.fr ou numéro Indigo 0820 00 23 07 80

## LES STRUCTURES MÉDICO-SOCIALES ET SANITAIRES À DOMICILE

### Les services de soins infirmiers à domicile (SSIAD)

Les SSIAD permettent de prévenir la dégradation de l'état de santé des personnes âgées, d'éviter dans certains cas l'hospitalisation, de faciliter le retour à domicile après une hospitalisation et de prévenir ou retarder l'entrée de la personne âgée en institution.

Les SSIAD assurent sur prescription médicale :

- les soins infirmiers proprement dits (injections, pansements) ;
- les soins d'hygiène corporelle (toilette, nursing, prévention des escarres, soins effectués par une aide-soignante sous la responsabilité de l'infirmière coordinatrice du SSIAD) ;
- une aide dans l'accomplissement des gestes essentiels de la vie en complément de celle de l'aide à domicile.

Pour obtenir la prise en charge des soins dispensés par le SSIAD, le médecin doit établir un protocole de traitement qui est envoyé au centre de Sécurité sociale de la personne âgée. L'infirmier coordinateur du SSIAD définit le nombre de passages quotidiens pour les soins d'hygiène, la nature et la fréquence des soins techniques et infirmiers.

Les soins sont pris en charge à 100 % par l'assurance maladie pour les personnes déjà exonérées du ticket modérateur.

### L'hospitalisation à domicile (HAD)

L'HAD permet d'assurer au domicile du malade des soins médicaux et paramédicaux qui sont coordonnés entre le service hospitalier, le médecin traitant et les professionnels de santé nécessaires à la prise en charge du malade. Il implique l'élaboration d'un projet thérapeutique incluant le projet de vie du malade et/ou de son entourage.

L'HAD peut être proposée par le médecin hospitalier au cours de l'hospitalisation ou lors d'une consultation externe à l'hôpital, ou par le médecin traitant. Si la personne âgée est isolée ou que son entourage n'est pas prêt à collaborer, l'HAD peut être refusée.

L'HAD est trop souvent limitée à trois ou quatre semaines.

L'HAD est prise en charge par l'assurance maladie.

Attention, ce dispositif n'existe pas sur tout le territoire national, l'offre de places reste limitée (5 000 places environ qui devraient être triplées d'ici à fin 2010) et très hétérogène d'un département à l'autre.

### Les soins palliatifs à domicile

Les soins palliatifs sont définis par la loi du 9 juin 1999 comme des « soins actifs et continus, pratiqués par une équipe interdisciplinaire en institution ou à domicile » ; « ils visent à soulager la douleur, à apaiser la souffrance psychique, à sauvegarder la dignité de la personne malade et de son entourage ». Ils améliorent la qualité de la fin de vie, en luttant contre les symptômes physiques (en particulier la douleur) et en apportant un soutien psychologique, spirituel et social aux patients et à leurs proches.

La prise en charge à domicile pour les soins palliatifs peut être réalisée par une équipe mobile de soignants, soit par un réseau qui coordonne l'intervention des soignants habituels du malade.
L'offre en soins palliatifs est aujourd'hui encore très inégalement répartie sur tout le territoire et insuffisante malgré un développement rapide ces dernières années.
La prise en charge des soins palliatifs relève de l'assurance maladie.

••• Pour plus d'informations sur les soins palliatifs, consulter le site de la Société française d'accompagnement et de soins palliatifs : www.sfap.org
Sur la participation de l'assurance maladie, consulter le site ameli.fr ou consulter sa caisse primaire de Sécurité sociale.

## LES STRUCTURES DE SOUTIEN AU MAINTIEN À DOMICILE

### INTRODUCTION

Le maintien à domicile des personnes âgées repose très largement sur l'entourage familial. Les alternatives entre domicile et structures d'accueil sont des « dispositifs relais » qui permettent aux familles de « souffler » et d'éviter, dans certains cas, de s'enfermer dans des situations qui deviennent très lourdes à gérer et peuvent mettre en péril la santé des aidants.

### L'ACCUEIL DE JOUR

L'accueil de jour consiste à accueillir pour une ou plusieurs journées par semaine, parfois sur des demi-journées, des personnes âgées vivant à leur domicile, dans des structures spécifiques qui offrent des activités collectives ou individuelles (atelier mémoire, chant, sorties, etc.).
Le but de cet accueil est de préserver, de maintenir, voire de restaurer l'autonomie des personnes âgées et de permettre une poursuite de leur vie à domicile dans les meilleures conditions possibles, tant pour elles que pour l'entourage.
De nombreuses structures privées ou publiques proposent de l'accueil de jour ; celles-ci peuvent être autonomes ou rattachées à un établissement d'hébergement pour personnes âgées dépendantes.
Le coût de ces accueils de jour correspond à un prix de journée à la charge de la personne âgée ou à une participation forfaitaire de la personne pour les activités et les repas.
La prise en charge de ces frais est possible par l'aide sociale, l'allocation personnalisée d'autonomie, le CCAS après enquête et sous certaines conditions.

### L'HÉBERGEMENT TEMPORAIRE DE JOUR ET/OU DE NUIT

L'hébergement temporaire est une formule limitée dans le temps, que l'on trouve en maison de retraite ou en EHPAD, qui s'adresse aux personnes âgées dont le maintien à domicile est momentanément compromis par :

- l'isolement et une fragilité particulière (décès du conjoint, catastrophes naturelles, inadaptation du logement pour faire face aux contraintes des périodes hivernales) ;
- l'absence momentanée des proches aidant habituellement la personne âgée (notamment : départ en congés de la famille, besoin d'un temps de répit, problème de santé, fatigue) ;
- des travaux dans le logement occupé habituellement.

Ce type d'hébergement peut aussi servir de transition avant le retour à domicile après une hospitalisation. La durée moyenne de séjour est de un mois, qui peut être renouvelé plusieurs fois dans l'année si nécessaire.

Cet hébergement correspond à un prix de journée à la charge de la personne âgée. Sa prise en charge se fait au titre soit de l'aide sociale, soit de l'allocation personnalisée d'autonomie.

## LES STRUCTURES SANITAIRES

### Les hôpitaux de jour gériatriques

L'hôpital de jour est une structure sans hébergement qui favorise donc le maintien à domicile et constitue également une alternative à l'hospitalisation à temps complet. Il permet de donner des soins en journée, d'assurer une prise en charge individualisée, souple, adaptée qui répond, dans de nombreuses situations, aux besoins en soins de la personne âgée.

Il existe plusieurs types d'hôpitaux de jour gériatriques. La plupart sont dévolus au diagnostic. Certains ont une mission de réadaptation (motrice avec rééducation de la marche et de l'équilibre, cognitive, sociale) et/ou une mission de coordination des soins et des acteurs autour de la personne âgée.

Les frais sont pris en charge par l'assurance maladie au même titre que ceux d'une hospitalisation classique.

### Les services de soins et les équipes soignantes qui répondent aux besoins spécifiques des personnes âgées

- Les services de médecine gériatrique ou de courts séjours gériatriques

Ces services accueillent des malades âgés qui souffrent de plusieurs pathologies et présentent un risque de dépendance physique, psychique ou sociale important. Ils disposent d'un savoir-faire gériatrique et d'équipes pluridisciplinaires (gériatre, neurologue, psychiatre, infirmier, travailleur social, psychologue, aide-soignant...) spécifiquement formées, ce qui permet une prise en charge globale de la personne. Leurs missions sont de procéder à une évaluation globale et individualisée du patient âgé sur le plan médical, psychologique et social.

Dans ces services le séjour est pris en charge au titre de l'assurance maladie.

- Les consultations et pôles d'évaluation gériatrique ou gérontologique

Ces « consultations gériatriques avancées » permettent d'effectuer des bilans gérontologiques approfondis et de procurer aide et conseil à la personne âgée, à sa famille et au médecin généraliste. Elles fonctionnent en étroite collaboration

avec les consultations mémoire et les centres mémoire de ressources et de recherche créés dans le cadre du plan Alzheimer et maladies apparentées.
Ces consultations sont organisées à la demande du médecin traitant, de la personne elle-même, de sa famille ou de son entourage. Elles sont prises en charge, au même titre que les autres consultations hospitalières, par l'assurance maladie.

• Les services de soins de suite et de réadaptation gériatrique (SSR)
Ces services dispensent des soins techniques et visent à prévenir les réhospitalisations. Ils répondent aux besoins spécifiques des personnes âgées (réalisation des soins, rééducation, réapprentissage des gestes de la vie courante) et sont dotés de matériel permettant la prise en charge de malades dépendants.
L'équipe du service de soins de suite est pluridisciplinaire et comprend un personnel médical (gériatre, médecin rééducateur...) et paramédical (kinésithérapeutes, ergothérapeutes, psychologues, aides-soignants...).
Le séjour du patient est pris en charge au titre de l'assurance maladie.

• Les équipes mobiles gériatriques
Dans les hôpitaux de taille importante se sont créées, ces dernières années, des équipes mobiles gériatriques aptes à dispenser des avis gériatriques nécessaires à la bonne prise en charge des personnes âgées fragilisées, dans les autres services de l'hôpital où sont admis ces patients. L'équipe mobile gériatrique peut aussi intervenir à domicile sur la sollicitation des services d'aide à domicile.

# LES ALTERNATIVES AU DOMICILE

## L'ACCUEIL FAMILIAL

Il est défini par la loi comme l'« accueil par des particuliers à leur domicile, à titre onéreux, des personnes âgées ou handicapées adultes ». Cette formule met la personne âgée au contact d'un environnement familial et sécurisant lui permettant de poursuivre une vie sociale.
L'accueillant familial doit :
• être agréé par le conseil général ;
• n'avoir aucun lien de parenté avec la personne accueillie ;
• garantir la continuité de l'accueil ;
• disposer d'un logement dont l'état, les dimensions répondent à des normes précises ;
• suivre une formation continue pour améliorer sa qualification ;
• accepter un suivi médico-social de la personne âgée au domicile. Ce suivi relève du conseil général et s'effectue par le biais de visites à domicile et de contacts réguliers avec la personne âgée pour s'assurer qu'elle dispose des soins et de l'environnement nécessaire.

Un contrat d'accueil entre accueillant et accueilli est établi pour définir les droits et obligations de chacun et préciser les modalités d'accueil (temps partiel ou temps complet, conditions matérielles et financières).
L'accueil familial peut être permanent ou temporaire, à temps partiel ou à temps complet.
La personne accueillie est l'employeur de l'accueillant familial et verse une rémunération. Des prises en charge financières peuvent être obtenues.

Pour plus d'informations sur l'accueil familial, s'adresser au conseil général du lieu de résidence de l'accueillant familial.

## LES FOYERS-LOGEMENTS

Le foyer-logement est un établissement destiné au logement collectif à titre de résidence principale de personnes autonomes lors de leur admission dans des immeubles comportant à la fois des locaux privatifs, meublés ou non, et des espaces collectifs.
Les foyers-logements se composent habituellement d'un ensemble d'appartements de petite dimension équipés d'une petite cuisine et de sanitaires. Les

logements peuvent être dotés de services communs divers, dont l'usage est facultatif, tels que restauration, blanchissage du linge, animation.
Ils s'adressent à des personnes âgées valides, mais la question de leur médicalisation se pose souvent en raison de la dépendance croissante et de l'élévation de l'âge d'entrée de leurs résidants.
Le loyer est à la charge de la personne âgée. Cependant les foyers-logements sont conventionnés au titre de l'APL (APL versée par la Caisse d'allocations familiales directement à l'établissement).

## LES PETITES UNITÉS DE VIE

Les petites unités de vie sont des alternatives au « tout domicile » comme au « tout établissement ». Ces unités visent à encourager l'autonomie des personnes, même dépendantes, et accueillent moins de 25 résidants par établissement. Les personnes accueillies peuvent être prises en charge en hébergement permanent, exceptionnellement en hébergement temporaire. Ces unités sont sécurisées par la présence d'un personnel de jour comme de nuit et recourent également à des services externes, notamment en matière de soins et de santé.
Les petites unités de vie médicalisées disposent en interne d'un personnel spécialisé et sont à même d'accueillir des personnes désorientées ou atteintes de maladies dégénératives.
Dans ces unités, les soins sont pris en charge par l'assurance maladie mais l'hébergement peut être pris en charge par la personne elle-même ou par l'aide sociale (voir « L'aide sociale », p. XXX) suivant la situation financière du résidant.
En milieu rural, les MARPA (maisons d'accueil rural pour personnes âgées) sont de petites unités de vie qui accueillent entre 15 et 20 personnes. Elles sont pour la plupart gérées par la Mutualité sociale agricole (MSA). Ces structures cherchent à préserver en zone rurale les liens du résidant avec ses proches et son environnement.

••• Pour plus d'informations sur les MARPA, consulter le site www.marpa.fr

# LES HÉBERGEMENTS DE LONGUE DURÉE

Lorsque le maintien à domicile n'est définitivement plus possible, l'hébergement en institution doit être envisagé à condition toutefois que la personne âgée y consente. Il existe plusieurs formules d'hébergement pour les personnes âgées, adaptées à leur situation médicale ou sociale, et donnant lieu à des modes de prise en charge différents.

Pour rechercher un établissement, il est conseillé de consulter l'annuaire sanitaire et social qui existe en version papier et sur Internet (www.sanitaire-social.com). Cet annuaire, régulièrement mis à jour, permet de rechercher par région l'établissement ou la structure qui correspond le mieux aux besoins de la personne.

## LES ÉTABLISSEMENTS MÉDICO-SOCIAUX

### Les maisons de retraite

Les maisons de retraite reçoivent des personnes âgées valides ou semi-valides. Leur capacité d'accueil peut varier de 40 à 120 lits, voire plus pour certaines. Les personnes y bénéficient de services collectifs tels que l'hébergement en chambre meublée, la restauration, la surveillance par du personnel qualifié, l'entretien du linge, des activités d'animation.

Certaines sont médicalisées et comportent une « section de cure médicale ». Elles accueillent les personnes âgées dépendantes ou nécessitant un traitement d'entretien et une surveillance médicale.

Les maisons de retraite dépendent du secteur public (CCAS, collectivité locale), du secteur privé à but non lucratif (telles les associations) ou du secteur privé à caractère commercial.

Les résidants acquittent un prix de journée, à moins que l'aide sociale ne se substitue à eux pour tout ou partie et sous réserve que l'établissement soit habilité par l'aide sociale (voir « L'aide sociale », p. 334). Les soins sont pris en charge par l'assurance maladie, et la prise en charge des frais liés à la dépendance est assurée par le conseil général avec participation de la personne pour les personnes âgées qui relèvent des GIR 1 à 4 (voir « L'APA », p. 329).

### Les établissements d'hébergement pour personnes âgées dépendantes (EHPAD)

La différence essentielle entre une maison de retraite sans section de cure médicale et un EHPAD réside dans le mode de tarification de ces établissements et donc dans les frais qui sont à la charge de la personne hébergée. Les EHPAD sont une nouvelle génération de maisons de retraite issues des MAPA (maison d'accueil pour personnes âgées) et des MAPAD (maison d'accueil pour personnes âgées dépendantes). À terme, seuls les EHPAD pourront recevoir des personnes âgées dépendantes.

Une réforme engagée à partir de 1999 concerne la tarification des établissements hébergeant des personnes âgées dépendantes. Cette réforme vise à mieux prendre en compte l'état de dépendance des personnes accueillies en imposant des règles de financement précises, avec trois tarifs distincts en fonction des prestations fournies par les établissements désignés EHPAD :

- les frais d'hébergement (forfait hébergement), qui sont réglés soit par la personne elle-même, soit par l'aide sociale si ses ressources sont insuffisantes ;
- un tarif dépendance pris en compte par l'APA pour les personnes classées en GIR 1 à 4 ;
- un tarif soins pris en charge par l'assurance maladie.

## LES ÉTABLISSEMENTS SANITAIRES

### Les unités de soins de longue durée (USLD)

Anciennement appelées unités de long séjour, ces unités accueillent des personnes ayant perdu leur autonomie de vie et dont l'état nécessite une surveillance médicale constante et des traitements d'entretien. Ces unités sont rattachées à un établissement hospitalier.

Les dépenses de soins sont prises en charge par l'assurance maladie. Les dépenses d'hébergement sont à la charge des personnes âgées dans les mêmes conditions que pour les maisons de retraite ou les EHPAD (voir ci-dessus).

## L'AIDE AUX AIDANTS

Le terme « aide aux aidants » regroupe l'ensemble des interventions visant à apporter un soutien aux personnes qui prennent en charge des personnes âgées ou des malades dépendants afin de réduire la lourdeur de cette prise en charge, de prévenir leur épuisement et de préserver des liens de qualité avec la personne aidée. L'épuisement de l'aidant peut en effet conduire à de la maltraitance et nécessite, dans certains cas, un placement hâtif et mal préparé de la personne aidée.
Le rôle essentiel des aidants familiaux dans la prise en charge des personnes âgées peut être illustré en quelques chiffres :

- près de 8 personnes âgées sur 10 reçoivent de l'aide de leur entourage ;
- plus de 75 % des personnes atteintes de la maladie d'Alzheimer vivent à leur domicile ;
- l'âge moyen de l'aidant est de 71 ans quand il s'agit du conjoint et de 55 ans lorsque c'est un enfant.

Associations et professionnels proposent différents programmes éducatifs, d'information et de formation, mais aussi de soutien psychologique, individuels ou de groupe, pour accompagner les familles ou les professionnels et les aider à surmonter leur anxiété, voire leur souffrance psychologique.
Ces programmes de soutien à l'entourage des personnes dépendantes, et plus particulièrement des personnes atteintes de la maladie d'Alzheimer, sont assurés par des équipes pluridisciplinaires de professionnels intervenant dans des associations ou issus des institutions en charge des personnes âgées.

••• Pour se renseigner sur la mise en place de groupes d'aide aux aidants, s'adresser au CLIC le plus proche du domicile de la personne aidée ou consulter le site dédié à la proximologie : www.proximologie.com

## LA PRÉVENTION DE LA MALTRAITANCE

Les pouvoirs publics, relayés par le secteur associatif, ont pris ces dernières années de nombreuses initiatives pour prévenir et lutter contre les maltraitances envers les personnes vulnérables. « La maltraitance envers les adultes vulnérables, personnes handicapées ou personnes âgées, qu'elle ait lieu dans la famille ou au sein d'une institution, est une réalité complexe qui reste difficile à appréhender, tant dans son ampleur que dans la nature des violences qui la caractérisent » (Circulaire de la direction générale de l'action sociale du 3 mai 2002 relative à la prévention et à la lutte contre la maltraitance envers les adultes vulnérables, et notamment les personnes âgées).

Le réseau national d'ALMA France (Allô Maltraitance des personnes âgées) assure dans un très grand nombre de départements une permanence d'écoute et de suivi des plaintes relatives à la maltraitance des personnes âgées. ALMA dispose depuis mars 2005 d'un service national audiotel : 08 92 68 01 18

La réponse aux phénomènes de maltraitance relève également de la responsabilité des professionnels de proximité chargés de l'accompagnement des personnes âgées. Dans leur activité quotidienne, les professionnels des équipes d'évaluation peuvent être amenés à détecter des situations de maltraitance. Ces professionnels peuvent également intervenir auprès d'une personne âgée suite à un signalement par un tiers.
Les actions menées dans le cadre de l'aide aux aidants pour soulager l'entourage d'une personne âgée dépendante contribuent à prévenir les actes de maltraitance liés à l'épuisement (physique et/ou moral) des aidants.

Enfin, la Charte des droits et libertés de la personne dépendante élaborée par la Fondation nationale de gérontologie fixe les droits de la personne âgée à domicile mais aussi en institution, et précise notamment que toute personne âgée dépendante garde la liberté de choisir son mode et son lieu de vie et que la famille et les intervenants doivent respecter le plus possible son désir profond.

••• Pour en savoir plus sur la Charte des droits et libertés de la personne dépendante, consulter le site www.fng.fr

# LES AIDES FINANCIÈRES

## INTRODUCTION

Dans ce chapitre, le lecteur ne trouvera pas de règles de calcul du montant des aides susceptibles d'être attribuées. En effet, un grand nombre d'entre elles sont fonction soit des ressources du demandeur, soit des barèmes des instances de décision, soit des politiques locales qui peuvent compléter le droit commun par des aides extra-légales supplémentaires qui ne font pas l'objet de cette présentation.

••• Pour plus d'informations sur les aides financières, consulter les sites www.personnes-agees.gouv.fr ou vosdroits.service-public.fr
Il est également possible de se renseigner auprès de Allô Service Public. Tél. : 39 39, du lundi au vendredi de 8 h à19 h et le samedi de 9 h à 13 h. Suivant la question posée, ce service de renseignements par téléphone peut orienter vers des spécialistes dans de nombreux domaines tels que la protection sociale, les retraites, la santé, la sécurité sociale, les impôts, le droit du travail.

## L'ALLOCATION PERSONNALISÉE D'AUTONOMIE (APA), LA GRILLE AGGIR, LE DEGRÉ DE DÉPENDANCE

L'allocation personnalisée d'autonomie peut faciliter la vie des personnes âgées et les aider à mieux vivre chez elles ou dans un établissement, notamment lorsqu'elles rencontrent des difficultés pour accomplir des gestes simples de la vie quotidienne, comme se lever et se déplacer, s'habiller, faire sa toilette, pour faire leurs courses et leurs démarches, préparer leurs repas et entretenir leur intérieur.

### Qu'est-ce que l'APA ?

L'APA, allocation personnalisée d'autonomie, délivrée par le conseil général, est une prestation qui permet la prise en charge de tout ou partie des aides nécessaires à l'accomplissement des actes de la vie courante pour toute. Elle est modulée selon le degré de dépendance du demandeur et le niveau de ses ressources. L'allocation concerne à la fois les personnes âgées résidant à domicile et celles placées en établissement.

### Quelles sont les conditions générales d'attribution de l'APA ?

L'allocation personnalisée d'autonomie est destinée aux personnes dépendantes d'au moins 60 ans.

Les revenus du demandeur ou du couple sont pris en considération pour déterminer le montant de l'allocation à laquelle il a droit. Il restera ainsi à sa charge une participation financière plus ou moins importante appelée « ticket modérateur ».

• Le degré de dépendance, la perte d'autonomie

L'APA est réservée aux personnes dépendantes ou à celles dont l'état de santé nécessite une surveillance régulière.

Le degré de perte d'autonomie est évalué à partir d'une grille nationale, AGGIR : « Autonomie gérontologique – groupes iso-ressources ». Celle-ci permet d'apprécier la plus ou moins grande capacité des demandeurs à effectuer diverses activités de la vie quotidienne. La grille AGGIR permet d'évaluer le degré de perte d'autonomie de la personne âgée tant à domicile qu'en institution. C'est donc un élément d'appréciation des besoins d'aide et de soins de la personne dans un environnement donné.

Les demandeurs de l'APA sont ainsi classés en 6 groupes (dits groupes iso-ressources : GIR) correspondant à six niveaux de dépendance, le groupe 1 rassemblant les personnes les plus dépendantes, le groupe 6 regroupant les personnes autonomes pour les actes de la vie courante (voir la grille p. 217).

Seules les personnes relevant des groupes 1 à 4 peuvent avoir droit à l'APA.

## Quelle est la procédure d'instruction ?

• Où faire la demande d'APA ?

Le dossier à compléter peut être retiré principalement au centre communal ou intercommunal d'action sociale (CCAS, CIAS) et au conseil général.

Une fois constitué, il doit être adressé au président du conseil général du département de résidence. Le courrier accusant réception du dossier complet doit mentionner la date d'arrivée de ce dossier complet au conseil général, date à partir de laquelle court le délai d'instruction de deux mois.

• Qui évalue le degré de dépendance ?

C'est le rôle de l'équipe médico-sociale (voir « Les équipes d'évaluation », p. 309) qui se rend au domicile du demandeur. Ce dernier doit être préalablement informé de la date de cette visite. Il peut être assisté, s'il le souhaite, de son médecin traitant. Avec son accord, les membres de son entourage peuvent également être présents lors de cette visite.

••• Lorsque le demandeur est hébergé en établissement, l'évaluation est effectuée sous la responsabilité du médecin coordonnateur de l'établissement. Cette évaluation est validée par un médecin du conseil général, ainsi que par un médecin-conseil de la caisse d'assurance maladie.

• Que contient le plan d'aide ?

Le plan d'aide est élaboré à partir des désirs et des besoins de la personne, en tenant compte également de l'aménagement et de l'équipement de son logement. Il recense les aides de toute nature nécessaires à son maintien à domicile. Il prend en compte les possibilités d'aide de l'entourage familial et social. En fonction des besoins du demandeur, le plan d'aide peut ne contenir que des aides techniques.

Par ailleurs, dans le cas d'une personne hébergée au sein d'une famille d'accueil (voir « Les alternatives au domicile », p. 323, le plan d'aide peut prévoir des dépenses d'aides apportées directement à la famille d'accueil.

L'intéressé dispose d'un délai de 10 jours à dater de la réception de cette proposition pour accepter ou refuser le plan d'aide et demander des modifications.

### Quelle est la procédure d'attribution de l'APA ?

• Qui prend la décision ?

À la suite de l'instruction de la demande d'APA (évaluation de la dépendance, proposition d'un plan d'aide) effectuée par l'équipe médico-sociale, il appartient au président du conseil général de statuer sur la demande d'allocation, sur la base du dossier présenté par la commission départementale de l'APA portant notamment sur le montant de l'allocation.

• Quelle date est retenue pour l'ouverture des droits ?

Pour l'APA à domicile, le droit est ouvert à compter de la date de la notification de la décision du président du conseil général.

••• Pour l'APA en établissement, les droits sont ouverts à compter de la date de dépôt d'un dossier de demande complet.

L'APA est attribuée sans limite de durée mais elle fait l'objet d'une révision périodique par le conseil général. Celui-ci vérifie l'effectivité de l'aide tous les ans et contrôle les ressources du bénéficiaire régulièrement. Elle peut également être révisée à la demande du bénéficiaire en raison de l'évolution de sa situation de dépendance.

• Quels sont les délais imposés pour notifier la décision ?

Le président du conseil général dispose d'un délai de 2 mois à compter du dépôt du dossier de demande d'APA complet pour notifier au bénéficiaire sa décision. Au terme de ce délai, à défaut d'une notification, l'APA est réputée accordée pour un montant forfaitaire mensuel (la moitié du maximum de l'APA accordée pour une personne dépendante du groupe GIR 1).

- Quelle possibilité en cas d'urgence ?

Face à une situation d'urgence d'ordre médical ou social, le président du conseil général peut attribuer l'APA à domicile pendant 2 mois à titre provisoire pour un montant forfaitaire. Cette décision prend effet à la date d'enregistrement de la demande et court jusqu'à l'expiration du délai de 2 mois prévu pour l'instruction, voire au-delà.

La même disposition s'applique pour l'APA en établissement. Dans ce cas, le montant attribué à titre provisoire est égal à 50 % du tarif dépendance de l'établissement concerné pour les GIR 1 et 2.

### Les règles de non-cumul

L'APA n'est cumulable avec aucune autre aide légale remplissant le même objectif. Elle peut cependant s'ajouter à des aides facultatives et extra-légales :

- des organismes de sécurité sociale au titre de l'assurance maladie ;
- des conseils généraux ;
- et des communes ;

sous réserve de l'absence d'une délibération contraire prise par leurs instances de décision.

### Les voies de recours

Il est possible d'engager un recours en cas de refus d'attribution de l'allocation, pour contester le montant attribué, et également en cas de suspension ou de réduction suite à un contrôle :

- le recours amiable, qui peut être engagé devant la commission départementale de l'APA ;
- le recours contentieux, qui peut être introduit dans un délai de 2 mois à compter de la notification de décision auprès de la commission départementale de l'aide sociale. Un recours en appel peut ensuite être déposé auprès de la commission centrale de l'aide sociale.

### Comment utiliser l'APA ?

L'APA est une prestation en nature qui doit être affectée au paiement de dépenses préalablement identifiées.

À domicile, elle finance les dépenses de toute nature figurant dans le plan d'aide élaboré par l'équipe médico-sociale en concertation avec la personne âgée.

Dans le cas d'un recours aux aides humaines (salariés embauchés en emploi direct, en service mandataire ou en prestataire), le bénéficiaire de l'APA doit justifier des sommes engagées. En cas de non-respect de ces obligations, le versement de l'APA peut être suspendu.

### Montant de l'APA

Le montant de l'APA dépend :

- du degré de dépendance ;
- des besoins relevés par le plan d'aide au domicile ou en établissement ;
- des revenus du bénéficiaire.

### APA à domicile

Les montants indiqués ci-dessous représentent l'allocation mensuelle maximale accordée en fonction du degré de dépendance au 1er janvier 2007. Ces montants peuvent être réduits en fonction des ressources du bénéficiaire.

GIR 1 : 1 189,80 euros (GIR 1 indique la dépendance la plus lourde)
GIR 2 : 1 019,83 euros
GIR 3 : 764,87 euros
GIR 4 : 509,91 euros

Le montant forfaitaire en cas d'attribution provisoire pour cause d'urgence est de 594,90 euros au 1er janvier 2007.

#### ••• L'APA EN ÉTABLISSEMENT

Le montant de l'APA est calculé sur la base du tarif dépendance de l'établissement correspondant au degré d'autonomie de l'allocataire. À ce montant est appliqué un taux de participation lié aux ressources du bénéficiaire.

Les personnes hébergées en établissement doivent par ailleurs disposer, une fois tous leurs frais d'hébergement et de dépendance payés, d'un revenu minimal laissé à leur disposition d'un montant de 75 euros au 1er janvier 2007. Si compte tenu de ces montants minimaux, les revenus ne sont pas suffisants pour faire face au coût du placement, une demande d'aide sociale peut être faite (voir plus loin l'aide sociale).

### Recouvrement sur succession et obligation alimentaire

Les sommes versées au titre de l'APA ne font pas l'objet de récupération sur la succession du bénéficiaire. Et l'attribution de l'APA n'est pas subordonnée à la mise en œuvre de l'obligation alimentaire.

## LE PLAN D'ACTIONS PERSONNALISÉ (PAP)

Le PAP est une prestation d'action sociale, mise en place et gérée par la CNAV en Île-de-France et par les CRAM dans les autres régions, pour les retraités du régime général qui relèvent des GIR 5 et 6.

Le PAP est le fruit d'une évaluation globale réalisée par une structure d'évaluation ayant passé convention avec la CNAV ou avec une CRAM et peut comprendre une pluralité de services adaptés à la situation rencontrée.
La diversification recherchée au travers des PAP se décline généralement sous deux formes :

- au financement des structures prestataires viennent s'adjoindre des possibilités de rétribution des services accomplis par des associations mandataires ou par des particuliers en gré à gré ;
- au-delà des aides classiques déjà financées par la CNAV et les CRAM (aide à domicile, aide à l'amélioration de l'habitat, garde à domicile, aide aux vacances, petit dépannage, secours), d'autres types de prestations peuvent être pris en charge partiellement, tels que les portages de repas, la pédicurie, l'ergothérapie, la téléassistance, les aides techniques, etc.

••• Les coordonnées des structures évaluatrices conventionnées par la CNAV et les CRAM sont accessibles sur le portail Internet www.infoplus-seniors.fr

## L'AIDE AU RETOUR À DOMICILE APRÈS HOSPITALISATION (ARDH)

Pour les retraités du régime général, depuis 2003, la CNAV et les CRAM ont mis en place à titre expérimental la prestation d'aide au retour à domicile après hospitalisation.
Cette aide est centrée sur l'évaluation des besoins et sur la coordination entre les établissements de santé et les intervenants à domicile.
Elle est réservée aux retraités pour lesquels un diagnostic de récupération de l'autonomie a été formulé au cours de l'hospitalisation.
Cette aide, attribuée pour une durée limitée, s'inscrit dans les mêmes conditions de financement que les autres prestations du plan d'action personnalisé. En général, la prestation ARDH est versée directement à la personne sur présentation de factures.

## L'AIDE SOCIALE

Les personnes âgées dépourvues de ressources suffisantes pour assurer le coût d'un hébergement en maison de retraite, en accueil familial ou le coût d'une aide à domicile peuvent demander le bénéfice de l'aide sociale.
Les prestations de l'aide sociale allouée par le conseil général sont :

- l'allocation simple versée à ceux qui ne perçoivent aucune pension vieillesse ;
- l'allocation représentative des services ménagers ;

- l'hébergement en collectivité, c'est-à-dire la prise en charge du placement en maison de retraite ou en placement familial ;
- la participation aux frais de repas dans les foyers-restaurants.

Il est important de savoir que l'aide sociale est assortie de deux contraintes :
- la récupération sur succession des sommes qui ont été versées au titre de l'aide sociale ;
- l'obligation alimentaire.

### Qu'est-ce que l'obligation alimentaire ?

Les personnes tenues à l'obligation alimentaire sont le conjoint, les enfants, les petits-enfants, les gendres et belles-filles. L'obligation cesse en cas de divorce ou lorsque le conjoint à l'origine du lien familial et les enfants issus de l'union sont décédés. L'obligation alimentaire est réciproque.
Le montant de l'obligation alimentaire varie en fonction des ressources de celui qui la verse et des besoins du demandeur. L'obligation alimentaire s'obtient par simple accord entre les parties concernées ou si nécessaire, en cas de désaccord, sur intervention de la justice. Il faut alors s'adresser au juge aux affaires familiales du tribunal de grande instance dont relève le débiteur.
La commission d'aide sociale fixe, en tenant compte de la participation des obligés alimentaire, la proportion de l'aide consentie par les collectivités publiques. En clair, la commission détermine le montant des dépenses prises en charge par l'aide sociale et les dépenses laissées à la charge du demandeur ou de sa famille.

## L'AIDE À L'AMÉLIORATION ET À L'AMÉNAGEMENT DE L'HABITAT

Le maintien à domicile des personnes âgées demande souvent une amélioration ou une adaptation du logement pour des raisons de prévention des accidents domestiques, de salubrité ou d'accessibilité.
Les aides en matière d'amélioration du logement sont essentielles pour préserver l'autonomie des personnes âgées, prévenir les chutes et donc favoriser leur maintien à domicile.
Le financement des aménagements qui visent à améliorer et à adapter l'habitat des personnes âgées peut être pris en charge en tout ou en partie par différents organismes. Ces aides ne sont pas toujours faciles d'accès dans la mesure où elles émanent de divers organismes (caisses de retraite, direction départementale de l'Équipement, Caisses d'allocations familiales, conseil régional, conseil général...). Elles sont par ailleurs soumises à condition de ressources.

### Pour les personnes bénéficiaires de l'APA, GIR 1 à 4

L'aide à l'amélioration de l'habitat peut être prise en charge au titre de l'APA en fonction des préconisations du plan d'aide.

••• Il est conseillé de se renseigner auprès du conseil général du domicile de la personne âgée et à terme, lorsque les maisons départementales intégreront les personnes âgées, auprès de la MDPH. (voir « La Maison Départementale des Personnes Handicapées (MDPH) », p. 306).

### Pour les retraités du régime général de sécurité sociale relevant d'un GIR 5 et 6

Cette forme d'aide se décline différemment selon les régions. Elle est généralement soumise à un plafond de ressources réévalué annuellement et à la participation de la Cnav ou des Cram est modulée selon le niveau de revenus des bénéficiaires.

Des conventions sont signées avec les associations PACT[1] (Protection, Aménagement, Conservation, Transformation) qui se chargent d'établir un diagnostic, d'étudier ou de faire réaliser des devis des travaux à entreprendre puis de rechercher des financements adaptés auprès de diverses institutions (conseil régional, conseil général, mairie, caisse de retraite de base et/ou complémentaire, etc.) et d'instruire le dossier jusqu'à la réalisation des travaux.

Pour ces retraités GIR 5 et 6, cette aide a été intégrée dans le PAP (voir « Les foyers-logements », p. 323) issu de l'évaluation globale des besoins, ce qui permet également d'associer, en cas de besoins, une prestation d'ergothérapie. Toute demande de financement à ce titre doit être impérativement formulée avant le démarrage des travaux (sauf en cas d'urgence).

Des modifications sur les conditions d'accès à cette prestation peuvent être envisagées et il convient de se rapprocher de sa caisse de retraite de sécurité sociale de sa résidence avant toute démarche.

••• Adresses utiles

Agence nationale pour l'amélioration de l'habitat www.anah.fr

Tél. : 0 826 80 39 39

Agence nationale pour l'information sur le logement www.anil.org

La fédération nationale des PACT-ARIM www.pact-arim.org

---

1. On trouve également ces associations sous la dénomination CAL-PACT (Centre d'amélioration du logement) ou PACT-ARIM (Agence de rénovation immobilière).

## L'AIDE AU TRANSPORT

Les personnes âgées peuvent bénéficier dans certains départements de cartes de transports gratuites ou demi-tarif sur les réseaux de transports classiques ou adaptés aux handicaps.
Pour savoir si ce type d'aide existe dans un département, s'adresser à la mairie et au CCAS du lieu de domicile.
Certaines communes et associations proposent un accompagnement pour les déplacements à l'extérieur. Se renseigner auprès de la mairie du lieu de domicile.

## LES AVANTAGES FISCAUX ET LES AUTRES AIDES

### Les exonérations partielles ou totales des cotisations patronales de sécurité sociale

Les particuliers qui embauchent un salarié au domicile peuvent, sous certaines conditions, bénéficier d'une exonération partielle ou totale des cotisations sociales.
Pour en bénéficier, il faut remplir l'une des conditions suivantes :
• Être âgé d'au moins 70 ans (la personne elle-même ou son conjoint). Dans le cadre du dispositif des services à la personne, les personnes remplissant cette condition d'âge peuvent bénéficier automatiquement de l'exonération sans avoir à effectuer de demande préalable à l'Urssaf.

••• Se renseigner en consultant le site www.servicesalapersonne.gouv.fr ou appeler au 0820 00 23 78 (numéro Indigo).

• Percevoir une pension vieillesse assortie d'une majoration pour tierce personne.
• Être âgé de 60 ans et plus et avoir recours à une aide à domicile pour les actes essentiels de la vie courante.
• Remplir les conditions de dépendance pour bénéficier de l'APA, que celle-ci soit ou non versée.

### La réduction d'impôt pour l'emploi d'un salarié à domicile

Les dépenses prises en compte pour la réduction d'impôt pour l'emploi d'un salarié à domicile sont les sommes versées :
• à un salarié dont la personne âgée est l'employeur ;
• à un organisme à but non lucratif ou conventionné.

Le montant de la réduction est de 50 % des dépenses engagées, dans la limite d'un plafond annuel compris entre 12 000 et 20 000 euros par an. En 2007, les personnes non imposables bénéficient d'un crédit d'impôt équivalent au montant de l'exonération fiscale des personnes imposables.

••• Pour plus d'informations, s'adresser au centre des impôts dont dépend le domicile.
Pour mieux connaître les services à la personne et les avantages associés, consulter le site www.servicealapersonne.gouv.fr

### La réduction d'impôt pour les frais en établissement pour personnes âgées dépendantes

Pour les personnes hébergées dans un établissement conventionné, la réduction d'impôt est égale, pour chaque personne concernée, à 25 % des dépenses engagées dans la limite annuelle de 3 000 euros en 2006 (soit une réduction maximale d'impôt de 750 euros).
Dans un avenir proche, le plafond des dépenses spécifiques à la dépendance éligibles à cette réduction d'impôt devrait être relevé (10 000 euros au lieu de 3 000 euros).

### Le crédit d'impôt pour l'acquisition d'équipements conçus pour les personnes âgées et/ou handicapées

Le crédit d'impôt concerne les personnes physiques, propriétaires, locataires usufruitiers ou occupants à titre gratuit de leur habitation principale qui supportent entre le 1er janvier 2005 et le 31 décembre 2009 des dépenses d'équipements spécialement conçus pour les personnes âgées ou handicapées.
Sont concernés les équipements sanitaires : éviers et lavabos à hauteur réglable, baignoires à porte, ainsi que d'autres équipements de sécurité et d'accessibilité (voir « Cahier pratique I », p. 225).
Le crédit d'impôt s'applique au prix des équipements ainsi qu'aux frais de main-d'œuvre. Le crédit d'impôt est égal 25 % du montant des dépenses retenues dans la limite d'un plafond pluriannuel.
Ce crédit d'impôt est déduit de l'impôt. S'il est supérieur au montant de l'impôt dû, la fraction excédentaire est restituée au contribuable.
Pour plus d'informations, s'adresser au centre des impôts dont dépend le domicile.

### L'exonération de la taxe d'habitation

Sous certaines conditions de ressources et d'occupation du logement, les personnes âgées de plus de 60 ans, ainsi que les veufs et les veuves, et disposant de revenus modestes (notamment les bénéficiaires du RMI, les titulaires de l'allocation supplémentaire) peuvent bénéficier de l'exonération d'office de la taxe d'habitation.

Les personnes âgées de plus de 60 ans, ainsi que les veufs et les veuves, non passibles de l'impôt de solidarité sur la fortune et respectant certaines conditions de cohabitation et de ressources, peuvent demander le dégrèvement de leur taxe d'habitation de leur résidence principale s'ils l'occupent avec un ou plusieurs enfants majeurs. Ces enfants majeurs doivent être inscrits comme demandeurs d'emploi et ne pas disposer de ressources supérieures au RMI.

••• Pour plus d'informations, s'adresser au centre des impôts dont dépend le domicile, ou consulter le site consacré aux impôts : www.impots.gouv.fr

### L'exonération de la redevance audiovisuelle

À compter de 2005, les personnes exonérées de la redevance audiovisuelle sont les mêmes que celles exonérées ou dégrevées totalement de la taxe d'habitation.

••• Consulter le site vosdroits.service-public.fr

### La carte d'invalidité

• Qu'est-ce que la carte d'invalidité et qui peut en bénéficier ?

La carte d'invalidité permet de prouver, dans certaines circonstances, son handicap et d'obtenir des avantages propres à faciliter la vie quotidienne. Elle peut porter des mentions complémentaires telles que « besoin d'accompagnement » ou « cécité ».

La carte d'invalidité est délivrée, sur demande, à toute personne :

- dont le taux d'incapacité permanente est au moins de 80 % ;
- âgée de moins de 60 ans et bénéficiaire d'une pension d'invalidité classée en 3e catégorie par la Sécurité sociale.

• Qui l'attribue et où en faire la demande ?

La carte d'invalidité est délivrée à titre définitif ou pour une durée déterminée par la commission des droits et de l'autonomie des personnes handicapées (CDAPH) au sein de la maison départementale des personnes handicapées (MDPH). Son attribution est révisée périodiquement en fonction de l'évolution de l'incapacité.

La demande se fait sur un formulaire et est accompagnée d'un certificat médical renseigné par un médecin.

• La carte d'invalidité donne droit à :

- une priorité d'accès aux places assises dans les transports en commun, dans les espaces et salles d'attente, ainsi que dans les établissements et les

manifestations accueillant du public (pour le titulaire et la personne accompagnante) ;
– une priorité dans les files d'attente des lieux publics ;
– des avantages fiscaux (dégrèvement de la taxe d'habitation sous certaines conditions de ressources et d'occupation du logement, attribution d'une demi-part supplémentaire pour le calcul de l'impôt sur le revenu) ; pour plus d'informations, s'adresser au centre des impôts dont dépend le domicile de la personne ;
– une exonération éventuelle de la redevance audiovisuelle.

••• De plus amples informations peuvent être obtenues auprès des maisons départementales des personnes handicapées (MDPH) et également sur le site vosdroits.service-public.fr

# INDEX

Achevé d'imprimer par Corlet, Imprimeur, S.A. - 14110 Condé-sur-Noireau
N° d'Imprimeur : 104489 - Dépôt légal : septembre 2007 - *Imprimé en France*